湖南科技大学著作出版基金
中科院水土保持研究所黄土高原土壤侵蚀与旱地农业国家重点实验室基金（10501-205）、“十一五”国家科技支撑计划重大项目“典型脆弱生态系统重建技术与示范”中“半干旱黄土丘陵区退化生态系统综合管理技术和模式”课题（2006BAC01A07）以及湖南省教育厅资助项目（09C393）共同资助出版

中国西北与东南土地利用变化及比较

Land Use Changes in NW and SE China and Its Comparison

全　斌　著

By　QUAN Bin

中国环境科学出版社·北京
China Environmental Press

图书在版编目（CIP）数据

中国西北与东南土地利用变化及比较/全斌著. —北京：中国环境科学出版社，2010.4

ISBN 978-7-5111-0175-4

Ⅰ. 中…　Ⅱ. 全…　Ⅲ. 土地利用—对比研究—西北地区、东北地区　Ⅳ. F321.1

中国版本图书馆 CIP 数据核字（2010）第 019855 号

责任编辑　李卫民
责任校对　扣志红
封面设计　龙文视觉

出版发行　中国环境科学出版社
（100062　北京崇文区广渠门内大街 16 号）
网　　址：http://www.cesp.com.cn
联系电话：010-67112765（总编室）
发行热线：010-67125803
印　　刷　北京东海印刷有限公司
经　　销　各地新华书店
版　　次　2010 年 4 月第 1 版
印　　次　2010 年 4 月第 1 次印刷
开　　本　880×1230　1/32
印　　张　7.5　彩插 24 面
字　　数　250 千字
定　　价　26.00 元

荐 序

近年来，随着人们对全球变暖问题的日益关注，土地利用/覆被变化（LUCC）已成为国际学术界的重大研究领域和热点。中国西北干旱地区是一个自然和人文特征非常独特的区域，已引起许多研究工作者的兴趣。但是近几十年随着该区域人口的快速增加和人类活动的加剧，土地利用与土地覆被发生了巨大变化，并由此带来了巨大的环境效应，因此迫切需要对这些变化和效应进行深入研究。为了更好地揭示中国西北干旱区土地利用与土地覆被变化的特征与机理，湖南科技大学全斌副教授采用地理比较分析方法，在中国东、西部分别选取有代表性的宁夏南部六盘山区和闽东南厦门市，通过研究同时段土地利用变化并进行比较分析，数字化重现了两个区域的土地利用与土地覆被的演变过程，较好地揭示了土地利用与土地覆被变化的驱动力和驱动机理，其研究成果为经济相对落后的中国西北干旱区的经济社会发展提供了有一定参考价值的决策建议。该书主要有以下特色：

（1）在现有土地利用与土地覆被变化的比较研究中，对邻近区域的土地利用变化过程的比较研究居多，而从变化过程的共同性与阶段性对不同区域尤其是跨区域的土地利用与土地覆被变化进行研究较少。特别是中国东、西部区域的土地利用与土地覆被变化的比较研究几乎属于空白。本书进行中国东、西部区域的跨梯度比较研究，不仅有助于对不同区域的土地利用与土地覆被变化过程的深入理解与阐释，而且也有利于丰富区域性土地利用与土地覆被变化的研究内容。

（2）本书运用地学信息图谱理论和“3S”技术，采用图形思维、地学认知与信息思维相结合的方法，对作为黄土高原典型生态类型区的宁夏六盘山区的土地资源与土地利用变化进行了深入研究。在提取三期 TM 遥感信息的基础上，结合野外调查，经过空间模型与地学认知的深入分析，揭示了六盘山区与厦门市在土地退化格局过程和特征上的差异性，不仅研究手段先进，而且较好地体现了多学科交叉、协同研究的发展趋势。此外，本书依据农业生态学和比较经济学原理，对不同类型区的三种生态农业模式（六盘山区上黄模式、闽东南低山丘陵区模式、日本“美多丽”（MIDORI）模式）的结构、功能及共同性与差异性进行了比较研究，并从国际和区域尺度探讨了进行环境友好型土地利用配置和发挥生态农业优势的途径，为六盘山区农业发展提供了理论依据和可资借鉴的经验。

（3）以往的土地利用与土地覆被变化研究基本集中于土地利用与土地覆被变化的本身，而对由其引起的土壤侵蚀等环境效应很少涉及。本书从土地利用与土壤侵蚀的相互作用机理入手，从遥感信息提取到侵蚀性环境变化效应推求均进行了较深入的研究，并将其与土地利用变化相耦合，体现了本书的一定新意。

本书是著者在多年从事相关领域研究工作的基础上写成的，内容充实，具有较高学术水平。本书为地理、测绘、环境和空间信息科学等相关专业的本科生和研究生提供了一部良好的教学参考书，也可为相关领域从事实际工作的专业人员参考。

（南京师范大学教授、博导，中国自然资源学会
土地资源专业委员会名誉主任）
2009 年 11 月

前　言

土地变化科学正在兴起。近几十年，土地利用变化影响了地表日照率、碳源碳汇、水循环、生态系统的服务功能以及其脆弱性，人类将地球表面精华的土地按其自身要求加以改变，导致出现土地利用/覆被变化（LUCC）及其生态安全问题。近年来，LUCC 及其环境影响成为自然地理学及其交叉学科竞相研究的重要内容。例如，天然森林、草地被转变为农业用地，这在全球气候变化中会产生重要的影响。而农用地，特别是耕地的流失常常又是城市化侵占土地的结果，进而引起人们对全球粮食安全的担忧。本书的研究目的就是通过研究不同区域土地利用变化的状况、驱动力、变化趋势以及生态效应，最终提出适宜的生态农业模式以解决土地利用中业已存在的问题。

为此，本书作者在中国东南部与西北部地区各选择一个城市或区域进行案例比较研究。宁夏南部六盘山区（原固原地区）与福建省厦门市分别代表我国北方生态脆弱贫困地区与南方经济发达的典型区域与城市。六盘山区位于我国黄土高原的西部，该区包括六盘山及其外围地区，其中，六盘山属石质山地，是国家级自然保护区和森林公园。六盘山外围是黄土丘陵区，区内沟壑纵横，地面切割破碎，黄土丘陵、黄土塬、谷地、山地相间分布，是黄土高原侵蚀地貌的典型缩影。2005 年宁夏回族自治区人民政府将六盘山及其周边地区规划为大六盘生态经济圈，以此建设西部生态屏障，促进宁夏南部山区经济社会发展。而位于闽东南的厦门市地处我国东南沿海福建省东南部，濒临台湾海峡。2001 年厦门市辖有七个区，分别是：思明区、开元区、鼓浪屿区、湖里区、集美区、杏林区和同安区。厦门是我国首批实行对外开放政策的经济特区之一，经济快速发展，城市化水平较高，故在这里作者将其作为我国经济发达区域的代表。

为了探索这两个典型区——大六盘生态经济圈和厦门市的发展趋势与模式，作者选择二者皆适宜的关键典型代表性时段，在多期遥感信息分析处理和野外调查的基础上，运用地理信息系统（GIS），地学信息图谱与时空变化模型、方法对其土地利用/覆被变化进行了分析研究；通过建立驱动力模型寻求区域主要的驱动力，通过 LUCC 与土壤侵蚀的动态耦合来反映 LUCC 下的六盘山区侵蚀性环境演变，通过土地适宜性的动态评价与转化及遥感指数提取来跟踪其生态环境动态发展，探讨其生态响应与安全，在此基础上进行区域比较分析，并初步建立了土地利用变化信息系统。合理利用土地，保护生态环境，是当前国际上普遍关注的重点和难点问题，为此，还对两个典型区以合理利用水土资源为特征的生态农业模式进行了比较研究，即上黄生态农业模式（ASCF）——“黄土高原农牧果沼生态家园”模式和闽东南低山丘陵地区生态农业模式（UCCO）——“闽东南联户农果生态家园”模式，并借鉴日本“美多丽”（MIDORI）——“水土宜居家园”模式的长处。通过研究分析其共同性与差异性，以及各个模式的发展阶段与经验，为区域土地可持续发展提出科学依据，初步取得以下研究成果与进展：

代表性时段 1990—2000 年，六盘山区土地利用结构不合理、农林牧用地的比重失调、土地总体变动幅度除了耕地与草地变化较大外，其他都不突出。耕地、林地和城市建设用地分别增加 44 186 hm^2，9 001 hm^2 和 1 550 hm^2，而草地同期减少 54 025 hm^2。草地的减少引人注目，在失去的草地中，49.4%被转化为耕地。盲目开垦与草地迅速破坏是直接导致其形成侵蚀性生态环境的主要原因。最大的年度土地转化率小于 2%，表明不同土地间转化不大，城市化发展也较缓慢，但城市用地变化占据了精华的耕地，增大了区域生态环境的压力。通过土地利用变化前后期比较可以看出，变化趋向理性。系列图谱则反映出土壤侵蚀面积呈扩大趋势，比例不断攀升。中、低覆盖度草地以及旱地侵蚀强度均较大，是水土流失的主要来源区。就驱动力而言，土地利用变化主要受到人口、经济、技术以及政策的影响。耕地变化则主要受总人口数量、经济（农民的富裕程度）以及技术状况（农业机械化状况、灌溉、施肥水平）的驱动。从土地利用变化趋势上看，在保持与 1990—2000 年土地政策没有大改变的情况下，耕地的面积和比重均将大幅度增加，而城市居民点工矿用地则将不断扩张。从环境效应上看，1990—2000 年的十年间，耕地、林地以及草地的最适宜面积与比例均减小，而不适宜的面积与比例则增加。草地转化为耕地过程中，被转化为不适宜与勉强适宜的耕地面积比例达 86%。尽管这段时期归一化植被指数 NDVI 部分趋于升高，优良植被覆盖状况部分有所恢复与改善，但从数量上看植被覆盖状况较差的比例占到近 80%，林草覆盖度下降，而坡耕地面积与比例却逐渐增大。

1988—2001 年，厦门市受城市化影响，城乡工矿用地的面积增加了 10 152 hm^2，耕地面积减少了 11 305 hm^2。由于填海造地工程的实施，部分滩涂用地转化为居民和工矿用地。受经济利益驱动，部分耕地演变为鱼塘，加上水工设施修建，水域的面积增加了 849 hm^2。1988—2001 年，失去耕地中有 52.5%被转化为城市工矿和建设用地。经济增长与快速城市化造成厦门市土地利用程度较高与土地利用转化率较大。厦门市各区中，土地利用变化最快的是湖里区和杏林区，变化最慢的是思明区和鼓浪屿区。厦门市政策、社会经济发展等对土地利用变化有较大的影响。

同时段对比分析六盘山区与厦门市土地利用变化及其驱动力，前者处于经济发展的初始阶段，土地利用程度较低；后者则处于工业化阶段的快速发展时间，经济增长方式出现重大变化，土地利用程度较高。从人口对六盘山区与厦门市 LUCC 的驱动比较中发现，耕地分布都主要集中在人口密度中等至较高的区域（＞20 人/km^2），但是变化方向却不一致，六盘山区人口增加，对耕地需求也增大，开垦耕地随之增加。而厦门市耕地主要分布在人口密集的村镇周围，同时，随着人口增加，占用了大量耕地，使耕地面积减小。六盘山区林地净增长最大的地方主要在人口密度中等的地区（20～50 人/km^2），在这一范围里，林地分布比例也最高。而厦门市林地则主要分布在人口密度低的（<5 人/km²）和高的地区（>100 人/km²）两个区间内，减少也发生在这一区域。

通过比较六盘山区与闽东南生态农业模式，得出其共同性主要体现为：土地合理利用，质能循环高效转换；生态环境保护优先，水土资源精细利用；农业集约化经营，生产力不断提高；农村经济发展以农户为单元，进行适度规模经营。差异性表现为：发展阶段性不同；发展任务不同；区情不同。比较认为，六盘山区生态脆弱，水土流失严重，掠夺式的开垦与耕作使地力衰退，土地退化严重，导致“生态贫困”，制约着经济发展。针对现存的生态环境问题，提出控制人口与加快城市化建设、发展宁南特色农业与旅游业、实施生态农业工程体系建设、推广上黄村的“黄土高原农牧果沼生态家园”模式和进行可持续性水资源开发等对策。六盘山区在土地利用与农业发展上需要学习厦门的经验是：通过自身的区域经济优势加快经济发展与城市化建设，同时，注重自然资源的高效利用，借鉴和吸收具有闽东南特色的农业发展及其实施模式——“联户农果生态家园”模式。而吸取的教训则是在经济发展的同时，防止生态环境破坏，经济发展要适应“两型社会”建设的要求。

ABSTRACT

Land use/land cover change (LUCC) modifies surface albedo, sources and sinks of carbon, precipitation recycling, ecosystem services as well as vulnerability of places and people to natural hazards, social-economic and political perturbations. Human beings are transforming significant portions of the earth's land surface, which has been of central concern to the international research community for most of the past century. The conversion of natural forest biomass and grassland to agricultural activities plays a significant role in global climate change, while the loss of agricultural land as results of urban sprawl brings more concern about global food security. This work aims to improve the understanding of LUCC dynamics, to explore activities and factors that control LUCC processes at various regions, and ultimately, to build integrated ecological model as reference to future policy designs and practices.

Case studies are carried out in the Liupan Mountains region and Xiamen City. As an ecology fragile area, the Liupan Mountains region is chosen to be a representive case to study the consequences of agricultural activities on a primary grassland landscape. In contrast, Xiamen City is a rather developed area, which is selected to be a case for studying the change of agricultural landscape in highly urbanized areas. The Liupan Mountains region is located in the southern part of Ningxia Hui Autonomous Region, China, with an area of 16,775 km^2, and consists of Guyuan, Jingyuan, Pengyang, Xiji, and Longde and Haiyuan counties. These Liupan mountains form an important divide between landforms and bio-geographic zones in China. This region has a temperate semi-humid climate in the south and a temperate semi-arid climate in the north. The mean annual temperature fluctuates between 5℃ and 8℃, while the mean precipitation varies between 240 mm and 760mm and decreases gradually from the southeast to the northwest. Because the region is situated in a transition zone between the humid and arid regions, there exist different ecosystems and large biodiversities. Vegetation changes gradually from forest in the southeast to desert in the northwest. A large part of the deciduous broad-leaved forests extends in this mountain range making it one of the most important forested headwater conservation areas of the Loess Plateau. More than 60 rivers and streams make up the river system in the mountainous region. In 2000, its population was 1,868,528, and the net annual income per farmer was only 928 yuan (RMB), indicating that it was still difficult to provide sufficient food and fiber for the population. In 2005, the Government of Ningxia Hui Autonomous Region designated the Liupan Mountains and surrounding areas to be a "Large Liupan Eco-economy Circle" (LLEC). In this area, green shelter belts will be established that will promote social and economic development of the southern Ningxia. However, Xiamen, with an area of 1,638 km^2, is located in the southeastern part of Fujian Province, facing the Taiwan Straits. It has a southern subtropical monsoon climate, annual mean temperature of 20.8℃, and annual precipitation of 1,143.5 mm. The natural vegetation is a south-subtropical monsoon rainforest, but most has been destroyed by human activities. Masson Pine (*Pinus massoniana Lamb.*) and Taiwan Acacia (*Acacia confusa Merr.*) are planted in the upland and bottom flat land, under which a lateritic red soil has developed over time. In 2001, Xiamen consisted of seven administrative districts including Siming district, Kaiyuan district, Gulangyu district, Huli district, Jimei district, Xinglin district, Tongan district, and had a total population of 1.312,7 million. Because of its advantageous location, Xiamen became one of the first four special economic zones in China, when the country began a policy to open up to the world. The economy has developed quickly. The ecological environment also changed, especially agricultural fields that were converted to industrial and commercial use.

In order to determine future trend of economic development and the performance of LLEC model, romote sensing (RS) technique, geographical information system (GIS), Geo-informatic TuPu and spatial modeling method are applied to measure the magnitude and rate of land use/land cover change based on three time period TM image and field works. A regression and model method is developed to explore the main driving force of LUCC in the two hot-spots. And, effects of LUCC as well as coupling of LUCC and soil erosion were evaluated across space and over time. Moreover, comparative analysis was conducted between the Liupan Mountains region and Xiamen City. Finally, I compared the three ecological models of agriculture in the Shanghuang village of the Liupan Mountains region (ASCF Model), southeastern Fujian Province (UCCO Model) and Japan (MIDORI Model). And I propose suitable and comprehensive measures for the sustainable development, which will be of most importance to decision-making of land utilization of the two regions.

Results indicated that cropland, forestland, and urban areas have increased by 44, 186 ha, 9,001 ha and 1,550 ha, respectively while the grassland area has appreciably decreased by 54,025 ha in the typical study time period of 1900 to 2000. The decrease in grassland was most notable. Of the grassland lost, 49.4% was converted into cropland. The largest annual land conversion rate in the study area was less than 2%. These changes are attributed to industrial and agricultural development and population growth. Land use change was closely related with the increase of the population, economy condition such as investment in fixed assets and industrial structure adjustment, technology as well as policy. In particular，cropland change was correlated closely with total population，economic condition（well-off conditions of local farmer population）as well as technology development（agriculture machinerization，irrigation facility and fertilization level）. Moreover，in view of land use change in future，supposing the national policy on land is the same as before，cropland will increase greatly. From an effect perspective，the area and percentage of the most suitable cropland，forest land and grassland decreased while that of unsuitable increased between 1990 and 2000. In process of conversion of grassland into cropland，the ratios of unsuitable and the third class in converted cropland were very high. Although the NDVI partially tended to ascend during the similar time period of 1987 to 2001，the percentage of poor and bad vegetation condition still accounted for 80%. Also vegetation cover degree decreased and sloping cropland extended. In 2000 the soil erosion affected area was 1,260,787 ha which is 75.2% of the total area in the Liupan Mountains region. Soil erosion by water was the dominant mode of soil loss，while soil erosion by wind was only present on a relatively small area（2.16%）. Soil erosion in the Liupan Mountains region increased between the late 1980's and 2000，both in terms of acreage and severity. Moderate，severe，and very severe eroded areas accounted for 60.7% of the total area. The lightly eroded area decreased，while the moderately eroded area increased by 368,817 ha or 22% followed by severe erosion with 146,552 ha or 8.7%，and very severe erosion by 970678 ha or 5.8%. Soil loss decreased in Pengyang and Xiji Counties，but increased in Haiyuan，Guyuan，Jingyuan，and Longde Counties between 1986 and 2000. Soil erosion was severe on grassland with a moderate or low grass cover and on dryland. Approximately 90% of sloping cropland was less than 15°. Human activities，the cultivation of steep slopes and overgrazing of pastures were the main reasons for the increase in erosion severity.

In Xiamen City, however, cropland decreased remarkably by nearly 11,305 ha, while the areas of rural-urban construction and water body increased by 10,152 ha and 849 ha from 1988 to 2001, respectively. During the same time period, 52.5% of the lost cropland was converted into rural-urban construction land. Rapid urbanization contributed to a great change in the rate of cropland land use during these years. Huli and Xinglin district experienced the greatest dynamic degree of land use change due to the development of industry and fast rate of urbanization. The construction of sea-filling and land-reclamation contributed to a water body decrease and sea ecology environment destruction. The land use changes in Xiamen City have been driven by urbanization and industrialization, infrastructure and policy factors.

From the comparison between LUCC of Liupan Mountains region and Xiamen City, the former was in the start phase of economy development and its output structure mainly depended upon agriculture so that its land use change degree was less. While the latter was in the later phase of industrilization in which economy increase method was high technology industry and service so that its land use change degree was high. The output of Xiamen City increased quickly and urbanization standard and land concentralization were both higher which led to higher land use dynamic degree and land use intensity. In the comparison between population driving force of LUCC, the moderate and highly populated regions (>20 persons/ km^2) contained larger cropland area and higher cropland percentage whether in Liupanshan Region or in Xiamen City. But there are some differences in trend of cropland change between the two regions. In Liupan Mountains region it showed positive correlation between high population density and rapid gain of cropland which suggests the cropland demand increases with population. While it showed negative correlation in Xiamen City which reflects that urbanization will speed up with the population growth, which made the cropland decreases. Under-populated region（<5 persons/km^2）had widespread forests in Liupan Mountains region in which a further increase of forest land would have been difficult to achieve. While forests was easier to be destroyed in the populous region（>100 persons/km^2）in Liupan Mountains region. Thus，the largest net increase of forest land presented to the medium population density class（20 to 50 persons/km^2）in Liupan Mountains region. While forestry distribution in Xiamen City concentrated on the under-populated region and the populous region. The Liupan Mountains region should use referential experiences in Xiamen economic development.

Comparative study among different ecological agriculture model e.g. Agriculture-Stock breeding-Courtyard-Firedamp model（ASCF Model）in Loess Plateau，United Farmer Household- Cultivated land-Orchard establishment model（UCCO Model）in southeastern Fujian Province and “MIDORI”（“Mi” is “Mizu” in Japanese，which means water；“Do” is “Tsuti” in Japanese，which means soil and agricultural land；“Ri” is “Sato” in Japanese，which means agricultural and rural area. “MIDORI” means greenery homeland with harmonious ecological relationship between land and water）ecological model in Japan. Some common and differentia were analyzed. The intersections are：A. reasonable land utilization and high efficiency of material and energy flow in courtyard farming; B. Eco-environment protection is on the prior consideration and resource is made most use of; C. Intensive farming for land production raised; D. Agricultural management in favorable size based upon farmer household. While some differences are as follows：A. Different phase; B. Different task; C. Different condition of area. The references of the “MIDORI” model are as follows.（1）scientific protection of land resources;（2）soil and water resource is made most use of;（3）effective rural-urban interaction;（4）sightseeing agriculture development. These ecological models are the direction of development for reasonable land utilization and ecology protection as well as harmonious relationship between human and land resource. At present, subsidy policy of returning land for cropland to forest and grass land is favorable chance to agriculture structure regulation in the Liupan Mountains region, which could make the agricultural labors transfer to other industries and promote the urbanization. To improve the eco-economic conditions in the Liupan Mountains region, population control, urbanization and development of an ecological friendly agriculture were suggested.

目录

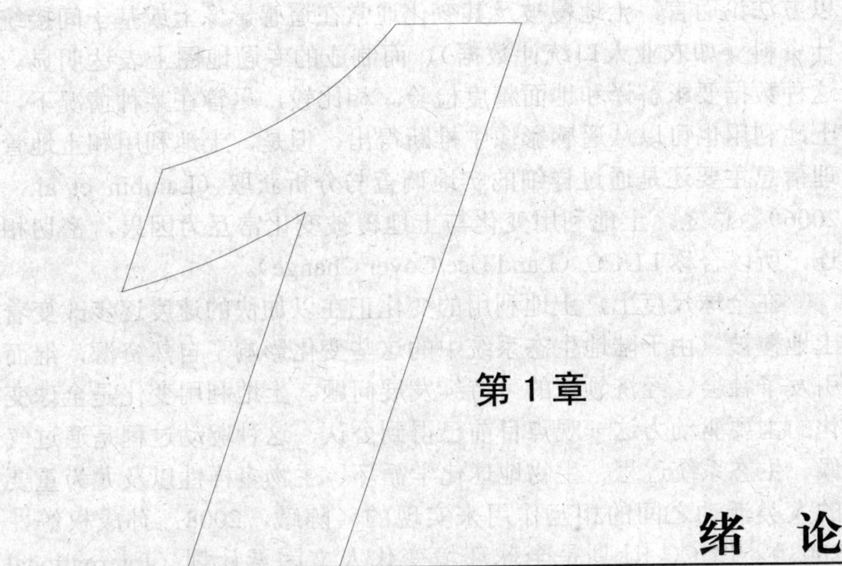

第1章 绪论

1.1 土地利用/覆被变化的研究综述

1.1.1 土地利用/覆被变化的含义

土地利用/覆被是地球表层系统最突出的景观标志，其中土地利用是指人类为了满足需要而对土地采取的调控措施，它既包含调控土地自然属性的方式，也包括潜在的利用目的，如用于林业、公园、畜牧业、郊区居住和耕作。土地自然属性的调控或土地管理是指人们采用特定的方法去管理植被、土壤和水，以达到上述利用的目的，如在实行机械化耕作的旱地中使用肥料与杀虫剂以及实行灌溉技术，或在某一牧场引入新的草种，又或在一个经营的大牧场中，按顺序方式驱赶牲畜（Lambin et al.，2006）。而土地覆被指土地的生物物理形态，如森林、草地、湿地、农作物地等，它可能随土地利用的变化而变化（Matson，et al.，1997；Turner and Meyer，1991）。

以方法论而言，土地覆被及其变化通常在遥感影像上或基于间接统计资料（如农业人口统计数据），而制成的专题地图上表达明显。这种数据要求解译和地面精度检验。相比较，尽管在某种情况下，土地利用也可以从遥感影像中推断得出，但是，土地利用和土地管理信息主要还是通过详细的实地调查与分析获取（Lambin et al., 2006）。总之，土地利用变化与土地覆被变化常互为因果，密切相连，所以合称 LUCC（Land Use/Cover Change）。

在全球尺度上，土地利用的变化正在以加快的速度逐步改变着土地覆被。由于陆地生态系统中的这些变化影响了自然资源，继而引发了社会、经济领域的可持续发展问题。土地利用变化是全球变化的主要驱动力这一观点目前已得到公认，这种驱动过程是通过气候、生态系统过程、生物地球化学循环、生物多样性以及尤为重要的人类活动之间的相互作用来实现的（陈曦，2008；孙成权等，2003）。LUCC 计划是全球环境变化人文因素计划（International Human Dimensions Programme on Global Environmental Change，IHDP）与国际地学与生物圈计划（International Geosphere-Biosphere Program，IGBP）的联合计划。LUCC 的逐渐积累，最终会导致全球变化，因此已成为全球变化研究的热点（倪绍祥等，2002；蔡运龙，2001）。另外，由于 LUCC 触及和反映了土地自然及社会经济条件的变化以及人为影响的变化，而且其不仅属于自然科学与社会科学交叉研究领域，还是从区域研究过渡到全球变化研究的桥梁（Turner，1994），因而土地利用/覆被变化研究成为目前全球变化研究中最诱人的前沿和热点课题。其研究目的在于改善和提高人们对全球土地利用和土地覆被变化动态过程的认识，以及对这种变化与全球环境变化关系的理解，以增进规划土地覆被变化的能力，最终达到既满足人类与社会经济发展的需求，又维护生态环境安全与协调。LUCC 计划通过个案研究、模式发展以及综合分析的方式来实施其跨学科研究议程。LUCC 实际上还涉及区域人口、资源、环境与发展方面的核心问题，并与生态安全水平密切相连，因而也是 20 世纪 90 年代以来国内外资源与环境领域的研究热点之一，是地理学家面临的任务和挑战（Meyer and Turner，1996）。

1.1.2 土地利用/覆被变化的研究内容

LUCC 计划是一项旨在提高对土地利用与土地覆被变化的认识以及预测能力的跨学科计划，以下为其广泛的研究领域（图 1-1）：

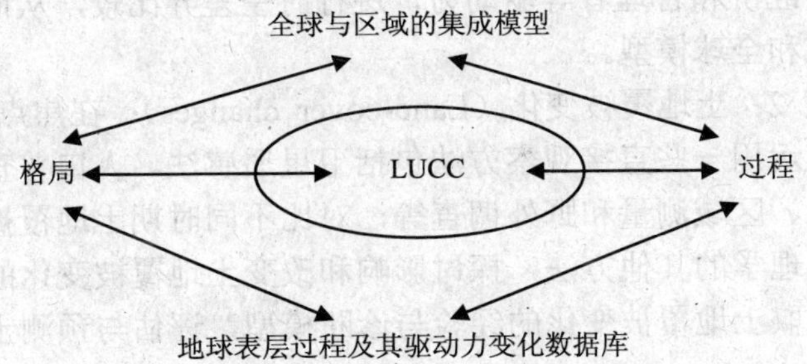

图 1-1 LUCC 广泛的研究领域

（1）土地利用模式；

（2）土地利用/覆被变化过程；

（3）土地利用/覆被变化的人类响应；

（4）全球与区域的集成模型；

（5）有关土地表层与生物物理过程及其驱动力的数据库开发。

LUCC 最根本和最主要的目标是提高对土地利用/覆被变化之间区域性的、相互作用的变化的认识，掌握其中的规律。为了实现这一目标，LUCC 确定了五个核心科学问题或五个框架问题和三个焦点，五个框架问题是（王秀兰等，1999）：

（1）过去的 300 年中人类的活动是如何改变土地覆被的？

（2）在不同的历史阶段、不同地理单元，土地利用变化的主要人文因素是什么？

（3）在今后 50～100 年中土地利用变化如何影响土地覆被？

（4）直接的人文和生物物理过程是如何影响特定土地利用类型的承载力的？

（5）气候和全球生物地球化学作用怎样影响土地利用和土地覆被？反之又如何？

三个焦点分别为（Turner et al.，1997）：

焦点 1：土地利用动力学（Land-use dynamics）。运用案例比较方法，分析和理解不同状况下的土地利用的动态变化，分析生物物理、社会经济和管理者等驱动力，进行时空差异比较，从而建立复杂的区域和全球模型。

焦点 2：土地覆被变化（Land-cover changes）：在焦点 1 基础上发展，运用一些直接观察方法包括卫星遥感法、人口普查和土地详查记录、区域测量和野外调查等，对比不同时期土地覆被状况，并结合地理学的其他方法，探讨影响和改变土地覆被变化的因素和机制，获取土地覆被变化的经验与诊断模型，评估与预测土地和环境的变化。

焦点 3：区域与全球模式（Regional and global models）：改进现有的经验模型和创建新的综合评估框架与模型，用于预测各种动因下的土地利用与土地覆被的变化，以及为评估环境变化对土地利用的影响提供方法。

综合以上五个框架和三个焦点，对土地利用变化的自然与人文驱动力、不同时空的土地利用动态变化过程、变化趋势预测及区域与全球模式下的生态环境影响评价与响应的研究占重要地位，也构成了土地利用变化研究的重要内容。其中，土地利用/覆被变化机制对解释土地覆被时空变化和建立土地利用/覆被变化的预测模型起关键作用，是整个全球环境变化研究计划对土地利用/覆被变化项目的要求，也是 LUCC 研究的核心和焦点。LUCC 研究的意义就是改善对全球土地利用和土地覆被变化动态过程的认识，以着重提高规划土地覆被变化的能力。

1.1.3 LUCC 研究兴起的宏观背景

LUCC 的产生与兴起既有经济与技术的背景，又有全球变化方面的原因，还有土地资源紧缺，需要走节约集约与环境友好土地利用道路的内在要求。近 20 年，国际社会经济空前发展，科学技术发展迅猛，特别是，高光谱遥感、微波遥感、高分辨率影像和多源信息复合，遥感图像自动识别与分类，遥感（RS）、地理信息系统（GIS）与全球定位系统（GPS）的集成运用技术由试验研究进入实际应用阶段，为 LUCC 研究提供了新技术与新方法的支撑。同时，近 20 年，全球变化日益显著，已成为人类关注的新焦点。据秦大河等（2007）报道，近 100 年（1906—2005），地球表面平均温度上升 0.74℃，人类活动是全球气候变暖的主要归因。最近 15 年，亚洲地区的经济发展速度超过了世界上其他任何一个地区，土地利用变化越来越快，引起的土地覆被格局变化也越来越显著。未来 15 年，土地资源面临巨大的压力，不合理利用土地资源引起的资源短缺、环境退化已成为经济可持续发展的重要问题之一，生态灾难与贫困不断涌现，各种传染疾病，如 SARS、甲流等在世界范围内不断袭来，一定程度上也与生活环境恶化有关。因此，LUCC 及其生态环境影响效应与安全机制研究，无论是从“全球变化人类行动计划”（IHDP）的研究趋向，还是从国家提出“两型社会”建设需求，抑或当代地理学本身学科发展来看，都将是今后一个时期内研究的重点内容，并且理应得到加强。国际科学界也拟对人类活动和全球变化之间的关系进行深入研究，在这一大背景下，我国开展包括黄土高原、青藏高原、中国东部等典型区域的古环境重建、季风亚洲区域集成研究、全球变化陆地样带研究、海－陆－气通量观测研究、全球变化的人类有序适应研究、气候系统模拟研究等，取得了一系列被国际认可的学术成果。LUCC 既是全球变化的一个重要方面，也是全球变化的重要原因，自然会引起科学家们与各国政府的高度关注。就我国而言，土地资源总量大，人均占有量少，人地矛盾突出。人均占有耕地、草地、林地分别为世界平均数的 1/3、1/2 和 1/6。我国土地资源分布也不平衡，组合错位，加剧了资源的紧缺性。东部人口密集，主要表现为人地矛盾；西部干旱缺水，水土矛盾尖锐。到 21 世纪中叶，我国人口达到 16 亿人左右时，水土资源更处于危急状态，对水土资源可持续利用是个严峻的挑战。14 年前，世界观察所的莱斯特·布朗提出“谁来养活中国”的问题，虽然夸大了问题的严重性；但是，人口较多导致人均资源占有量少却是事实。2008年，全国耕地面积只有 18.257 4 亿亩，离耕地总面积不少于 18 亿亩的“红线”已不遥远。全国粮食产量 2008 年达到 5.28 亿 t，人均 398 kg，但按照到 2030 年人口将达 16 亿，增加 6.4 亿～8.0 亿 t 粮食的总需求来讲，粮食安全问题的形势不容乐观。此外，由于化肥和农药的超量使用，农田环境逐步恶化，导致农产品质量不断下降。鉴于以上情况，当前，我国经济增长方式面临由粗放经济向集约经济的根本性转变。2007 年 12 月 14 日，国家发改委正式公布，湖南省长株潭和大武汉城市圈被列为中国的第四批试验区——“全国资源节约型和环境友好型社会建设综合配套改革试验区”（简称“两型社会试验区”）。试验的方向主要是：转变经济发展方式，促进经济社会发展与人口、资源、环境相协调，走有别于传统模式的工业化、城市化发展新路。概括起来，就是“两型两化”。重点是集约节约用地，探索新型城市化与土地利用变化模式、探索产业布局与新型工业化道路，在中部率先发展与突破，为全国的经济发展寻求新的科学发展路子。这也表明了中国开始决心走集约土地利用变化与环境友好的道路。在以上背景下，LUCC 逐渐成为科学家迫切研究的热点课题、老百姓关注的焦点和政治家演讲的新宠，将是一个长久不衰的研究命题。

1.1.4 LUCC 国际国内研究进展

最近的几十年里，国际上大批科学家深入定量化地研究了 LUCC，理解了其驱动机制，并且建立了模型加以预测，部分项目也是在 IGBP 和 IHDP 的 LUCC 项目支持下完成的。这些工作有助于土地利用变化科学（Land Change Science，LCS）的产生与兴起，并在全世界得到广泛传播与重视（Turner，et al.，2007）。同时，也说明土地变化科学或土地系统科学在地学中找准了正确位置，得到有价值的肯定，它可以集成环境科学、人文社会科学与技术科学（如遥感与 GIS）来解决土地利用/覆被变化中的各种问题，以及它们对于人类与环境系统产生的影响。截至2005年10月，为期12年的IGBP与IHDP联合拟订的LUCC研究计划结束，取而代之的是更综合的全球土地计划（Global Land Project，GLP）。它以生态系统服务和保护陆地环境的人类决策作为出发点，强调量测、模拟和理解人类与环境的耦合系统。但是LUCC项目前期的研究成果，为目前正在开展的全球土地项目奠定了基础。国际上LUCC这一领域著名的大学和研究机构主要有：比利时鲁汶大学，代表人物是：Eric F. Lambin；美国克拉克大学，代表人物是：B. L. Turner和Robert Gilmore Pontius Jr.；美国密歇根州立大学，代表人物是：William McConnell；美国威斯康辛麦迪逊分校，代表人物是：Jon Foley；美国北卡罗来那大学教堂山分校，代表人物是：Ronald R. Rindfuss；美国蒙大拿州立大学波兹曼分校，代表人物是：Lisa Graumlich；美国科罗拉多州立大学，代表人物是：D. S. Ojima；英国阿伯丁大学，代表人物是：Helmut J. Geist和Alexander S. Mather；德国卡塞尔大学，代表人物是：Joseph Alcamo和Jörg A. Priess；荷兰瓦格宁根大学，代表人物是：Peter H. Verburg和Kasper Kok；奥地利国际应用系统分析研究所，代表人物是：Günther Fischer；日本东京大学空间信息科学中心，代表人物是：Ryosuke Shibasaki；日本东京农业大学，代表人物是：Yohei Sato。此外，还有加拿大、瑞典、挪威、肯尼亚共和国等各国地理学者主导和参与这方面的研究。

国际科学联合会与国际社会科学联合会自1993年联合成立了土地利用/覆被变化核心项目计划委员会以后，一些积极参与全球环境变化的国际组织和国家纷纷启动了各自的土地利用/覆被变化项目，由于土地利用/覆被变化的机制对解释土地覆被的时空变化和建立土地覆被变化的预测模型起关键作用，是整个全球环境变化研究计划对土地利用/覆被变化项目的要求，因而是LUCC研究的聚焦点。国际应用系统分析研究所于1995年启动了“欧洲和北亚土地利用/覆被变化模拟”的三年期项目，联合国环境署亚太地区环境评价计划于1994年启动了“土地覆被评价和模拟”项目，日本国立科学院全球环境研究中心提出了“为全球环境保护的土地利用研究”项目。美国全球变化委员会则将土地覆被变化与气候变化、臭氧层的损耗一起，列为全球变化研究的主要领域之一，其研究工作主要集中在全球和区域性土地覆被变化的监测、土地覆被变化与温室气体的释放及减少温室气体的途径上（史培军等，2000）。在 IGBP 和 IHDP 的 LUCC 项目框架下执行的、十几年的各国综合集成性的研究成果反映在由 Eric F.Lambin 与 Helmut Geist（2006）主编、几十位科学家合著的《Land-use and Land-cover change：local processes and global impacts》这本书中。

随着国际上有关 LUCC 研究的大量开展，我国学者紧跟国际研究动态，开展了对土地利用变化的监测、驱动力与环境变迁研究，主要研究领域包括：利用遥感影像对土地利用/覆被的监测分析、土地利用/覆被变化研究数据库的构建、土地利用/覆被变化对农业生态系统及全球变化的影响、土地利用/覆被变化驱动力研究以及土地利用/覆被变化建模等方面。取得的进展在以下文献中列出（Pan et al.，2005；Wang et al.，1996；Zeng et al.，1997；Zhao et al.，2004；Pu et al.，2001；Zhao et al.，2001；Cai et al.，2005）：LUCC 的驱动力与驱动机制研究向综合方向发展；LUCC 模型由主要考虑自然因素动态变化向多因子多时相动态模型转变；建立了较完善的土地可持续利用质量评价与监控体系；开展了多尺度的 LUCC 动态监测与实证研究。LUCC 在认识论和方法论上取得了丰硕成果：（1）提高了人们对人文因素在 LUCC 研究中重要性的认识；（2）获得了在 LUCC 研究中考虑并加强社会科学研究的经验；（3）得到了社会科学、自然科学及二者结合的方法、理论。现已完成多项研究成果，如：“青海省三江河源头区草地退化”（Liu et al.，2008）、“20 世纪 90 年代中国土地利用变化的遥感时空信息研究”（刘纪远等，2005a）、“20 世纪 90 年代 LUCC 过程对中国农田光温生产潜力的影响——基于气候观测与遥感土地利用动态观测数据”（刘纪远等，2005b）、“中国土地利用变化现代过程时空特征的研究——基于卫星遥感数据”（刘纪远等，2000）；“中国土地利用/覆被变化的生态环境安全响应与调控”（史培军等，2006）、“东北地区土地利用/覆被变化时空特征分析”（张树文等，2006）、“近 10 年来长江下游土地利用变化及其生态环境效应”（李晓文等，2003）、“基于 GIS 的中国土地利用变化及其影响模型”（陈佑启等，2000）等。管东生等（2002）以广州为例报道人类活动对城市植被、土壤、空气、生物多样性等产生深刻影响。于兴修等（2002）对浙江湖州西苕溪流域的土地利用/覆被变化下的水环境效应研究；张镱锂等（2002）对青藏公路对区域土地利用和景观格局的影响；韦素琼等利用福建、广东与中国台湾相连相近的地理位置，不同的社会经济体制，研究海峡两岸土地利用/覆被变化（韦素琼等，2006；韦素琼等，2005；韦素琼等，2004；郑荣宝，2005）；全斌（2003a；2003b；2004b；2004c；2005a 等；2005b；2005c）对福建省 LUCC 及其自然适宜性评价进行报道等。中国北方地区，陈曦（2008）、何春阳（2004）、罗格平等（2003）对黄河流域及干旱区绿洲生态环境进行了探索；王根绪等（2006）对黑河流域典型区 LUCC 与水资源变化进行分析；王思远（2004）对黄河流域生态环境演变及其信息图谱进行了研究；郝仕龙（2009）对宁南山区的上黄村 LUCC 进行报道。还有更多的研究报道，如：“额济纳天然绿洲景观变化及其生态环境效应”（曹宇等，2005），“北方农牧交错带土地利用变化及其生态环境效应——以陕北榆林市为例”（杨述河等，2004），“辽河下游流域土地利用变化及其生态环境效应”（黄方等，2004），“黄河源区土地利用和景观变化及其生态环境效应”（潘竟虎等，2005），“土地利用变化的生态环境效应研究——以前郭县为例”（秦丽杰等，2002），“纸坊沟流域近 60 年来土地利用景观变化的环境效应”（温仲明等，2004），“石羊河下游民勤绿洲变化的人文机制研究”（杨永春等，2002），“黄河三角洲东营市土地利用‘涨势图谱’的时空特征分析”（叶庆华等，2003），等。

总之，土地利用格局与变化及其生态响应已成为当前各国地理学界的研究热点，特别是从 IGBP 于 2003 年提出了“土地变化科学（Land Change Science，LCS）”以来，科学家们从区域综合影响和响应来研究这一课题，并将成果运用于决策之中（李秀彬，2002）。

尽管近10年在国际国内LUCC研究取得了很大的成就，众多科学家们对热点地区的研究也有报道，但是发现LUCC研究中仍存在以下几个不足。

（1）土地变化不是普遍存在的，它主要集中发生在热点区域，而目前看来，热点区域研究选择的代表性与典型性还显不够，一些重点与热点区的LUCC未展开深入研究与报道。并且，还存在着研究“广度”与“深度”的矛盾，即有的面广而不深，有的面深而不广。

（2）大多数的研究着重于土地利用/覆被变化研究，而对于其造成的生态环境影响研究则显不足（李静等，2006；王瑞燕等，2008），尤其是有关土地利用/覆被变化与土壤侵蚀关系的环境效应研究这方面的不足更明显。各研究领域专家普遍认为人类活动是造成土壤侵蚀的主要原因，不合理的土地利用方式对土壤侵蚀具有放大效应。但对于不同地区人类活动对土壤侵蚀的影响程度及人类影响在什么范围内不会引起土地的不可逆变化等问题还没有定论。而土壤侵蚀作为LUCC引起的主要环境效应之一，是自然和人为因素叠加的结果，也是世界上头号的环境问题。因此，研究LUCC与土壤侵蚀的关系，有着广泛的应用前景（张鲁等，2008）。与此同时，不合理利用土地资源引起的资源短缺、环境退化已成为经济可持续发展的重要问题之一，景观生态安全风险不断增大（孙翔等，2008；陈星等，2005；曾辉等，1999；全斌等，2007），而生态环境影响与安全研究则更显重要。

（3）区域LUCC的比较性不强。我国疆域广阔，地貌多样，土地资源的分布又不平衡，地区差异较大，不同区域的LUCC自然会烙上该区域的烙印，既有差异性，但更有共同性，按LUCC发展顺序看还有阶段性，仅研究某一个区域，尚不能更好地从宏观背景来把握区域的特征，且其研究结果在应用上可能还有局限性。从研究区域类型上看，目前研究主要侧重在一些代表性地区和生态环境脆弱区，如：有的学者对中国东部发达地区土地利用变化，尤其是城镇扩张与耕地流失已经进行了研究（Zhou，2002）；任志远等（2006）对中国西北城郊土地利用变化与区域生态安全动态进行了研究；韦素琼、陈健飞（2006）对闽南与台湾地区进行了比较研究等。然而，迄今为止，不同自然地区单元和典型类型区域的 LUCC 同时段的比较研究还不多，特别是对中国东、西部土地利用变化的比较研究还很薄弱（香宝，2005；何书金等，2006），仍然有必要进行深入探索。

（4）当土地利用变化存在着一些问题时，采取什么有效方法应对，特别是在土地利用优化配置与适宜的生态农业模式上，缺乏可操作的模式。

1.1.5 景观生态学与土地利用/覆被变化研究

景观生态学（Landscape Ecology）是一门新兴的交叉学科，主要是研究空间格局和生态过程的相互作用。它包括三个方面的基本内容：景观结构、功能和动态（赵羿等，2001）。景观的变化是处于一系列复杂的自然过程影响之下，其中很多是直接或间接受到土地利用的影响（Harmon and Dow，2001）。景观生态学是 20 世纪 60 年代在欧洲形成的，土地利用规划与评价一直是其主要的研究内容，土地利用/覆被变化的起因、过程和效应是其重要的研究论题（傅伯杰等，2002；肖笃宁等，2003；邬建国，2004）。从景观生态学的角度，有人认为景观与土地是一个类似的概念（李秀珍，2003）。土地利用/覆被变化时，自然会影响其组成要素，这就是土地利用/覆被变化的环境效应，其中土地利用/覆被变化的土壤质量与土壤侵蚀效应是一个重要方面。土地利用可直接导致土壤侵蚀，包括我们平时所见的道路修建与建筑物建设，林业、农业、矿业和娱乐业扩展以及军事所需要的训练与测试基地建设。这些活动中有很多通常都是多种事件综合造成的，并且在较大的景观范围里出现。因而，这些影响就会具有时间与空间的分布特性。当人们采用可持续的耕作与培育措施时，土壤就越来越肥沃。反之，采取掠夺式开发时，土壤养分就会耗竭。

景观具有空间异质性的特征。它是 20 世纪 90 年代生态学研究的一个极为重要的理论问题，同时也是生态学家研究不同尺度的生态系统功能和过程时感兴趣的问题。Kolasa 和 Pickett 将它定义为某种生态学变量在空间分布上的不均匀性及复杂程度，是空间拼块性和空间梯度的综合反映（蒋文伟等，2003）。它是导致空间格局及其变化的主要原因。同样，土壤也具有空间变异性（周慧珍等，1996），将景观生态学的观点或方法运用于土壤学是近年来土壤学研究的趋势，由此将土壤学置于更广阔的视角中（刘世梁等，2001；邵晓梅，2004）。既然景观与土地的概念是同一的，LUCC 与景观格局的变化也是相统一的，LUCC 研究又成为景观生态学科中的一个重要部分与内容。在 LUCC 研究过程中运用斑块－廊道－基质概念，结合景观格局指数及生态模型模拟与预测其变化自然也是可行的。总之，将土地利用方式与景观的特性结合起来研究，以及研究景观系统下土地利用的变化及土壤资源的演替，特别是有关生态环境的时空演变规律已成为目前土地利用研究的一个新的热点（郭旭东等，2000；朱益玲等，2002；黄绍文等，2002；王军等，2002；齐伟等，2003；邱扬等，2004；张庆利等，2004）。

1.1.6 地学信息图谱与土地利用/覆被变化研究

目前地图学为适应社会需求与科学发展规律，正经历一个大的变化，来实现“功能的飘移”，这就是地学信息图谱。图（Carto or Graph）通常用于表述空间分布或空间分析；谱（Diagram）一般用于展示时态序列的变化过程（陈述彭，2001）。地学信息图谱是图谱在地学研究中的应用与发展，它是由遥感、地图数据库、地理信息系统与数字地球的大量数字信息，经过图形思维与抽象概括，并以计算机多维与动态可视化技术，显示地球系统及各要素和现象空间形态结构与时空变化规律的一种手段与方法。同时，这种空间图形谱系经过空间模型与地学认知的深入分析，可进行推理、反演与预测，形成对事物和现象更深层次的认识，有可能总结出重要的科学规律，在此基础上为经济与社会可持续发展的规划决策，环境治理、防灾减灾对策的制定，提供重要的科学依据与明确的具体结论（廖克，2003）。土地利用/覆被变化研究的目标、内容、核心与地学信息图谱密切相关，如不同时期的土地利用的空间分布与变化，未来土地利用变化的情景预测等都有必要通过地学信息图谱进行深层次的科学凝练、转化和多维显示；采用图形思维、地学认知与信息思维相结合的方法，并结合数值模拟方法，对土地利用变化规律进行抽象概括、归纳和描述，来获得一目了然的规律性认识。目前，在 LUCC 研究方法中，尽管运用了许多方法与学科知识，但仍显不够，需要进一步的多学科与方法集成研究；地学信息图谱方法可更好地运用地图的方法直观表达土地利用变化的时空特点，并具有系列化与概括的功能，是一种好的思路，有可能取得好的效果。

1.2 本书的主要研究工作

1.2.1 研究目的与意义

宁夏南部六盘山区位于我国黄土高原的西部，该区包括六盘山及其外围地区，其中，六盘山属石质山地，被国家列为自然保护区和森林公园。六盘山外围是黄土丘陵区，区内沟壑纵横，地面切割破碎，黄土丘陵、黄土塬、谷地、山地相间分布，是黄土高原的典型代表与缩影。该区地理位置具有明显过渡性特征，干旱少雨、资源利用不合理、水土流失严重、土壤退化、生态系统功能失调是其农业与社会经济持续发展的严重制约因素，区内农、林、牧业布局错综复杂，历来是国家确定的重点生态区。不断恶化的生态环境，不仅严重制约着区域经济发展、社会稳定和农民生活水平的提高，而且成为西部开发与实施可持续发展战略的主要障碍。在这一生态脆弱区如何恢复植被，改善生态环境，提高土地生产力，消除贫困，增加农民收入，是党和政府一直关注的问题。改革开放以来，国家投入了大量的资金进行生态建设，特别是中央在实施西部大开发战略过程中，将生态环境建设作为重要的战略任务，相继开展了大批生态工程建设。如何使这些工程建设多快好省地与农村经济发展和农民生活水平的提高相结合是建设社会主义新农村的背景下亟待研究的课题。因此，在这一区域开展土地利用变化及其环境效应研究，并展开区域比较研究是促使这些工程发挥良好生态效益、经济效益和社会效益的关键。早在 20 世纪 80 年代初，国家就组织科研院所和大专院校对黄土高原干旱、半干旱退化山区进行了综合考察，开展了相应的研究工作，为小流域生态治理提供了一定的科学依据。“八五”、“九五”期间，国家加大了对生态环境研究的支持力度，组织科技力量，对黄土高原脆弱生态区的类型、空间分布特征和形成机制及其对区域国民经济发展的影响进行了较为系统的研究，为更进一步深入研究奠定了基础（李生宝等，2006）。

选择与六盘山区开展比较研究的是位于福建省东南部的厦门市，它代表经济高速发展与城市化影响下，所经历的快速土地利用变化过程，其对区域生态环境也会产生不利影响。建立景观生态安全指标体系与区域模型，综合评价 LUCC 下的宏观生态环境演变，旨在探索其变化差异的大小及其对宏观环境的不同影响以及土地演化过程中共同存在的问题，并借鉴国内外满足生态安全的优化土地与景观生态模式去克服土地不合理利用问题，以期达到土地可持续利用与生态有效保护的目的。

典型区大体的情况是人口膨胀，土地退化，环境脆弱，水土流失较严重，粮食与经济发展陷入困境。土地资源的压力在多大程度上引起生态环境恶化，存在着以下几个科学问题亟待查明与弄清：（1）城市化发展下与土地利用/覆被变化模式是怎样的，其驱动力各是如何的？（2）LUCC 导致的土壤侵蚀状况、生物量变化及其趋势如何？LUCC 与土壤侵蚀状况变化的耦合关系如何？（3）不同典型区 LUCC 过程的差异性与共同性是怎样的？在兼顾经济发展与环境保护下，土地可持续发展、生态农业安全模式与环境效应的关系是什么？这些基本科学问题是政府、科学家和公众普遍关心和亟待解决的，它的解答同时也有助于促进中国其他类似地区的资源利用与生态环境保护，有着较强现实意义。

在 1.1.4 中已述及，LUCC 研究中还有一些问题需要深入探索，特别是中国东南部与西北部典型区域比较报道极少。尤其是在利用不同区域的典型生态农业模式去解决土地利用变化过程中存在的生态环境问题时，剖析的不同生态农业模式还可相互借鉴与发展，从而促进土地利用变化向着良好的方向发展，这也是 LUCC 比较中演绎出来的问题。由于在 2000 年底，国家在六盘山区用补贴方法实行退耕还林还草的政策，2001 年后土地利用变化发生了很大变化。为此，在时间上均选择在 20 世纪 80 年代、90 年代和 21 世纪初。

综上所述，本研究基于目前 LUCC 研究中的不足和以上两个区域生态环境的重要性与迫切性，以 LUCC 环境影响为核心，采用 GIS、全球定位系统（GPS）、RS 与空间建模集成的方法，数字化重现几个不同时期（20 世纪 80 年代、90 年代和 21 世纪初）的土地利用演变过程，从区域比较的角度同时段来综合集成研究 LUCC 过程、格局及其宏观景观生态环境响应，并提出土地利用可操作的优化模式，以弥补现在 LUCC 研究中普遍存在的 LUCC 环境效应研究不足、LUCC 区域比较研究不足和可操作的土地安全措施或模式研究不足。本研究具有以下几个方面的意义：

（1）在国家要求建立“两型社会”，即“资源节约型和环境友好型社会”试验区的时候，从区域比较的角度，开展西北与东南区土地利用变化及比较，使得这一研究结果可及时应用于国家新建立的长株潭和大武汉“两型社会试验区”。各典型区在中国东西两级阶梯上都具有较强的典型性和代表性，开展这一研究不仅具有辐射、带动和指导东、西部地区土地资源合理规划利用的现实意义，也具有良好的现实性和应用前景。

（2）六盘山区独特的地理位置和巨大的生态功能，对陕甘宁三省的水资源涵养与水土保持都有着十分重要的影响，通过研究发现六盘山区的土地利用状况、景观变化特征与过程，提出植被恢复措施与土地利用的优化模式，有关结论与措施也可为黄土高原植被恢复与治理提供参考，促进对区域生态环境的科学认识、保护和治理。

（3）这项研究将加深对于西北与东南两个典型区 LUCC 的格局、驱动力、效应及其造成的生态环境的动态变迁的理解，提供我们区域性的生态经济发展的土地利用模式和未来走向；通过相互比较，取长补短，学习与借鉴国内外生态农业模式的优点，有利于经济欠发达区域避免不必要的损失及少走弯路。

1.2.2 目标与内容

1.2.2.1 研究目标

总体目标将试图通过以下的研究子目标加以实现：

（1）两个区域不同时期景观格局、变化与转换状况，尤其是耕地变化驱动因素与未来10～30年的变化趋势；

（2）区域土地利用/覆被变化与土壤侵蚀的相互关系及其环境效应分析；

（3）综合比较分析宁南六盘山区与闽东南厦门市LUCC及其驱动力之差异，并进一步比较两个典型区域的代表性生态农业模式的异同点。

1.2.2.2 研究内容

主要研究内容包括：

（1）基于遥感与GIS的土地利用/覆被变化时空特征分析

收集研究区基本资料，利用地理信息系统软件ArcGIS，得出区域不同时期（1990年、1995年和21世纪初）的土地利用演变状况，建立土地利用数据库。运用不同的模型如土地利用动态度模型、土地利用转移速率模型、土地利用程度综合指数与土地利用程度变化参数模型等分析其时空演变特征。进行区域土地利用变化模拟试验，对不同区域进行土地利用变化生态模式优化设计。根据社会经济统计数字和公开出版物的统计资料，运用统计理论和方法，建立土地利用驱动模型，寻求其主要的驱动因子。通过景观生态学的指标，量化与计算区域和景观的基本格局与过程，以时间为序列反映其动态过程，分析土地利用变化对区域景观过程的影响。

（2）土地利用/覆被变化的图谱分析

运用地学信息图谱的方法，提取、归纳与分析1990—2000年六盘山区土地利用的增势与减势图谱，分析10年间耕地、草地、居工地等用地的变化与速率。查明与佐证了盲目开垦与草地面积迅速破坏的事实及其分布状况，并从中直观地看出各类地的“涨跌”状况及其分布特点。对于厦门市，采用遥感综合系列制图理论与方法绘制综合系列地图，为图谱分析做准备。

（3）土地利用/覆被变化的环境效应与土壤侵蚀变化分析

通过农、林、牧地适宜性演变、适宜性转化分析以及对其他生态评价指标如植被覆盖与土地利用坡度等的分析，可判定该区 LUCC 下的生态环境趋势变化与走向。通过不同土地类型土壤侵蚀的时空分异、不同坡度的耕地土壤侵蚀时空变化以及土地利用与土壤侵蚀强度耦合关系图谱分析等来提示土地利用与土壤侵蚀变化的相互关系，为探求侵蚀性生态环境的原因奠定基础。

（4）LUCC 比较分析与环境友好型的土地利用景观模式

比较分析土地资源的演化造成的中国西北和东南区域的生态环境的演变影响之异同，理解西北半干旱山区与东南湿润区人类及其他驱动力如何影响生态系统。摸清不同区域开发利用中存在的问题以及经验教训，并对比剖析不同区域生态农业模式的共同性与差异性，借鉴日本的水土资源利用优化模式，分析区域土地资源利用存在的问题及开发潜力，提出环境修复模式和可持续发展对策。在土地利用/覆被变化空间数据库的基础上，初步开发出“区域土地利用变化与比较”地理信息系统。

1.2.3 研究方法与技术路线

1.2.3.1 研究方法

基本思路：以宁夏六盘山区土地利用变化以及与闽东南区域比较为线索展开，运用区域比较方法，阐明与剖析其异同，深入理解典型区 LUCC 下的景观生态状况、驱动机制和趋势，提出和完善可操作与可推广的环境友好型生态农业模式。

研究方法：基于自然地理学、地理信息科学等学科理论，运用区域比较方法，运用 GIS、RS、空间建模等技术，运用地学信息图谱时空复合分析理论与方法，结合野外工作调查，认识土地生态系统的形成过程、结构格局和功能效应，集成应用于土地利用变化与比较研究，提出合理利用土地资源的对策。

1.2.3.2 技术路线

具体技术路线图如图 1-2 所示。包括如下内容：

（1）土地利用/覆被变化的时空变化特征与比较。通过 GIS 可制作三个时期的土地利用动态变化图与数据库，通过叠加与地理信息图谱分析，进而结合运用多种模型与景观生态指标分析其时空的变化状况与分布特征，运用马尔可夫模型模拟与预测未来 10～30 年的情景。在此基础上，进行 LUCC 不同区域的比较分析。

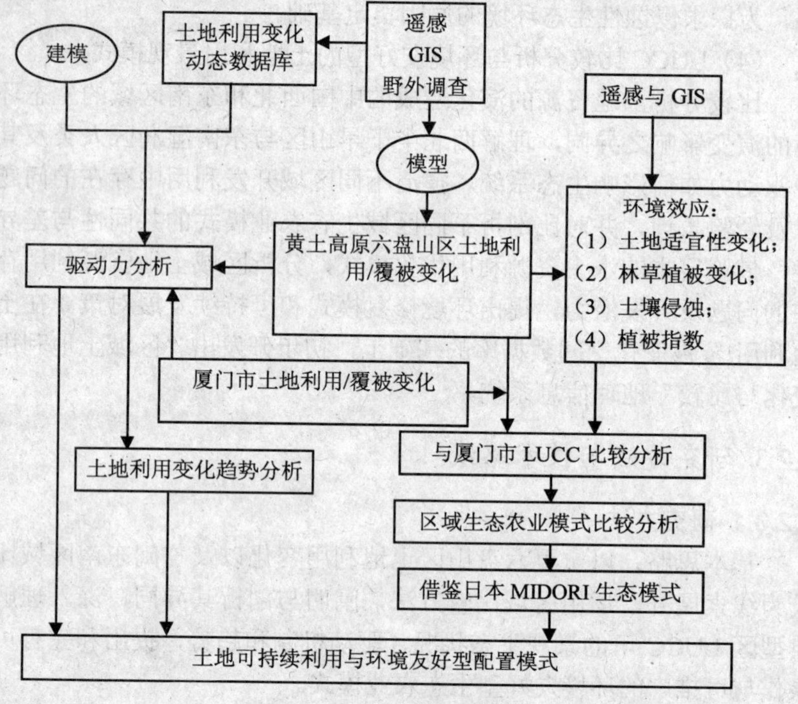

图 1-2 工作概念框图

（2）土地利用/覆被变化的驱动力建模与分析。通过选取经济、社会指标，对土地利用建立回归分析，运用回归等模型确定驱动力，分析景观变化与驱动力的作用。建立区域耕地驱动力模型，重点分析其耕地变化原因。

（3）土地利用/覆被变化的环境效应。对六盘山区从宏观上，运用植被指数，可在图像上反映不同时期生物量的增加、不变和减少的分布情况，与土地利用变化图叠加可分析 LUCC 对于植被指数变化的影响。通过土壤侵蚀图与土地利用变化图叠加分析 LUCC 对于土壤侵蚀变化的影响。通过农、林、牧地适宜性演变、适宜性转化分析以及其他生态评价指标的分析，可判定该区 LUCC 下的生态环境趋势变化与走向。对闽东南区，在土地适宜性评价与现有土地的关系以及城市建设用地与耕地的转化上，分析生态环境对 LUCC 的响应关系。

（4）典型区土地生态农业模式比较分析。六盘山区与中国闽东南经济发达典型区开展比较分析，探索其内在的驱动力，并比较其各自代表性的生态农业模式，比较与借鉴日本 MIDORI 的模式，针对不同区域 LUCC 下的生态环境问题，提出各自的可持续发展对策。

1.2.4 创新点

（1）以往的土地利用与土地覆被变化研究基本集中于土地利用与土地覆被变化的本身，而对由其引起的土壤侵蚀等环境效应则很少涉及。本书从土地利用与土壤侵蚀的相互作用机理入手，较深入地研究了从遥感信息提取到侵蚀性环境变化状况，并将其与土地利用变化相耦合，反映了本书的一定新意。

（2）在现有土地利用与土地覆被变化的比较研究中，对邻近区域的土地利用变化过程的比较研究居多，而从变化过程的共同性与阶段性对不同区域尤其是跨区域的土地利用与土地覆被变化进行研究较少。特别是中国东、西部区域的土地利用与土地覆被变化的比较研究几乎属于空白。目前，世界上不同区域正经历不同的土地利用转换阶段，例如，全球尺度上在温带地区耕地减少，而在热带地区却增加（Ramankutty，et al.，2006），这表明不同的区域 LUCC 将经历不同的变化与转换阶段，为 LUCC 区域比较提供了宏观的背景。而本书进行中国东、西部区域的跨梯度比较研究，不仅有助于更深入地对不同区域的土地利用与土地覆被变化过程的理解与阐释，而且也有利于丰富区域性土地利用与土地覆被变化的研究内容。

（3）本书运用地学信息图谱理论和“3S”技术，采用图形思维、地学认知与信息思维相结合的方法，对作为黄土高原典型生态类型区的宁夏六盘山区的土地资源与土地利用变化进行了深入研究。在提取三期 TM 遥感信息的基础上，结合野外调查，经过空间模型与地学认知的深入分析，揭示了六盘山区与厦门市在土地退化格局过程和特征上的差异性，不仅研究手段先进，而且较好地体现了多学科交叉、协同研究的发展趋势。此外，本书依据农业生态学和比较经济学原理，对不同类型区的三种生态农业模式（六盘山区上黄模式、闽东南低山丘陵区的模式、日本 MIDORI 模式）的结构、功能及共同性、差异性进行了比较研究，并从国际和区域尺度探讨了进行环境友好型土地利用配置和发挥生态农业优势的途径，为六盘山区农业发展提供了理论依据和可资借鉴的经验。

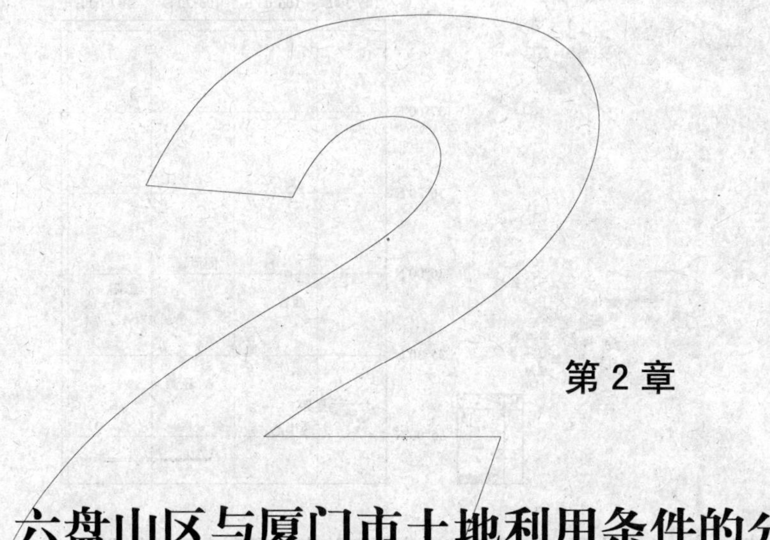

第 2 章

六盘山区与厦门市土地利用条件的分析

2.1 六盘山区地理区位

六盘山区位于宁夏回族自治区南部，地处西北地区东部，属于黄河中上游西北黄土高原丘陵沟壑区。含固原市（固原、泾源、彭阳、西吉和隆德县）和中卫市的海原县，共 6 个县，其中包括六盘山国家级自然保护区，地理坐标为东经 105°09′～106°58′，北纬 35°14′～37°04′，南北长 250 km，东西宽约 200 km，总面积约 1.68 万 km^2，占宁夏回族自治区总面积的 32.4%。2002 年底，该区人口为 1 891 384 人。北邻中卫、同心县，东、南和西部分别与甘肃省庆阳市、平凉市和白银市接壤（图 2-1）。

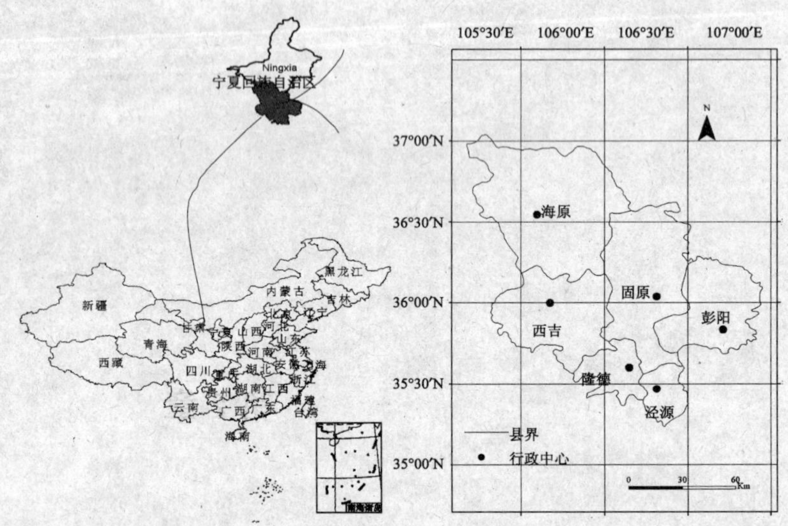

图 2-1　六盘山区的范围及其在宁夏回族自治区和中国的位置

2.2 六盘山区自然条件分析

2.2.1 地质地貌

六盘山区地势西高东低，南北倾斜，中部突起。川、沟、塬、台、壕、坡等多种地形交错分布，海拔 1 248～2 955.3 m。它处于祁连山地槽东翼与鄂尔多斯台地西缘之间，黄土堆积前，地壳各期构造运动在该区范围内均有强烈表现。地貌类型按成因可分为三大类，即构造山地、堆积侵蚀黄土丘陵和堆积侵蚀河谷地貌。六盘山为一典型的阶梯状山地，境内西华山、南华山、月亮山、六盘山断续相连，组成北西一南东向山带，为侵蚀构造山地地貌，山带以北为黄土丘陵地带，海拔 1 700～1 900 m。

2.2.2 气候

该区南北气候差异较大，南部属于温带半湿润区，北部属温带半干旱区；同时气候的垂直带性分异明显。气候基本特征为：日照长、冬寒长、夏热短、春暖迟、秋凉早，气温年较差与日较差大，雨量集中、雨热基本同季和蒸发强。年平均气温 5.3～7.3℃，气温平均日较差 10.8～12.8℃，气温平均年较差 24.2～27.0℃，年际变化不大。年均降水量在 367～620 mm，由南向北呈递减趋势，年降水量在 500 mm 以下的地区占 80%。其季节变化特征是冬干春旱，分布不均，主要集中在 7～9 月，占全年降水量的 50%以上，冬季降水量一般占全年降水量的 2%。

2.2.3 土壤与植被

主要的土壤类型有：黄绵土、黑垆土、山地灰褐土、亚高山草甸土、灰钙土、石质土、红黏土、新积土、粗骨土、潮土、盐土。其中黄绵土广泛分布于黄土丘陵区，与黑垆土插花分布，为境内主要的耕作土壤。黑垆土是黄土母质在干草原生物气候条件下形成的地带性土壤，分布在海拔 1 350～2 200 m 的丘陵及平原地区。目前大部分垦为农田，是境内主要的耕种土壤。植被受气候、土壤和地形的影响，从东南向西北呈现森林草原－典型草原－荒漠草原的水平地带分布。

2.2.4 水文

境内河流主要有清水河、葫芦河、泾河、祖厉河，均分布于黄河右岸，并以六盘山、月亮山为中心做放射状分布。清水河源出六盘山东北麓，北流直接入黄河；葫芦河源于月亮山，沿六盘山西侧南流入渭河；泾河源于六盘山东麓，东流入渭河；祖厉河源出月亮山西麓，西流出境转向北入黄河。该区地下水较缺乏，而且咸苦水分布广泛，局部地带富集淡水。

2.3 六盘山区社会经济条件分析

2.3.1 社会状况

2.3.1.1 行政区划*

六盘山区包含固原市和中卫市的海原县，共 6 个县（区），83 个乡（镇），总面积 16 775.4 km²。详见表 2-1。

表 2-1 六盘山区行政区划及土地面积

市县区名称	乡数/个	镇数/个	居委会/个	村委会/个	土地面积/km²
合计	59	24	33	1 244	16 775.4
固原市	45	20	27	1 077	11 286.4
固原县	6	8	15	229	3 506.0
西吉县	16	3	4	306	3 130.0
隆德县	10	3	3	272	990.9
泾源县	4	3	2	114	1 130.9
彭阳县	9	3	3	156	2 528.6
中卫市	14	4	6	167	5 489.0
海原县	14	4	6	167	5 489.0

2.3.1.2 人口

2002 年底该区总人口为 1 891 384 人，其中农业人口 1 704 539 人，占总人口的 90.1%；非农业人口 186 845 人，占总人口的 9.9%。回族人口 891 868 人，占总人口的 47.2%。2002 年出生人口 30 252 人，出生率为 21.09‰，净增人口 23 038 人，人口自然增长率为 15.99‰。人口密度为 113 人/km²，远远超过了联合国沙漠化会议确定的半干旱地区 20 人/km²，干旱地区 7 人/ km² 的承载能力。

---

* 资料来自《宁夏大六盘生态经济圈建设总体规划》和《固原经济要情手册》。

2.3.1.3 文化状况

总人口中，本科以上 4 728 人，专科 19 288 人，中专 38 576 人，高中 76 775 人，初中 299 913 人，小学 731 439 人，文盲人口 72.1 万人，占总人口的 38.1%，其中青壮年文盲在 10%以上。

2.3.2 经济状况

2002 年该区实现国内生产总值（GDP）31.8 亿元，第一产业 10.5 亿元，第二产业 8.2 亿元，农业总产值 18.2 亿元；其中，种植业产值 11.82 亿元，占 65.0%。粮食总产量 7.41 万 t，人均占有粮食 431 kg；油料总产量 0.58 万 t。畜牧业产值 4.43 亿元，占农业总产值的 24.3%。大家畜存栏 44.8 万头，羊只存栏 91 万只，生猪存栏 27.2 万头，家禽存栏 197 万只；肉类总产量 1.38 万 t。林业和渔业产值分别为 1.93 亿元和 0.02 亿元，占农业总产值的 10.6%和 0.1%。工业总产值 14.97 亿元，财政收入 13 968 万元，财政支出 154 775 万元，人均财政收入 73.85 元。农民人均纯收入 1 168.23 元，城镇居民人均可支配收入 5 324 元，在职职工年平均工资 12 099.5 元。

2.4 厦门的地理区位

厦门位于福建省南部九龙江出海口的金门湾内，地理坐标在 117°53′～118°11′E，24°25′～24°46′N。厦门东邻台湾海峡，背靠闽南大陆，海上交通位置适中，介于日本和中国上海和广州、香港及菲律宾、新加坡之间。厦门由厦门岛、鼓浪屿、内陆九龙江北岸的沿海部分地区以及同安等组成，陆地面积 1 565.09 多 km^2，海域面积 300 多 km^2，是一个国际性海港风景城市。厦门岛与鼓浪屿在福建省的位置如图 2-2 所示。厦门的行政辖区不同时期有变化，本书为保持研究前后的一致性与方便，在 1990—2000 年，选择按 1997 年的辖区为准，统一为辖有开元、思明、鼓浪屿、湖里、杏林、集美、同安 7 个区。

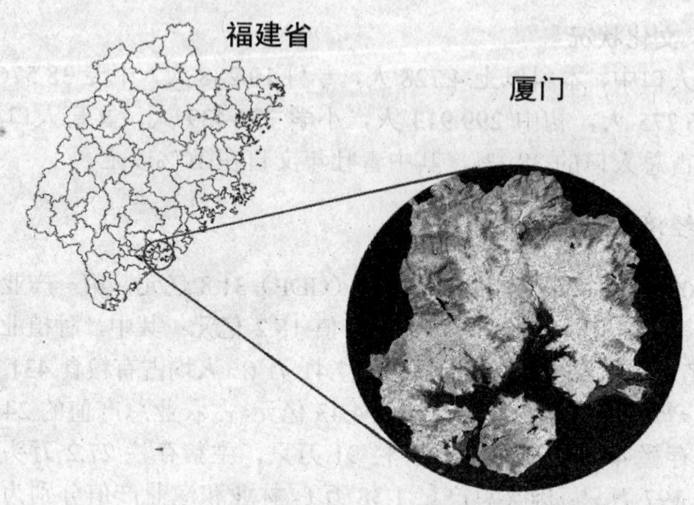

图 2-2 厦门市范围及其在福建省的位置

2.5 厦门的自然条件分析

2.5.1 地质地貌

厦门位于 NE 向长乐－诏安深大断裂与 E－W 向南靖－厦门断裂交截部位。岩石主要由火成岩构成，且多为花岗岩。区域构造位置属于“闽东燕山断坳带”、“闽东南沿海变质带”的组成部分。区内广泛分布着燕山期岩浆岩及侏罗纪火山岩。同时，还出露有从中生代侏罗纪至新生代第四纪的地层。厦门总的地势是，由西北向东南倾斜，西北低山屏立，海拔为 500～900 m，中部地势低平，主要为丘陵、台地、海岸平原和滩涂，海湾伸入陆地；南部地势较高，部分为丘陵盘踞。总的形态为北、东、西三面环山，形成汤匙状（厦门市地理学会，1995）。

2.5.2 气候

厦门属于南亚热带海洋性季风气候，温和多雨，年平均气温在21℃左右，多年平均降水量为 1 196.2 mm，大于 10℃的多年平均积温为 7 560℃，最冷月平均气温 12.5℃，夏无酷暑，冬无严寒。据Penman-Monteith 公式计算的年潜在蒸散量为 1 264 mm，干燥度为1.11（陈健飞等，2001）。它具有高温期长、气温变化小、秋春相连、作物生长期长的特点，气温年较差仅为 15.8℃。由于太平洋温差气流的关系，每年平均受 4～5 次台风的影响，且多集中在 7～9 月。

2.5.3 土壤与植被

厦门的地带性土壤为赤红壤，丘陵山地出现红壤与黄壤；由于地形、母质、水文等因素的复杂多样，出现了滨海盐土、风沙土、潮土；还有在人类耕耘下形成的水稻土等 7 个土类。厦门的气候特点决定了其植物种类的多样性，在区系组成上有从亚热带向热带过渡的特点；植物区系的地理成分比较复杂，但以热带、亚热带为主。通常的模式是：地带性植被为南亚热带雨林，但遭受人为破坏；低山丘陵和红土台地普遍种植有马尾松林、相思树，其下种龙眼、荔枝等果树；山麓一般是水田和旱地，其下发育为地带性赤红壤。

2.6 厦门社会经济条件分析

2.6.1 社会状况

2.6.1.1 行政区划

在研究期段内，1997 年厦门将同安撤县设区。至此，厦门市辖鼓浪屿、思明、开元、杏林、湖里、集美、同安 7 个区。

2.6.1.2 人口

2000 年年末户籍人口 1 312 670 人，其中非农业人口 662 159 人，平均每户家庭人口 3.38 人。全年出生人口 15 997 人，比上年增加 3 910 人，出生率为 12.29‰，较上年的 9.46‰上升了 2.83 个千分点；死亡人口 11 214 人，死亡率为 8.62‰；全年自然净增人口 4 783 人，人口自然增长率为 3.68‰，人口的自然增长率继续维持在较低的增长水平。

2.6.2 经济状况

2000 年全市实现国内生产总值 501.15 亿元，比上年增长 15.1%，比 1995 年翻了一番。其中，第一产业增加值 20.98 亿元，第二产业增加值 264.12 亿元，第三产业增加值 216.05 亿元，三次产业结构比例为 4.2∶52.7∶43.1。2000 年工业生产继续快速增长，全市完成工业总产值 775.82 亿元，比上年增长 23.2%。

第 3 章

基于时空模型的六盘山区土地利用的变化分析

3.1 引言

土地利用/覆被变化是全球环境变化重要的组成部分，并且与人类的生产生活与社会经济发展密切相关，因而是一个长期保有生命力的热点研究领域。Foley 等（2005）对土地利用的全球影响综述认为，现代的土地利用措施尽管在短期内会增加物质供应，但从长远看，甚至在区域或全球范围内都能损害许多生态系统的服务功能。据统计（盛连喜等，2002），我国每年生态破坏造成的经济损失在 700 亿元左右。随着今后我国经济持续强劲的发展，如何在发展经济的同时，保护好生态环境，是我们面对的一个巨大挑战。近年来，科学家们在中国 LUCC 研究上也取得了一些重大进展，特别是 LUCC 的驱动机制及其在区域尺度上的环境效应研究（李秀彬，

2002；史培军等，2004）。但总体看来，由于我国西北生态脆弱区域极为广阔，成因复杂，生态灾难巨大，一些典型区域的 LUCC 发生机理与机制还不是很清楚，仍有必要对典型区域进行进一步深入研究。而六盘山区位于宁夏回族自治区南部，是黄土高原有代表性的典型地区，属我国北方农牧交错带与黄土高原水蚀风蚀交错带的一部分，该区中除了六盘山山体巍峨挺拔、具有涵养水源的良好生态功能外，其他地区已陷入“人口增加—开垦—生态破坏—贫困—人口增加”的恶性循环，成为中国生态破坏和水土流失最为严重的地区之一。长期以来，这里的回族、汉族人民生活极度穷苦，史料中就有“陇中苦甲天下”的记载。2003 年农民人均纯收入才 1 262 元，已显露出“一方水土难养一方人”的现实，生态恶化、经济落后、生活贫困长期交织在一起，制约了区域经济的发展。尽管多年来，党和政府一直对于该区生态环境问题高度重视，然而，至今该区生态环境形势仍不容乐观，亟待加以研究（李壁成等，2005）。为此，本研究从 LUCC 与人文经济相结合的角度，选取一些反映经济发展与土地综合变化活跃程度的模型，更深入地探索与理解土地利用/覆被的变化状况及其原因，寻求解决生态环境问题的方案，进而更好地认识区域景观演化过程、探索人与自然生态环境演变的关系。这对于该区土地利用规划与环境决策至关重要，对制定与实施“大六盘经济圈”建设方针也具有重要的意义。

3.2 研究方法

3.2.1 数据获取及处理方法

所使用的数据来源于中国资源环境数据库，是根据陆地卫星（Landsat TM/ETM）1989/1990 年，1995/1996 年与 1999/2000 年（为表述、分析比较方便，简记为 1990 年、1995 年与 2000 年）进行目视解译形成的 1∶10 万土地利用数据，以及反映六盘山区其他地理信息的数据，如 DEM、行政界线数据等。这三期遥感数据的解译的定性精度误差分别控制在 92.92%、98.40%与 97.45%水平上（刘纪远等，2005c）。这些数据被统一到统一的坐标系和投影下。所用投影为 ALBERS 投影，并采用统一的中央经线和双标准纬线，中央经线为东经 105°，双标准纬线分别为北纬 25°和北纬 47°，所采用的椭球体为 KRASOVSKY 椭球体。

3.2.2 土地利用数据的分类方案

为了便于进行空间数据之间的地图代数运算和编码重组，根据遥感解译土地分类标准和当地土地的实际用途、特点等，从高级到低级逐级划分，将土地利用类型分为耕地（1）、林地（2）、草地（3）、水域（4）、居工地（5）和未利用地（6）共 6 个一级类型和 18 个二级类型：水田（11）、旱地（12）、有林地（21）、灌木林（22）、疏林地（23）、其他林地（24）、高覆盖度草地（31）、中覆盖度草地（32）、低覆盖度草地（33）、湖泊（41）、水库坑塘（42）、滩地（43）、城镇用地（51）、农村居民点（52）、其他建设用地（53）、沙地（61）、盐碱地（62）、裸土地（63）。研究中按二级地类统计，一级地类汇总。

3.2.3 土地利用演变的时空建模

3.2.3.1 土地利用综合动态度模型

土地利用综合动态度模型（刘纪远等，2000）为：

$$S=[\sum_{i,j}^{n}(\Delta S_{i-j}/S_i)]\times 100\times(1/t)\times 100\% \qquad (3-1)$$

式中：S_i——监测开始时间第 i 类土地利用类型的面积；

ΔS_{i-j}——在监测期间第 i 类土地利用类型转化为第 j 类土地利用类型的面积总和；

t——时间段，a；

S——与 t 时段对应的研究样区土地利用变化速率。

土地利用综合动态度反映不同区域土地利用变化的总体及综合活跃程度。为了研究方便，将其扩大 100 倍。

3.2.3.2 土地利用类型转移速率

土地利用类型转移速率模型（刘盛和等，2002）为：

$$S=(A_i - UA_i)/[A_i\cdot(T_2 - T_1)]\times 100\% \quad (3\text{-}2)$$

式中：S——第 i 种土地利用类型在监测时期 T_1 至 T_2 期间的转移速率；

$(A_i - UA_i)$——在监测期间转移部分面积，即第 i 种土地利用类型转化为其他非 i 类土地利用类型的面积总和；

A_i——监测初期第 i 种土地利用类型的面积；

UA_i——监测期间第 i 种土地利用类型未变化部分的面积。

该模型反映一段时间内某类土地利用类型的转移量。

3.2.3.3 土地利用程度综合指数模型

土地利用程度综合指数模型（赖彦斌等，2002；何春阳等，2002）为：

$$I=100\times \sum_{i=1}^{n}(G_i\times C_i) \quad (3\text{-}3)$$

土地利用程度变化模型为：

$$\Delta I_{b-a}=I_b - I_a \quad (3\text{-}4)$$

式中：I——土地利用程度综合指数；

G_i——第 i 级土地利用程度分级指数；

C_i——第 i 级土地利用程度分级面积百分比；

n——分级的数目；

ΔI_{b-a}——土地利用程度变化；

I_b、I_a——b 时间和 a 时间区域土地利用程度综合指数。

ΔI_{b-a} 为正值表明该区域土地利用处于发展期，为负值表明其处于衰退期。

上述模型通过多种土地利用类型变化的综合结果，反映土地利用的广度和深度，即土地利用的程度变化。本文参照刘纪远先生提出的土地利用程度分级标准，将土地利用分为四级（王思远等，2002），见表 3-1。

表 3-1 六盘山区土地利用类型分级

土地利用类型	未利用地	林地、草地、水域	耕地	城镇、居民点、工矿
分级指数	1	2	3	4

3.2.3.4 土地分类指数变化模型

为了考察土地利用类型的变化情况，可定义各类土地利用指数，如垦殖指数、植被指数、水域指数、林地指数、城市化指数，通过每类指数的变化可定量表达该区某一类型土地利用的利用程度与变化趋势，如垦殖指数可反映区域耕地的变化情况。土地各个分类指数定义为（王思远等，2002）：

$$I = \sum_{i=1}^{n}(a_i / A)\times 100 \quad (\sum_{i=1}^{n} a_i \leqslant A) \tag{3-5}$$

式中：I——分析区域的土地利用分类指数；

a_i——分析区域内 i 类型土地利用所占的土地面积；

A——分析区域土地总面积；

n——土地利用分类的数目。

根据土地利用各个分类指数的定义，可以定义土地分类指数变化模型为（王思远等，2002）：

$$\Delta I_{b-a} = I_b - I_a = \{ \frac{\sum_{i=1}^{n} a_{ib} - \sum_{i=1}^{n} a_{ia}}{A} \} \times 100 \tag{3-6}$$

$$\mathrm{d}\, I_{b-a} = \Delta I_{b-a} \times (1/t) \times 100\% \tag{3-7}$$

式中：I_a、I_b——a 时间和 b 时间的一定区域的土地利用分类指数；

ΔI_{b-a}——在时间段 a 与 b 之间的土地分类指数变化量；

dI_{b-a}——与 t 时间段对应的土地分类指数变化率；

t——时间段 b–a。

3.2.3.5 景观生态格局指数与演变模型

1986 年，R.Forman 和 M.Godron 认为，景观是由一组以类似方式重复出现的、相互作用的生态系统所组成的异质性陆地区域，它由斑块、廊道、基质所构成，这一空间组合模式为景观空间分析提供了方法，使得对景观结构、功能和动态变化的分析与表达更为具体和形象（肖笃宁，1991；陈文波等，2002）。基于研究空间格局及其变化的需要，人们提出一些能够量化的指标，如斑块个数、斑块面积、斑块周长、分维数、景观多样性、均匀度、破碎度等指数。用景观指数描述景观格局及变化，建立格局与景观过程之间的联系，这也是景观生态学中常用的定量化研究方法。研究是从个体单元空间形态、群体单元空间组合状况、单元间空间关联指数、结构空间变化规律等几个方面出发，针对各个空间特征，选取相应的生态景观指标（卢玲，2000；王让会等，2002；赵羿等，2001）（表 3-2）。本研究运用 ESRI ArcView 软件中的 Patch Analysis 模块运算以上景观指标值。

表 3-2 景观格局特征指标及其生态内涵

名称	计算方法	概念内涵	生态意义
分维数（S）	$S=2\ln(L_i/4)/\ln A_i$ L_i为景观类型 i 的周长；A_i为景观类型 i 的面积	描述景观中斑块形状的复杂程度	1～2；值越趋近 1，斑块的自相似性越强，斑块形状越有规律；同时，斑块的几何形状越趋近于简单，受到干扰的程度越大

名称	计算方法	概念内涵	生态意义
面积加权的平均形状因子（AWMSI）	$AWMSI_i=\sum_{j=1}^{n}\left[(\frac{0.25p_{ij}}{\sqrt{a_{ij}}})(\frac{a_{ij}}{\sum_{j=1}^{n}a_{ij}})\right]$ a_{ij} 为斑块类型 i 第 j 个斑块的面积；p_{ij} 为斑块类型 i 第 j 个斑块的周长	在斑块级别上等于某斑块类型中各个斑块的周长与面积比乘以各自的面积权重后的和	是度量景观空间格局复杂性的重要指标之一，该值增大时说明斑块形状变得更复杂，更不规则
面积加权的平均斑块分形指数（AWMPFD）	$AWMPFD_i=\sum_{j=1}^{n}\left[(\frac{2\ln 0.25p_{ij}}{\ln a_{ij}})(\frac{a_{ij}}{\sum_{j=1}^{n}a_{ij}})\right]$ a_{ij} 为斑块类型 i 第 j 个斑块的面积；p_{ij} 为斑块类型 i 第 j 个斑块的周长	描述景观中斑块形状的复杂程度	值越接近于 1 表明形状越简单；接近于 2 表明形状复杂
香农均度指数（SHEI）	$SHEI=\frac{-\sum_{i=1}^{m}(P_i\ln P_i)}{\ln m}$ P_i 为斑块类型 i 所占景观面积的比例	描述景观中不同景观类型的分配均匀程度	值越大，景观各组成成分分配越均匀，多样性也越大
破碎度（C）	$C=N/A$ N 为研究区内总斑块数；A 为总面积	描述景观被分割的破碎程度	值越大表示被破坏越严重
香农多样性指数（SHDI）	$SHDI=-\sum_{i=1}^{m}(P_i\ln P_i)$ P_i 为斑块类型 i 所占景观面积的比例	描述景观类型的多少及各类型所占比例的变化	SHDI=0 表明整个景观仅由一个斑块组成；SHDI 增大，说明斑块类型增加或各斑块类型在景观中呈均衡化趋势分布
优势度（D）	$D=1-SHEI$	描述景观多样性与最大多样性之间的偏差	表明景观组成中某种或某些景观类型支配景观的程度

3.3 土地利用及景观格局的变化特征与影响因素分析

3.3.1 土地利用数量现状特征

根据六盘山区 2000 年土地利用遥感解译，全区各县土地利用情况见表 3-3。

表 3-3 六盘山区 2000 年土地利用数量现状结构 单位：hm^2

区域	总面积	耕地	林地	牧草地	水域	居工地[①]	未利用地
六盘山区	1 676 120.82	752 445.93	89 751.32	797 438.56	12 978.76	22 902.83	603.42
比例[②]/%	100.00	44.89	5.35	47.58	0.77	1.37	0.04
海原县	551 608.02	231 124.68	12 929.93	297 095.19	5 102.45	5 156.85	198.92
比例/%	100.00	41.90	2.34	53.86	0.93	0.93	0.04
固原县	388 562.70	173 162.33	30 918.72	172 463.04	3 751.47	7 932.21	334.92
比例/%	100.00	44.56	7.96	44.38	0.97	2.04	0.09
彭阳县	251 536.40	107 524.36	12 678.53	129 857.68	916.77	559.07	0.00
比例/%	100.00	42.75	5.04	51.63	0.36	0.22	0.00
西吉县	309 802.61	166 578.69	5 575.95	130 255.36	2 347.44	5 045.18	0.00
比例/%	100.00	53.77	1.80	42.04	0.76	1.63	0.00
泾源县	75 259.98	21 960.39	21 965.68	29 615.69	335.74	1 382.47	0.00
比例/%	100.00	29.18	29.19	39.35	0.45	1.84	0.00
隆德县	99 352.67	52 096.07	5 682.54	38 152.55	524.89	2 827.04	69.58
比例/%	100.00	52.44	5.72	38.40	0.53	2.85	0.07

注：① 居工地指城乡工矿居民用地，以下同。

② 这里的比例是指占所在县（区）的面积百分比。

由表 3-3 可知，土地利用现状主要表现为以下特点：（1）耕地与草地面积比重大，垦殖指数较高。该区处于黄土高原，土层深厚，容易开垦，也是旱地集中的地方，全区以旱地为主，水田极少。（2）耕地中以丘陵坡地与山坡地为主，平川地面积很小。平川地地势平坦，分布相对集中，便于机耕与灌溉，适于农业集约化经营，是该区发展粮食生产的基地。全区耕地面积为 752 445.93 hm^2，其中以海原县为最大，占全区耕地面积的 30.72%，泾源县耕地面积仅占全区耕地面积的 2.92%，但其林地覆盖率接近 30%（表 3-3）。（3）建设用地总体利用程度不高。城镇用地量少，规划布局不合理；农村居民点占地多，规模小、零散，存在着大量闲置土地；交通用地偏少，成为制约区域社会经济发展和城镇化水平提高的“瓶颈”因素。

六盘山区是一个广袤的山区，大部分海拔在 1 500～2 200 m，以黄土丘陵为主。90%属于山丘、坡地、塬、台、盆、峁等多种地形，河谷平川只占总面积的 10%。自然地理上属温带半湿润半干旱气候，年降雨在 400 mm 以下的地区占该区的 25%左右，这部分地区因年降雨量较少而不适宜乔木的生长，与之相应的地带性植被应是灌木与草地。因此，在这种地貌与气候因素下，该区可利用的草原面积较广（图 3-1）。图 3-2 进一步表明，在农业结构中，1990—2000 年，种植业比重一直占据最高，2000 年种植业在第一产业总产值中的比例占到 65.59%，而牧业比重达 20%左右。很明显，种植业与牧业是该区第一产业结构中的主要组成部分（图 3-2）。这对该区土地利用的分布与变化有所影响。从图 3-1 中也可看出，六盘山区各类土地利用面积比例与上述该区自然条件特点和农业经营的现状与趋势相吻合，表现为：牧草地最多，为 47.58%；耕地次之，占 44.89%；林地又次之，占 5.35%。居工地只占 1.37%，其他比例则较少。

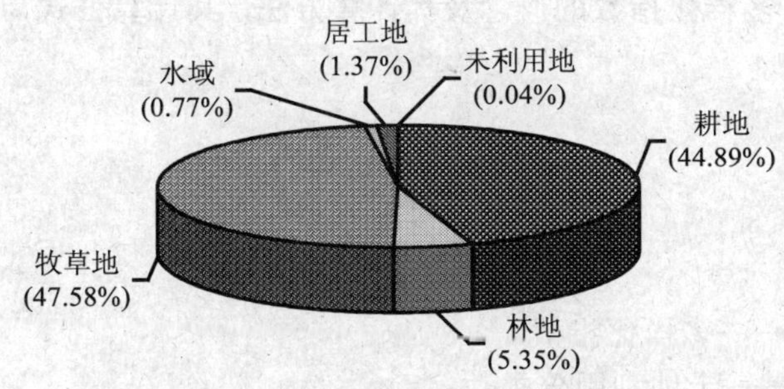

图 3-1　2000 年六盘山区土地利用数量结构图

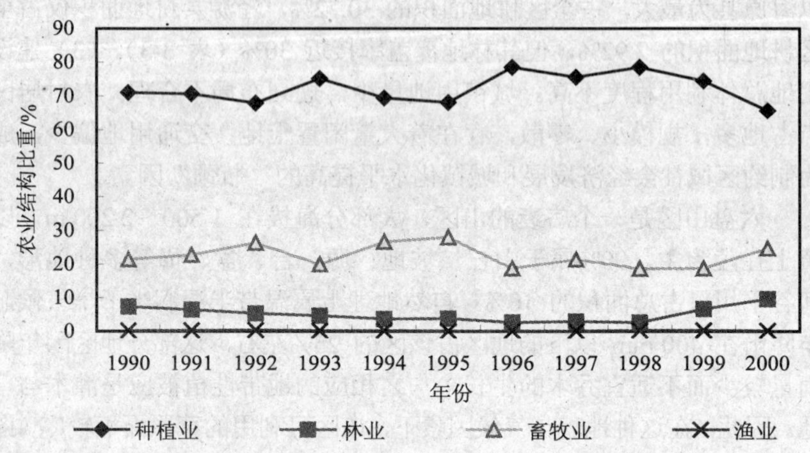

资料来源：《回首五十二年（1949—2001）》，固原地区统计局编。

图 3-2　1990—2000 年六盘山区农业产值结构变化图

3.3.2 土地利用现状数量结构分析

3.3.2.1 多样化分析

土地利用类型的多样性是反映土地利用类型总体结构的重要指标。1962 年，吉布斯—马丁（Gibbs-Mirtin）在研究工业就业部门时提出了多样化指数的概念及其计算方法，其计算公式为（梁学庆，2006）：

$$G = 1 - \frac{\sum_{i=1}^{n} x_i^2}{(\sum_{i=1}^{n} x_i)^2} \tag{3-8}$$

式中：G——多样化指数；

n——土地利用分类数；

x_i——第 i 类土地利用类型面积。当 i=1，说明一个地区只有一种土地利用类型，此时 G=0，多样化指数最小。

如果某一个地区土地利用类型多样，则 n 越大，G 越接近 1；当 $n \to \infty$ 时，多样化指数 $G \to 1$，达到最大值。

把六盘山区各县各地类面积数代入式（3-8），分别计算出全区 6 个县的土地利用类型多样化指数（表 3-4）。表 3-4 表明，全区各县表现出一定的多样化特征，反映人类活动对它有一定的改造与利用的结果，但土地利用结构各县间差异性还不太大，区域上具有一定相似性。土地利用多样化指数各县以泾源县为最大，其值为 0.67，这与该县主要地类斑块相差不大有关；海原与西吉最小，均为 0.53。

表 3-4　六盘山区各县土地利用类型多样化指数

区域	海原	固原	彭阳	西吉	泾源	隆德
多样化指数	0.53	0.60	0.55	0.53	0.67	0.57

3.3.2.2 集中化分析

为测定土地各种类型的集中程度，需要进行土地利用结构的集中化分析。集中化程度可采用洛伦兹（Lorenz）曲线直观分析法和集中化指数度量分析法两种方法进行分析。洛伦兹曲线主要用来测度地理现象或实体在区域上的集中程度。用洛伦兹曲线分析土地的集中程度时，首先要根据土地调查数据分别计算出某一区域不同土地类型占土地总面积的百分比（表 3-3），将它们由大到小顺序排列起来，然后计算累计百分比（表 3-5），并据此绘出曲线图（图 3-3），最后对曲线进行比较，得出结论。

为了更精确地度量土地利用类型的集中程度，还可利用集中化指数来分析区域土地利用类型的集中化程度，其计算公式为（陈其春，2005）：

$$I = \frac{A - R}{M - R} \tag{3-9}$$

式中：I——区域土地利用集中化程度指数；

A——区域土地利用类型的累计百分比之和；

M——假设土地利用都集中于某一个类型时的最大累计百分

比总和；

R——高一级层次区域各土地利用类型的累计百分比之和。

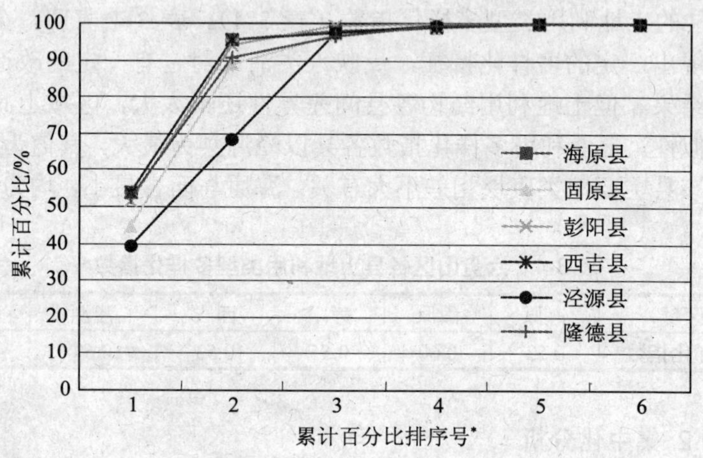

*指将累计百分比之和按照不同地类进行排序。

图 3-3 六盘山区各县土地利用类型洛伦兹曲线图

六盘山区的 R 值为 537.027，M 为 600，将区域土地利用类型的累计百分比之和 A 代入式（3-9），即可计算出各乡镇的土地利用集中化指数 I（表 3-5）。

表 3-5 六盘山区 2000 年土地利用累计百分比及其总和（A）及集中化指数（I）

区域	土地利用累计百分比/%						A	I
	1	2	3	4	5	6		
海原县	草地 53.86	耕地 95.76	林地 98.10	水域 99.03	居工地 99.96	未利用地 100	546.72	0.15
固原县	耕地 44.56	草地 88.95	林地 96.91	居工地 98.95	水域 99.91	未利用地 100	529.28	−0.12
彭阳县	草地 51.63	耕地 94.37	林地 99.41	水域 99.78	居工地 100	未利用地 100	545.19	0.12
西吉县	耕地 53.77	草地 95.81	林地 97.61	居工地 99.24	水域 100	未利用地 100	546.44	0.15

区域	土地利用累计百分比/%						A	I
	1	2	3	4	5	6		
泾源县	草地 39.35	林地 68.54	耕地 97.72	居工地 99.55	水域 100	未利用地 100	505.16	−0.51
隆德县	耕地 52.44	草地 90.84	林地 96.56	居工地 99.40	水域 99.93	未利用地 100	539.16	0.03

注：1，2，3，4，5，6 为累计百分数排序号。

从图 3-3 中可以看出，各县的洛伦兹曲线增长速率几乎相同，各县基本上同时在第 3 个土地利用类型后明显地发生了转折，这表明，六盘山区的土地利用类型集中于前 3 类，即耕地、草地与林地，这也充分体现出六盘山区的土地利用特点。由表 3-5 可知，六盘山区土地利用集中化程度最大的是海原和西吉县，均为 0.15，而泾源县最小，为–0.51，这与多样化指数呈现相反的关系。总的来说，该区土地利用集中化程度较明显，但各县间差异也不大。

3.3.2.3 区位指数分析

区位指数的计算公式为（陈其春，2005）：

$$Q=\frac{d_i}{\sum_{i=1}^{n}d_i}\bigg/\frac{D_i}{\sum_{i=1}^{n}D_i} \tag{3-10}$$

这一综合性指标用来分析某一地区各种土地相对于高层次区域空间的聚集程度。

式中：Q——区位指数；

d_i——区域内第 i 种土地的面积；

D_i——高层次区域内第 i 种土地的面积。如果区位指数 $Q>1$，则该种土地具有区位意义；如果 $Q<1$，则其不具备区位意义。把表 3-3 中数据代入式（3-10），可计算出区位指数，结果见表 3-6。

由表 3-6 可见，就全区而言，彭阳与泾源县的耕地聚集性程度高，具有区位意义；就林地而言，西吉、海原与泾源县，均有较强的区位意义；草地在固原与隆德具有较强的区位意义。就居工地而言，海原、彭阳、西吉与泾源县都大于 1，具有较强的区位优势，这可能与其社会经济发展水平和地理位置有关系。此外，海原与泾源县未利用地以及荒漠地比重相对较大，可供进一步防治与开发利用。

表 3-6 六盘山区 2000 年土地利用区位指数

区域	区位指数					
	耕地	林地	草地	水域	居工地	未利用地
六盘山区	0.93	0.44	1.13	1.20	0.68	0.90
海原县	0.99	1.49	0.93	1.25	1.49	2.15
固原县	0.95	0.94	1.09	0.47	0.16	0.00
彭阳县	1.20	0.34	0.88	0.98	1.19	0.00
西吉县	0.65	5.46	0.83	0.58	1.34	0.00
泾源县	1.17	1.07	0.81	0.69	2.08	1.75
隆德县	0.93	0.44	1.13	1.20	0.68	0.90

3.3.3 农、林、牧地变化

为叙述简单与明晰，本文将农、林、牧地分别用耕地、林地与草地加以说明。1990—2000 年，六盘山区各县农、林、牧用地比例及其变化①见表 3-7。从表 3-7 可见，除泾源县因靠近六盘山，林业用地比例较大外，其他各县林业用地比例特小，远低于全国平均 13%左右的水平。牧业用地比例虽然大，但是牧草质量较差。十年间各县农耕地面积与比例基本上逐渐增大，表明种植业挤压了林牧业。单一抓粮食，使林、牧业受到排挤，经济效益很小，致使农、林、牧用地结构出现严重失调。由于该区农林牧业产值与用地均出现失调，因此，发展农林牧耦合结构模式，调整优化农业结构是六盘山区打破封闭、粗放的自然经济，摆脱贫困的必由之路。

畜牧业是六盘山区的传统产业，也是在区内外市场有一定竞争力的优势产业。但总体而言，规模小，品种杂，饲养管理粗放，科技含量和比较效益低，在农业经济结构中的比重和对农民增收的贡

① 各县不同时期农、林、牧用地有的有所变化，有的变化不大。

献率不高。从发达国家农业发展进程来看，畜牧业的贡献率越大，畜牧业产值在农业总产值一般占到 50%以上，我国畜牧业产值占农业总产值的比重不足 30%，而六盘山区只占到 20%左右（图 3-2）。同时，有的地方还存在着尖锐的林牧矛盾和草场退化问题。因此，调整和优化畜牧业生产布局，适度扩大规模饲养，建立饲草和养殖基地，壮大畜牧产业，发展开放型、效益型的畜牧业，开拓区内外及国内外市场，应是六盘山区畜牧业产业化的重要目标。

表 3-7　1990、1995 和 2000 年六盘山区各县农林牧用地比例变化

县名	土地类型	1990 年		1995 年		2000 年	
		面积/hm^2	比例/%	面积/hm^2	比例/%	面积/hm^2	比例/%
海原	耕地	217 578.02	39.44	235 101.48	42.62	231 124.68	41.90
	林地	9 091.12	1.65	10 966.09	1.99	12 929.93	2.34
	草地	314 578.22	57.03	295 175.20	53.51	297 095.19	53.86
固原	耕地	164 249.07	42.27	172 263.67	44.33	173 162.33	44.56
	林地	28 464.53	7.33	31 425.42	8.09	30 918.72	7.96
	草地	184 234.24	47.41	173 554.55	44.67	172 463.04	44.38
彭阳	耕地	106 740.76	42.44	106 426.04	42.31	107 524.36	42.75
	林地	10 595.00	4.21	12 381.10	4.92	12 678.53	5.04
	草地	132 685.22	52.75	131 328.38	52.21	129 857.68	51.63
西吉	耕地	150 150.58	48.47	165 517.23	53.43	166 578.69	53.77
	林地	5 089.36	1.64	5 383.27	1.74	5 575.95	1.80
	草地	147 322.45	47.55	131 947.82	42.59	130 255.36	42.04
泾源	耕地	21 664.06	28.79	21 896.72	29.09	21 960.39	29.18
	林地	21 965.65	29.19	21 910.01	29.11	21 965.68	29.19
	草地	29 965.33	39.82	29 932.62	39.77	29 615.69	39.35
隆德	耕地	47 877.92	48.19	52 002.17	52.34	52 096.07	52.44
	林地	5 544.79	5.58	5 712.01	5.75	5 682.54	5.72
	草地	42 678.32	42.96	38 283.93	38.53	38 152.55	38.40

3.3.4 各类土地利用变化

1990、1995 和 2000 年六盘山区基于矢量图面积计算的土地利用变化（附图 1，表 3-8 和图 3-4）显示，10 年间耕地增长最多，其中 1990—1995 年（前期）增长较多，而 1995—2000 年（后期）反而略有减少。林地也呈现增长趋势，其中也以前期增长居多，前期比后期增长多 2.56 倍。居工地增加较少，甚至在前期还表现出停滞与萎缩的负增长趋势，表明城市化发展较缓慢。而草地减少最大，达 54 025.22 hm^2，其中前期仍减少得更多。原因除了人为利用与放牧外，与土地的沙漠化也有一定的关系。水域也减少 735.16 hm^2。1990—2000 年，耕地增长率最多，为 2.63%，林地增长 0.53%，居工地增长 0.1%，而草地与水域分别减少 3.22%和 0.05%。耕地与居工地的增加，一定程度上，表明人为活动加剧。因为人口增加后，为了生存和保住口粮，同时也有能力对农户耕地旁边的荒山草地进行开垦，使耕地逐渐连片，面积增大。这种毁草而耕的现象使得对六盘山区生态环境起保护作用的草地与水域不断遭受破坏，直接反映出该区生态环境趋向恶化。林地增加 0.53%，是由于人们的森林保护意识增强，当地的退耕还林的政策、措施也起到了一定的效果，其中西吉与彭阳等县“三北”防护林的建设起了积极的作用。就前期与后期土地利用比较而言，后期无论哪种地类的变化都相对趋于缓和，特别是耕地由前期增加非常大到后期微略减少，表明人们对于土地利用在进行总结与反思，土地利用政策与措施也起到一定的作用，从而使对于土地资源的利用趋于相对合理。

表 3-8 1990、1995 和 2000 年六盘山区土地利用总量变化

土地利用类型	1990 年		1995 年		2000 年		1990—1995 年变化/hm^2	1995—2000 年变化/hm^2	1990—2000 年变化/hm^2
	面积/hm^2	比例/%	面积/hm^2	比例/%	面积/hm^2	比例/%			
耕地	708 260.40	42.26	753 207.29	44.94	752 445.93	44.89	44 946.89	−761.36	44 185.53
林地	80 750.45	4.82	87 777.91	5.24	89 751.32	5.35	7 027.46	1 973.41	9 000.87
草地	851 463.78	50.80	800 222.53	47.74	797 438.56	47.58	−51 241.25	−2 783.97	−54 025.22
水域	13 713.92	0.82	12 924.34	0.77	12 978.76	0.77	−789.58	54.42	−735.16

土地利用类型	1990 年		1995 年		2000 年		1990—1995 年变化/hm²	1995—2000 年变化/hm²	1990—2000 年变化/hm²
	面积/hm²	比例/%	面积/hm²	比例/%	面积/hm²	比例/%			
居工地	21 352.78	1.27	21 222.53	1.27	22 902.83	1.37	−130.25	1 680.30	1 550.05
未利用地	579.46	0.03	766.20	0.05	603.42	0.04	186.74	−162.78	23.96

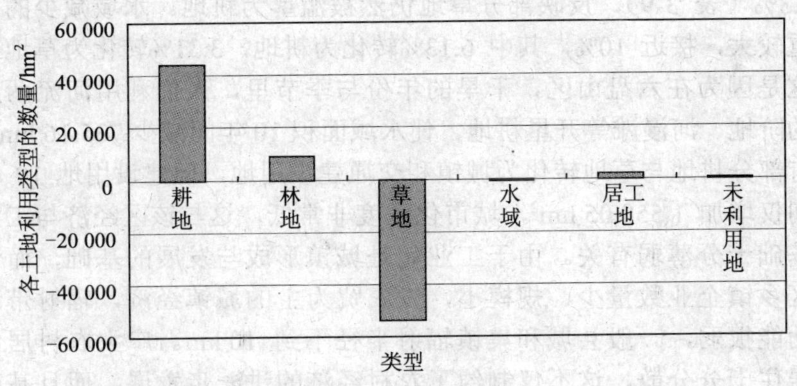

图 3-4　六盘山区 1990—2000 年土地利用类型的数量变化

3.3.5 土地利用类型的转移及其速率

3.3.5.1 土地利用类型的转移

单纯各土地类型面积的增减并不能较好地反映各类型间的转换情况，即新增部分由哪些土地资源转换而来，减少部分又去向哪里。土地利用状态转移矩阵能揭示具体的细节，为此，本研究得出 1990—2000 年土地利用景观类型的转移矩阵（表 3-9）。从 10 年间土地利用景观类型的转移矩阵可见，耕地的减少量大部分转变为林地和草地，还有一小部分转变为建设用地（居工地，以下同）和水域，可见，这 10 年来，除了缓慢的城市化之外，主要还是退耕还林还草起到了作用，表明当地居民的植树造林、保护环境意识和退耕还林还草的政策收到了较大的效果，这与政策及政府引导有关。此外，由于耕作方式不当以及土地荒漠化现象，耕地存在一定程度的质量退化，使 23.96 hm^2 耕地被转化为未利用地。林地中有 0.20%（占失去的林地面积的 65%）转化为耕地，表明仍存在着毁林开荒的现象，然而，由于又有耕地转化为林地，因此，林地面积总量仍在增加。草地中有 6.18%转化为耕地，同时草地面积总体减少 54 025.23 hm^2，其占 1990 年草地总面积的 6.3%（表 3-9），反映部分草地仍然被滥垦为耕地。水域减少的比重较大，接近 10%，其中 6.13%转化为耕地，3.31%转化为草地，这是因为在六盘山区，干旱的年份与季节里，人们利用河流两岸的阶地、河漫滩等开垦耕地，使水域面积 10 年间减少 735.16 hm^2。有部分耕地与草地转化为城镇和交通建设用地，但建设用地 10 年间仅增加 1 550.05 hm^2，城市化程度非常低，这与该区经济与工业基础十分薄弱有关。由于工业化是城镇形成与发展的基础，而该区乡镇企业数量少、规模小，以农贸为主的城镇经济，辐射带动功能很弱，一般县城和集镇辐射半径不到 10 km。广大农村居民居住十分分散，这不仅制约了农村经济的进一步发展，而且基础设施难以兴建，人居环境难以改善，生活质量也难以提高（李壁成等，2005）。

表 3-9　1990—2000 年土地利用景观类型的转移矩阵　　单位：hm^2

	2000 年						
1990 年	耕地	林地	草地	水域	建设用地	未利用地	合计
耕地	698 838.04	5 170.53	2 698.68	238.34	1 290.86	23.96	708 260.41
比重/%	98.67	0.73	0.38	0.03	0.18	0.00	100.00
林地	161.56	80 501.30	87.59	0.00	0.00	0.00	80 750.45
比重/%	0.20	99.69	0.11	0.00	0.00	0.00	100.00
草地	52 605.33	4 066.18	794 197.92	335.18	259.18	0.00	851 463.79
比重/%	6.18	0.48	93.27	0.04	0.03	0.00	100.00
水域	841.00	13.31	454.37	12 405.24	0.00	0.00	13 713.92
比重/%	6.13	0.10	3.31	90.46	0.00	0.00	100.00

1990 年	2000 年 耕地	林地	草地	水域	建设用地	未利用地	合计
建设用地	0.00	0.00	0.00	0.00	21 352.78	0.00	21 352.78
比重/%	0.00	0.00	0.00	0.00	100.00	0.00	100.00
未利用地	0.00	0.00	0.00	0.00	0.00	579.46	579.46
比重/%	0.00	0.00	0.00	0.00	0.00	100.00	100.00
合计	752 445.92	89 751.32	797 438.56	12 978.76	22 902.83	603.42	1 676 120.80

3.3.5.2 土地利用类型的转移速率

根据土地利用类型转移速率模型，计算出六盘山区在 10 年间土地利用类型转移速率（表 3-10）。表 3-10 显示，就六盘山区整体而言，水域转移速率最大，平均每年为 0.95%，其次为草地（0.67%）、耕地（0.13%），林地的转移速率较小，平均每年为 0.03%；说明水域转移为最多最快。从各县土地利用转移的情况看，在耕地转移速率中，以海原县最大，为 0.21%。林地的转移速率则非常小；草地变化速率除西吉与隆德县稍高外，其他都较小；水域的转移速率以彭阳较大，达 1.79%。尽管居工地和未利用地面积总体略有增加（图 3-4），但是它们几乎没有转化为别的土地利用类型，而是因为其他的土地利用类型转化为它们使之面积扩大，因此，按照土地利用类型转移速率模型计算，它们的转移速率为零。总之，六盘山区所有的地类转移速率都在 2%以下，而据研究，东南沿海的厦门市达 6%（全斌等，2006），与之相比只为其约 1/3，直接反映了该区各地类变化不活跃，而且速度相对缓慢。

表 3-10　六盘山区 1990—2000 年土地利用类型转移速率　　单位：%/a

	耕地	林地	草地	水域	居工地	未利用地
六盘山区	0.13	0.03	0.67	0.95	0	0
海原	0.21	0	0.63	0.68	0	0

	耕地	林地	草地	水域	居工地	未利用地
固原	0.15	0.08	0.67	0.97	0	0
彭阳	0.15	0	0.23	1.79	0	0
西吉	0.02	0.04	1.17	1.40	0	0
泾源	0.02	0	0.12	0	0	0
隆德	0.05	0	1.06	0.35	0	0

3.3.6 土地利用综合动态度的变化

利用动态度模型，按行政区划对六盘山区 1990—2000 年各县的土地利用综合动态度进行了计算（图 3-5），参照有关文献对动态度等级的划分（刘纪远，1996），六盘山区总体都属于极缓慢变化型。但各县相比较，将六盘山区的 6 个区域划分为 3 组：（1）较快速变化型，动态度在 190～270；（2）中速变化型，动态度在 140～190；（3）较慢速变化型，动态度在 0～140。图 3-5 表明，西吉和彭阳县土地利用发生较大的变化，泾源县土地利用变化最小，而固原、海原与隆德县居中。西吉县回族占较大比例，2000 年回族人口占该县总人口的 53%；而 2000 年人口密度达 144 人/km^2，也是六个县中密度较高的；加上它属于半干旱地区，降雨量相对更为稀少，常年只有 300 mm，遭遇干旱年则更少，年蒸发量却高达 1 400 mm，这将影响粮食产量，导致在耕地面积增加，达 5.3 个百分点（表 3-7）。加上西吉与彭阳两县在这段时期内加紧实施“三北防护林”的建设工程，彭阳更是规划建设成为全国生态示范区，彭阳县的林地十年间增长最大，达 0.83 个百分点（表 3-7），整体上使得土地变化相对较大，因此，这两个县土地利用变化程度相对比其他县要大。由于人口增长过快、粮食产量不稳以及广种薄收经营，西吉耕地过度开垦，使土地利用程度增大，对于该县的生态环境起了严重破坏作用。对于彭阳，土地利用程度大与林地增加有关，一定程度上会对生态环境起到恢复和保护的作用。固原县土地利用程度变化中起主要作用的仍是耕地面积的增长，农耕地增长达 2.29 个百分点，而林地仅增加 0.63 个百分点（表 3-7），它又是人口数量最多的县，人口达 507 874 人，人口密度也较高，达 129 人/km²。因此，它的土地利用程度增大，也意味着耕地过多开垦，对生态环境会起到负面作用。隆德的面积较小，但人口密度最大，达 220 人/km²，导致耕地增加达 4.25 个百分点，而林地变化却很小；海原的耕地与林地增加分别达 2.46 个和 0.69 个百分点（表 3-7）。所以，固原、隆德与海原三个县土地利用变化动态度居中，由于它们的土地动态变化主要是由耕地占据主导地位，所以，其对生态环境的影响破坏相对也大。泾源县由于大都处于六盘山自然保护区之中，多年来即为森林植被所覆盖，加之耕地增加比例较小（表 3-7），表明土地利用措施上没有大的变动，这样，它的动态度最小。泾源县的这一变化过程对于生态环境具有积极的意义。综上所述，从土地利用综合动态度分析可看出，除了泾源县因靠近六盘山体外，其他县都因种种原因导致土地利用结构不合理，并进一步形成对生态环境的压力。为防止这一情况发生，应该注意加强规划与控制耕地的无序扩展。

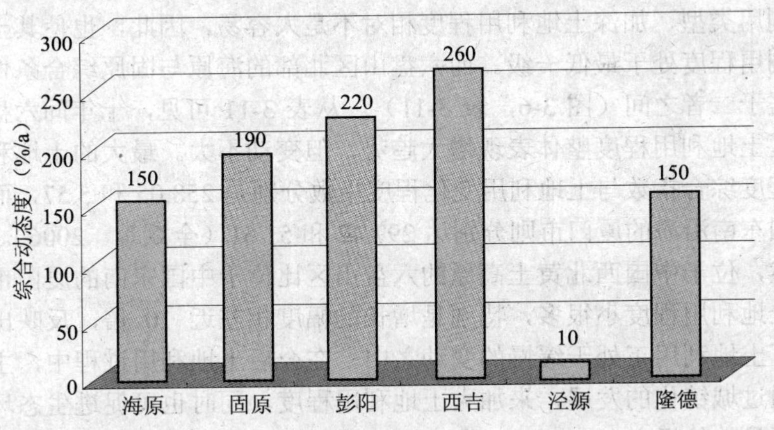

图 3-5 六盘山区各县 1990—2000 年土地利用变化综合动态度

3.3.7 土地利用程度变化

利用土地利用程度变化模型，以县为分析基本单元，在ARC/INFO软件支持下，生成六盘山区土地利用程度变化空间分布图（图 3-6）和土地利用程度综合指数表（表 3-11）。从图 3-6 可见，土地利用程度最大的区域位于六盘山区的西南部西吉和隆德县，这两个县由于河流与交通线境内分布比较密集，人口密度较大（2000年分别为 145 人/km^2 和 219 人/km^2），城镇与农村居民点分布广，尤其隆德县还是全区的梯田建设模范县，人类活动对土地利用影响大，导致土地利用程度最高；而在六盘山区东部与南部的泾源县，由于地势较高的六盘山脉在境内占据较多面积，加之城镇与农村居民点分布较稀疏，2000 年人口密度只有 72 人/km^2，人类活动对土地利用影响较小，土地利用程度最低（图 3-6，表 3-11）。彭阳县人口密度较小，2000 年为 97 人/km^2，人类的作用压力相对也较小；同时，该县生态环境有较好基础，荒山草坡较多，林草植被覆盖也较多，还计划建设成为全国生态示范区，使其进一步转变人为土地利用类型、加深土地利用程度相对不是太容易，因此，也使其土地利用程度处于最低一级。而六盘山区北部的海原与固原综合条件则居于二者之间（图 3-6，表 3-11）。从表 3-11 可见，十年间六盘山区土地利用程度整体表现增大趋势，但变动不大。最大的土地利用程度综合指数与土地利用变化程度指数分别是 258.05 和 5.57，而中国东南沿海的厦门市则分别达 297.42 和 51.51（全斌等，2006）。显然，位于中国西北黄土高原的六盘山区比位于中国东南的厦门市的土地利用程度小很多，特别是增长的幅度相差近 10 倍，反映出该区土地利用正处于缓慢的变动之中。在今后土地利用过程中，主要通过城镇化的发展，来加大土地利用程度，同时也可促进生态环境质量整体提高。

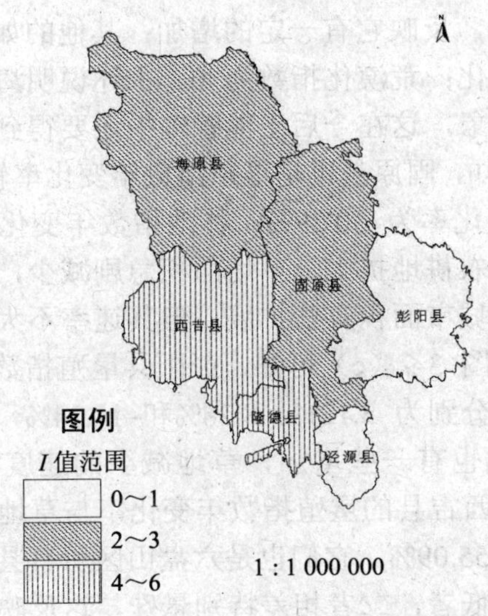

图 3-6　六盘山区土地利用程度变化空间分布图

表 3-11　六盘山区 1990—2000 年土地利用程度综合指数及其变化指数

指标	年份	六盘山区	海原	固原	彭阳	西吉	泾源	隆德
I	1990	244.77	241.21	245.95	242.82	251.46	232.32	253.43
	2000	247.59	243.73	248.56	243.19	257.03	232.85	258.05
ΔI		2.82	2.52	2.61	0.37	5.57	0.53	4.62

3.3.8 土地利用分类指数的时空变化

考察垦殖指数、林地指数、草地指数、水域指数和城市扩展指数的时空变化，可定向了解各个地区土地利用中的耕地、林地、草地、水体的变化与城市扩张状况。将 1990 年与 2000 年两期土地利用图与县级行政边界图进行叠加计算，可获得六盘山区各县各类指数的变化状况，如图 3-7 所示。由图 3-7（a）可知，海原县垦殖指数年变化率为 24.56%，表明耕地总量增长较大；草地指数年变化率为–31.69%，反映草地这十年来减少是相当大的；而林地指数年变化率为 6.96%，反映它有一定的增加；其他的如水域、城镇化几乎没有太大的变化；荒漠化指数为 0。上述说明海原县土地利用中有滥垦过牧的现象，这在今后土地管理中还要得到进一步的控制。由图 3-7（b）可知，固原县也是垦殖指数年变化率较大，达 22.94%；而草地指数年变化率为–30.29%；林地指数年变化率为 6.32%，表明固原县十年来农耕地扩大，草场面积急剧减少，森林植被部分恢复，有所增加；城市面积有些扩展，但其速率不大，并存在一定的荒漠化趋势。由图 3-7（c）可知，彭阳县垦殖指数、林地指数和草地指数年变化率分别为 3.12%、8.28%和–11.24%，表明耕地的总量增加同时，林地也有一些增加，草地减少的速度与幅度较大。图 3-7（d）显示，西吉县的垦殖指数年变化率与草地年指数变化值分别为 53.03%和–55.09%，它们也是六盘山区所有县中这两个指数变化率中最高与高低者，二者相差特别悬殊，这反映了西吉县是六盘山区所有县中新开耕地与破坏草原最严重者，必须得到重视与治理。图 3-7（e）显示，泾源县土地各地类年指数变化率都不大，总体上表现出耕地增加、草地覆盖减少的趋势。由图 3-7（f）可知，隆德县垦殖指数的年变化率为 42.46%，而草地指数的年变化率为–45.55%，表明隆德县也存在着开垦耕地与草原破坏的现象，需要指出的是，隆德县的城市扩展指数年变化率是 1.91%，是六盘山区所有县中最大者，表明隆德县城市化现象相对较为突出。与此同时，它的荒漠化指数年变化率为–25.84%，反映了治理荒漠化土地成效突出。综上所述，土地利用分类指数的变化，直接反映出六盘山区存在着较严重的滥垦、过牧的现象。由于盲目滥垦，开垦指数不断提高，侵占牧地，致使草场面积萎缩，草场退化十分严重，优质牧草逐年减少。大多数县甚至从丘陵阴坡下部一直开到梁顶，更进一步导致较严重的水土流失。最终，使得该区生态系统失去平衡，“人—粮、畜—草、农—牧、土—肥”四大矛盾越来越尖锐。究其原因，一方面与人口不断增多有关，另一方面也与单一抓粮食的片面思想有关。使人欣喜的是部分林地有不同程度的恢复与扩展，使林地生态环境综合质量有所提高。城市化速度仍较为缓慢，荒漠化程度目前虽较小，但随着气候变干冷，加上对土地不合理的利用，会有加剧发展之势。

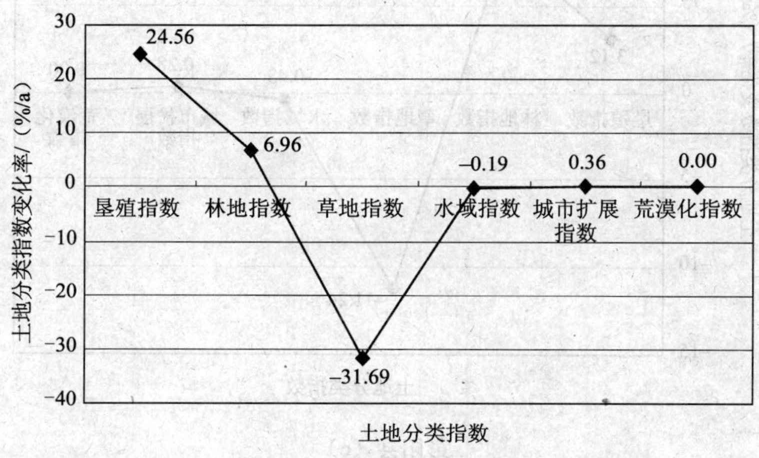

海原县（a）

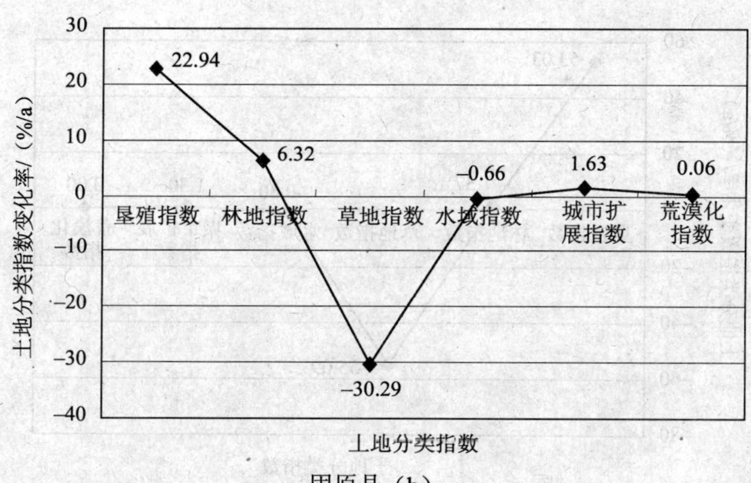

固原县（b）

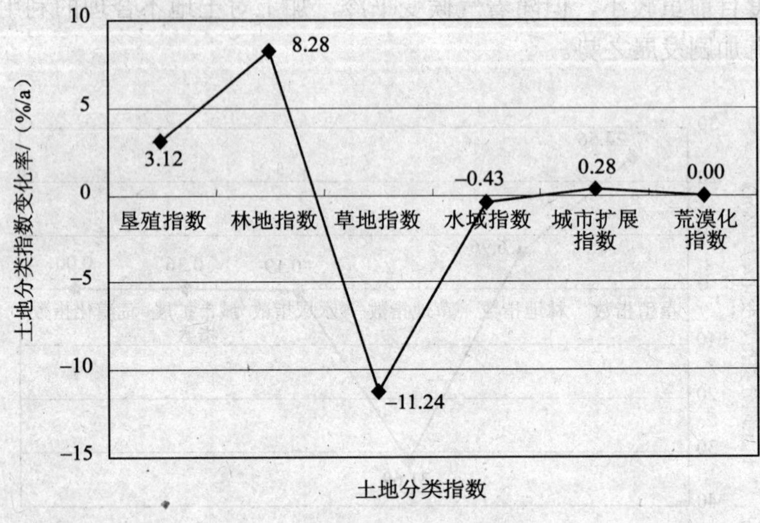

10
5
0
-5
-10
-15
8.28
3.12
-0.43
0.28
0.00
-11.24
垦殖指数
林地指数
草地指数
水域指数
城市扩展指数
荒漠化指数
土地分类指数变化率/（%/a）
土地分类指数

60
40
20
0
-20
-40
-60
-80
53.03
1.57
-0.80
1.30
0.00
-55.09
垦殖指数
林地指数
草地指数
水域指数
城市扩展指数
荒漠化指数
土地分类指数变化率/（%/a）
土地分类指数

彭阳县（c）

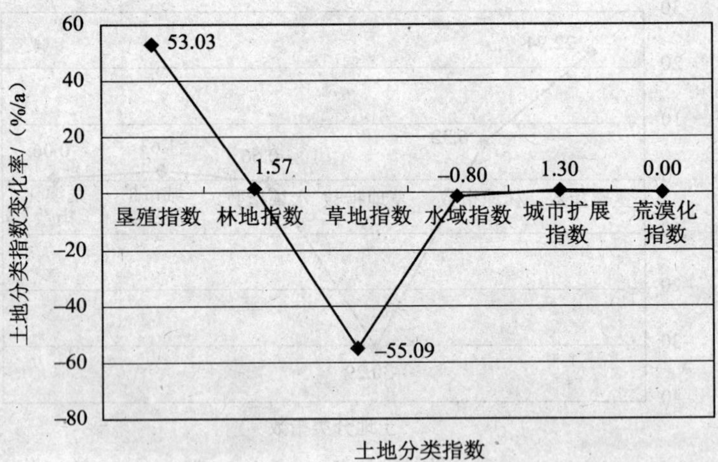

西吉县（d）

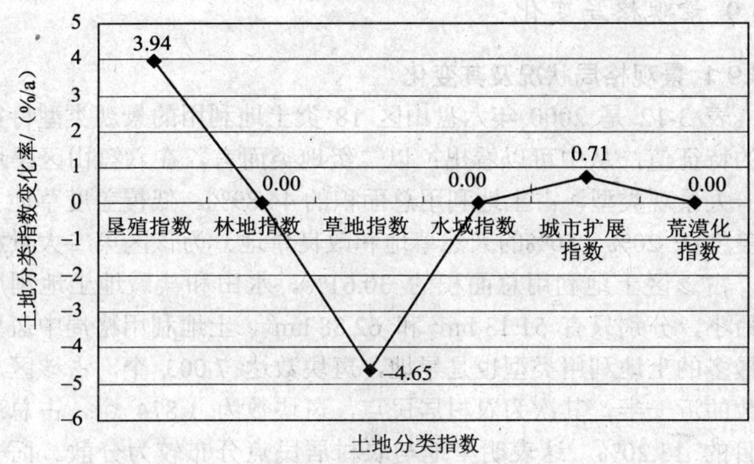

泾源县（e）

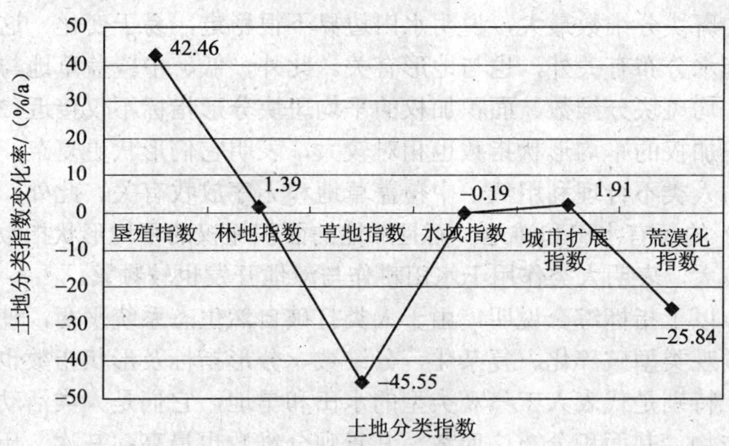

隆德县（f）

图 3-7　六盘山区各县（a～f）1990—2000 年土地利用分类指数动态变化率

3.3.9 景观格局变化

3.3.9.1 景观格局状况及其变化

表 3-12 是 2000 年六盘山区 18 类土地利用的景观类型特征指标的特征值，从中可以看出：以二级地类而言，在六盘山区旱地是第一大景观类型，占土地利用总面积的 44.89%。低覆盖度草地（指覆盖度在 20%～50%的天然草地和改良草地）为该区第二大景观类型，占该区土地利用总面积的 30.61%。水田和盐碱地土地利用面积最小，分别只有 51.13 hm^2 和 62.88 hm^2。土地利用格局中斑块数目最多的土地利用类型也是旱地，斑块数达 7 003 个，占该区总斑块数的近一半。其次为农村居民点，斑块数为 1 874 个，占总斑块数目的 13.20%。这表明旱地与农村居民点分布较为分散。而平均斑块面积最大的是低覆盖草地，平均斑块面积达 346.62 hm^2，远高于其他景观类型；平均斑块面积最小的是水田，仅为 3.41 hm^2，其平均斑块分维数最大，说明水田边界不很稳定，易于变化，这除了与降水分布有关外，也与地形有关。此外，低、中覆盖草地与旱地的平均斑块分维数、面积加权的平均斑块分形指标不仅接近 2，且面积加权的平均形状指数也相对较大，表明它们形状更复杂，这可能与人类不合理利用低、中覆盖草地和无序放牧有关。此外，接近于 2 的还有水田和滩地，而且滩地的面积加权的平均形状指数也相对较大，表明人类作用于水田耕作与滩地开发也较频繁。

以上指标综合说明，由于人类打破自然生态系统平衡，使得自然景观类型破碎化、复杂化，分维数、分形指标及形状指数也在升高，特别是代表人工景观类型的水田和旱地，它们是人类活动的直接产物，其面积分布广而散，其景观分维数也最高；其次，历史上该区畜牧业一直是主要产业之一，放牧对中、低覆盖的草地和滩地有较大影响，况且它们又多分布于耕地与建设用地周边，受人的影响也较大，斑块也较破碎。而城镇建设用地与农村居民点因城市化缓慢而变动不大，且其扩展方式基本是“摊大饼式”的，因此，形状指数与分形指标最小，形状相对规则。一些未利用地如盐碱地、

表 3-12 2000 年六盘山区景观类型特征指标的特征值

编码	景观类型	斑块个数（*NP*）	占总斑块比例/%	斑块面积 *CA*/hm²	面积所占比例/%	斑块平均大小 *MPS*/hm²	斑块周长 *TE*/m	平均斑块周长 *MPE*/m	面积加权的平均形状指数（*AWMSI*）	面积加权的平均斑块分形指标（*AWMPFD*）	平均斑块分维数（*MPFD*）
11	水田	15	0.11	51.13	0.00	3.41	17 935.70	1 195.71	2.31	1.38	1.55
12	旱地	7 003	49.33	752 394.80	44.89	107.44	55 661 193.96	7 948.19	7.52	1.36	1.31
21	有林地	114	0.80	4 302.65	0.26	37.74	391 296.07	3 432.42	2.07	1.29	1.29
22	灌木林	928	6.54	41 903.44	2.50	45.15	3 831 559.23	4 128.84	2.72	1.31	1.29
23	疏林地	778	5.48	36 739.37	2.19	47.22	2 904 876.25	3 733.77	3.35	1.31	1.29
24	其他林地	420	2.96	6 805.86	0.41	16.20	782 770.99	1 863.74	1.64	1.27	1.28
31	高覆盖草地	179	1.26	38 713.84	2.31	216.28	2 636 591.39	14 729.56	6.18	1.37	1.31
32	中覆盖草地	1 091	7.68	245 722.67	14.66	225.23	20 335 884.09	18 639.67	16.40	1.42	1.33
33	低覆盖草地	1 480	10.42	513 002.05	30.61	346.62	43 319 436.19	29 269.89	51.63	1.48	1.33
42	湖泊	23	0.16	272.56	0.02	11.85	51 739.35	2 249.54	2.11	1.33	1.31
43	水库坑塘	147	1.04	3 690.84	0.22	25.11	450 509.98	3 064.69	2.18	1.30	1.31
46	滩地	102	0.72	9 015.36	0.54	88.39	1 155 530.05	11 328.73	7.16	1.41	1.37
51	城乡工矿居民用地	15	0.11	1 562.25	0.09	104.15	75 618.37	5 041.22	1.78	1.25	1.27
52	农村居民点	1 874	13.20	21 197.29	1.26	11.31	2 702 950.52	1 442.34	1.34	1.26	1.26
53	其他建设用地	6	0.04	143.29	0.01	23.88	12 020.82	2 003.47	1.24	1.23	1.25
61	沙地	2	0.01	233.30	0.01	116.65	12 399.99	6 199.99	2.05	1.27	1.26
63	盐碱地	2	0.01	62.88	0.00	31.44	6 419.36	3 209.68	1.68	1.28	1.28
65	裸土地	18	0.13	307.24	0.02	17.07	45 153.23	2 508.51	1.96	1.31	1.30
	总计	14 197	100	1 676 120.81	100	81.95	134 393 885.54	6 777.22	6.41	1.32	1.31

沙地，由于面积小，目前人们还未对其改造利用，因而受人为影响也小。总之，在六盘山区人类经济活动的影响，已经部分地改变了原始自然景观格局，而形成以人工景观为主的土地利用景观分布格局。这一结果与王思远（2004）对黄河流域的研究结果相一致。

通过计算不同时期各种土地利用类型的空间景观指数，可以得出六盘山区十年来土地利用景观格局的动态变化情况。表 3-13、表 3-14 分别为六盘山区 1990 年、1995 年和 2000 年六盘山区各地类各个时期和六盘山区各个时期土地利用空间景观特征值。从表 3-13 中可见，十年间，耕地、林地、建设用地的斑块个数增加而草地与水域减少。其中，耕地从 1990 年的 5 950 个增加到 2000 年的 7 018 个，增加 17.95%，耕地所占面积比例也从 42.26%增加到 44.89%。林地从 1990 年的 1 916 个增加到 2000 年的 2 240 个，增加 16.91%；林地所占面积比例也从 4.82%增加到 5.35%。建设用地从 1990 年的 1 846 个增加到 2000 年的 1 895 个，所占面积比例也从 1.27%增加到 1.37%。草地斑块个数减少，从 1990 年的 2 908 个减少到 2000 年的 2 750 个，减少 5.43%；面积从 851 463.78 hm^2 减少到 797 438.56 hm^2，草地所占面积比例也从 50.80%减少到 47.58%。水域的斑块数、斑块面积和面积所占比例也略有减少。总之，十年间，研究区斑块数（*NP*）净增 1 247 个，平均斑块面积由 129.43 hm^2 减少到 118.06 hm^2，景观总体的破碎度由 0.77 增加到 0.83，再到 0.85（表 3-14），表明人类活动与干扰促使景观的异质性加强。随着人类活动的加剧，其对自然景观的影响也在加大，使得耕地、林地和建设用地面积在逐渐增大，景观也表现得更加破碎。耕地的开垦与城市发展，同时也占据了部分的草地与水域，使得它们无论是面积还是斑块数目都减少了（表 3-13）。建设用地破碎度最高，说明城镇与农村居民点用地分散。林地破碎度增加，反映出林地生态系统的结构、功能发生变化。未利用地破碎度的降低表明人们尚未对沙地与裸地进行有效的治理。尽管如此，草地仍是该区域第一大景观类型，其面积大约为总面积的 50%，形成基质斑块。草地的平均斑块分维数（MPFD）略有增加，其边界形状也趋于复杂，除了人类活动对该区域的破坏性开发外，水域之间的活跃的相互转化也使得斑块形状更破碎与局面复杂。从表 3-14 可以看出，景观多样性指数和景观均度指数也逐渐增加，由于景观多样性指数实际也代表着土地利用系统的熵，从机制上分析，它的增大反映系统趋于不稳定，因此土地利用结构与变化变得更加不合理。整个六盘山区十年来土地利用程度有所增加（表 3-14），面积加权的平均斑块分形指标先减小后增加，反映了整体上随着人口增长与经济发展，人类的活动对六盘山区的土地影响在逐渐加大，而原本是侵蚀生态环境的该区将会变得更加脆弱。但是各地类分维数几乎没有什么太大变化，也说明土地的总体变动幅度还不够大。

表 3-13　六盘山区各地类各个时期土地利用空间景观特征值

	景观类型	斑块个数 *NP*	平均斑块周长 *MPE*/ m	斑块面积 *CA*/hm^2	面积所占比例/%	平均斑块分维数 *MPFD*	破碎度/（块/km^2）	分维数
1990年	耕地	5 950	8 622.06	708 260.40	42.26	1.31	0.84	1.44
	林地	1 916	3 626.77	80 750.45	4.82	1.28	2.37	1.40
	草地	2 908	22 296.05	851 463.78	50.80	1.32	0.34	1.45
	水域	308	5 586.21	13 713.92	0.82	1.33	2.25	1.38
	建设用地	1 846	1 453.57	21 352.78	1.27	1.27	8.65	1.40
	未利用地	22	3 020.50	579.46	0.03	1.29	3.80	1.25
1995年	耕地	6 799	8 225.92	753 207.29	44.94	1.31	0.90	1.45
	林地	2 223	3 512.53	87 777.91	5.24	1.29	2.53	1.41
	草地	2 681	24 604.02	800 222.53	47.74	1.33	0.34	1.46
	水域	278	5 983.88	12 924.34	0.77	1.33	2.15	1.39
	建设用地	1 858	1 439.40	21 222.53	1.27	1.26	8.75	1.40
	未利用地	27	2 900.21	766.20	0.05	1.29	3.52	1.25
2000年	耕地	7 018	7 933.76	752 445.93	44.89	1.31	0.93	1.45
	林地	2 240	3 531.47	89 751.32	5.35	1.28	2.50	1.41
	草地	2 750	24 106.15	797 438.56	47.58	1.33	0.34	1.46
	水域	272	6 094.78	12 978.76	0.77	1.33	2.10	1.38
	建设用地	1 895	1 472.61	22 902.83	1.37	1.26	8.27	1.40
	未利用地	22	2 907.84	603.42	0.04	1.29	3.65	1.24

表 3-14 六盘山区各个时期土地利用空间景观特征值

	1990 年	1995 年	2000 年
景观破碎度 *CI*（块/km^2）	0.77	0.83	0.85
景观均度指数（*SHEI*）	0.564 8	0.567 1	0.568 5
景观多样性指数（*SHDI*）	1.012 1	1.016 2	1.018 7
景观优势度（*D*）	0.435 2	0.432 9	0.431 5
面积加权的平均斑块分形指标（*AWMPFD*）	1.409 7	1.404 0	1.404 3
土地利用程度	244.77	247.42	247.59

3.3.9.2 景观变化的区域差异

根据六盘山区土地利用景观类型，在 GIS 软件分析功能结合下，可实现该区各县土地利用空间景观格局指数的计算，并进行制图与表达，如附图 2 所示。

附图 2 左图为以行政县为分析基本单元计算的 2000 年的六盘山区土地利用景观多样性指数、均匀度指数、优势度指数和破碎度指数空间分布图，右图为 1990—2000 年的土地利用景观指数演变空间分布图。从图中可见，多样性指数、均匀度指数与优势度指数分布比较有规律，2000 年多样性指数最高级 1.197～1.307 的区域是泾源县[附图 2（a）]，而其景观的均匀度指数也最大[附图 2（b）]，为 0.566～0.645，但景观优势度指数最小，为 0.355～0.393[附图 2（c）]。在同一景观中，一般是多样性指数值越大，均匀度指数值也较大，而优势度则相对较小。泾源县总体面积较小，且各种土地利用类型斑块镶嵌较均匀，因此，与其他县比较，显现多样性指数、均匀度指数最大而优势度指数最小。西吉、海原与彭阳县的优势度指数分别位列第一、二、三，这与其耕地与草地成片分布，同时位于其间的建设用地较少有关。隆德与彭阳县的破碎度指数最高与其细小土地斑块较多而大斑块较少且总面积不太大有关[附图 2（d）]。海原县景观破碎度指数最小，为 0.691～0.731，是由于它大片分布着草地与耕地有关。固原县虽然有大片耕地集中分布，但是耕地中夹杂大量建设用地、林地、水域和未利用地，使得它的优势度不突出，多样性与均匀度指数较高。从附图 2 的右图（a）中可见，泾源县的多样性指数减少最多，说明系统熵趋于减小，土地利用系统趋于稳定。其余景观指数数量变动幅度较小，说明 10 年间六盘山区社会经济发展缓慢上升，目前还处于经济发展的起步阶段。

3.4 小结

研究表明，1990—2000 年的十年间，六盘山区土地利用结构不合理、农林牧用地的比重失调；耕地、林地与居工地增长突出，而草地与水域减少较多；林地与草地主要转化为耕地是其最突出的变化特征。水域的转移速率最大，其去向也主要是耕地；土地利用总体变动幅度除了耕地与草地变化稍大外，其他都还不突出，与之相似的是，土地利用程度总体增大，但幅度也较小，这反映了该区经济发展程度较低，当地农民生活主要靠转变天然草场来扩大耕地，进行广种薄收的粗放式经营维持，这就是导致当地生态环境恶化的根本原因。尽管林地的微弱增加使该区生态系统有所恢复，但最终盲目开垦与草地面积迅速破坏直接导致其形成侵蚀性生态环境。

第 4 章

六盘山区土地利用变化的图谱分析

4.1 引言

最近 15 年，亚洲地区的经济发展速度超过了世界上其他任何一个地区，土地利用变化越来越快，引起的土地覆被格局变化也越来越显著。未来 15 年，土地资源面临巨大的压力，不合理利用土地资源引起的资源短缺、环境退化已成为经济可持续发展的重要问题之一，生态安全风险不断增大。随着全球变化研究的深入和发展，各国科学家越来越感受到人类活动对环境变化的影响，尤其是人类对生存与发展对土地的开发利用以及引起的土地覆盖变化被认为是全球环境变化的重要组成部分和主要原因。LUCC 的逐渐积累，最终会导致全球变化。近 15 年，国际上开展了大量有关 LUCC 的研究，并成功地在北京中科院地理所（2004 年 10 月 15—16 日）和德国波恩大学（2005 年 10 月 12 日）举办了多次国际会议，展示了这方面的最新成果。然而，目前对土地利用及覆被变化的机制还有待深入研究，需要运用一些新的手段与方法，联合攻关。以往众多LUCC研究，从研究方法上，大都将遥感与地理信息系统（GIS）结合进行数据处理，运用地学信息图谱方法进行 LUCC 研究者还不多。地学信息图谱是地图学发展的集成与趋势，它能通过对空间模型与地学认知的深入分析，形成对事物和现象更深层次的认识（廖克，2003），近年来它也成为地图学与 GIS 研究领域的热点（齐清文等，2001）。目前地图学为适应社会需求与科学发展规律，正经历一个大的变化，来实现“功能的飘移”，这就是地学信息图谱（陈述彭，2001）。图通常用于表述空间分布或空间分析；谱一般用于展示时态序列的变化过程。第 3 章通过模型反映了六盘山区 LUCC 的特点与规律，但是，这些变化发生在什么地方，仍不清楚，而运用地学信息图谱来研究土地利用变化可弥补这一缺陷。不同时期的土地利用的空间分布与变化可以通过地学信息图谱进行直观表达，并有可能进行深层次的科学凝练、转化和多维显示，进而采用图形思维、地学认知与信息思维相结合的方法，对土地利用变化规律进行抽象概括、归纳和描述，来获得规律性认识。只有这样，才能综合全面地反映该区 LUCC 状况，为此，本研究尝试运用地学信息图谱方法，运用它的系列化与概括的功能来进一步深入研究六盘山区 LUCC，为土地利用及覆被变化的趋势模拟与驱动力建模提供依据。

4.2 土地利用及覆被图谱合成、建立与分析

所使用的数据来源于中国资源环境数据库，土地利用数据的分类方案也与第 3 章相同，这些数据被统一到统一的坐标系和投影下。所用投影为 ALBERS 投影，并采用统一的中央经线和双标准纬线，中央经线为东经 105°，双标准纬线分别为北纬 25°和北纬 47°，所采用的椭球体为 KRASOVSKY 椭球体。首先将以上矢量数据转换成栅格数据格式，取 30 m×30 m 格网单元，进行重采样，统一空间分辨率（附图 3）。其中，格网单元的属性值 Value 都是唯一的一个两位数，代表各期的土地利用/覆被类型，这是图谱运算的数据基础。

然后，在 ArcView 软件中，利用地图代数运算方法，对三期土地利用数据进行运算。方法是以时间序列为轴，对每一个空间单元的 Value 值进行操作，将时间上相邻的各期数据两两合成，即把前一采样时刻空间单元的属性值作为千位与百位，把后一采样时刻空间单元的属性值作为十位与个位，从而生成属性值为四位数编码的时空复合数据。这样，每个图谱单元都是空间、属性、过程一体化数据，较好地反映出土地利用的变化状况与趋势（附图 4）。但这些图谱中，图谱单元类型多，为了弱化干扰信息，可将各期土地利用图谱中的图谱单元进行重新分类和综合，以便更直接地把握土地利用变化的走向。因为土地利用的变化包括两个方面，一是转入，即由其他用地类型转移到本用地类型的部分；二是转出，即本用地类型除了“自留地”以外，转移到其他用地类型的部分。上述两种方式，都可以独立地对研究区空间进行完整的分割，二者分属于完全不同的系列，前者称为增势图谱系列，后者称为减势图谱系列。为了量化土地利用转移状况，可设定分类原则，建立重映射表（表 4-1，表 4-2），创建增减势系列图谱（附图 5，附图 6）。这个分类原则对增势图谱系列而言，是将所有其他土地利用类型转入某类的部分都归并为新增某类中；对减势图谱系列而言，就是将某类中除了自身不变的那部分外，所有转移到其他用地类型的部分都归并为减少的某类中。其中个别不合理的土地利用转移部分，可能是由于空间配准造成的误差，也可能是影像解译造成的，可通过地理判断与思维进行调整，将其设为不变类型（叶庆华等，2003）。

表 4-1 增势系列土地利用变化图谱单元重映射表

土地利用变化类型	图谱单元	图谱单元归类编码
不变区域	1111，1212，2121，2122，2123，2222，2321，2322，2323，2324，2424，3131，3231，3232，3233，3332，3333，4242，4343，4346，4642，4643，4646，5151，5252，5353，6161，	1

土地利用变化类型	图谱单元	图谱单元归类编码
不变区域	6363，6565，5112，5212，5121，5123，5223，5223，5132，5232，5233，5242，5243，5146，5246	1
新增耕地	2112，2212，2312，3112，3212，3312，4212，4312，4612，2212，2412，6512	2
新增林地	1124，1221，1222，1223，1224，3221，3222，3223，3224，3321，3322，3323，3324，4623，2321，2322，3121，3122，3123，3124，4322，4324，4623，4624	3
新增草地	1231，1232，1233，2131，2333，4133，4231，4332，4333，4233，4631，4632，4633，2431，2432，2433，4232，4233，2132，2133，2231，2232，4232，2233，2331，2332，2333，6132	4
新增居工地	1251，1252，3151，3251，3252，3352，2452，4252，4351，4352，4651，2152，2252，2351，2352	5
新增水域	1242，1243，1246，2243，2346，2446，3242，3243，3246，3342，3343，3346，3142，2443，2446，3146	6
新增未利用地	1261，1265，3261，3365	7

表 4-2　减势系列土地利用变化图谱单元重映射表

土地利用变化类型	图谱单元	图谱单元归类编码
不变区域	1111，1212，2121，2122，2123，2222，2321，2323，2324，2424，3131，3231，3232，3233，3332，3333，4242，4343，4346，4642，4643，4646，5151，5252，5353，6161，6363，6565，5112，5212，5121，5123，5223，5223，5132，5232，5233，5242，5243，5146，5246	1
减少耕地	1124，1221，1222，1223，1231，1232，1233，1242，1243，1246，1251，1252，1261，1265	2
减少林地	2112，2131，2132，2133，2152，2212，2231，2232，2233，2243，2252，2312，2331，2332，2333，2346，2351，2352，2412，2431，2432，2433，2443，2446，2452	3

土地利用变化类型	图谱单元	图谱单元归类编码
减少草地	3112，3121，3122，3123，3124，3142，3151，3146，3212，3221，3222，3223，3224，3242，3243，3246，3251，3252，3261，3312，3321，3322，3323，3324，3342，3343，3346，3352，3365	4
减少水域	4133，4212，4231，4232，4233，4252，4312，4322，4332，4333，4351，4352，4612，4623，4624，4631，4632，4651，4652，4324，4633	5
减少未利用地	6512，6132	6

从以上图谱中可分析许多变化及其分布，如：从 1990—1995 年增势图谱中，明显看出这一时期新增耕地基本上发生在海原、西吉、固原与隆德县[附图 5（a）]，从 1995—2000 年增势图谱中，明显看出这一时期新增耕地基本上发生在海原、西吉、固原与彭阳县[附图 5（b）]。而从 1990—2000 年，整体上看，这一时期新增耕地基本上发生在海原、西吉、固原与隆德县[附图 5（c）]，而彭阳县与泾源县则很少发生。与之相对应的是，这一时期，减少的草地也主要发生在海原、西吉、固原、彭阳与隆德县[附图 6（c）]。1990—2000 年，新增林、草地则主要发生在海原、固原与彭阳县[附图 5（c）]。居工地的扩张以固原与西吉县突出[附图 5（c）]，而水域减少以海原与固原县明显[附图 6（a），（b），（c）]。

4.3 土地利用及覆被变化增势图谱的分布特征

从以上增减势图谱中还可进一步产生出 1990—2000 年不同土地类型间转化的系列图谱（附图 7），从中可分析出其变化的数量状况与分布特征。附图 7（a）为耕地转化为居工地图谱，这一转变各县都发生，尤其以固原及西吉县明显，全区转化面积为 1 090.69 hm^2，仅占全区总面积的 0.07%。附图 7（b）为草地转变为居工地，图中看出海原、固原出现零星个别红色斑点外，其他县都不明显，表明这一转化的面积很小，全区转化面积仅有 259.74 hm^2。城市与交通发展主要是以牺牲耕地为代价，来自于其他地类的转化不太多。附图 7（c）为草地转变为耕地图谱，图中明显看出各县均发生这一转变，以海原、固原及西吉县特别突出，全区转化面积为 52 614.27 hm²，占全区总面积的 3.14%。这与六盘山区荒山草场主要在以上三县有关。附图 7（d）为耕地转变为草地，从图中可见，仅在海原和固原县有少量斑点外，其他县基本没有发生这一转变，与附图 7（c）草地转变为耕地相对照，转化面积很小，仅 2 728.17 hm²，占全区总面积的 0.16%。这反映在草地与耕地相互转化中，草地转化为耕地占据主导。从附图 7（e）中可见，1990—2000 年林地转变为耕地仅发生在固原县，而且面积非常小。与之相对照的是耕地转化林地[附图 7（f）]，转化面积较大，达 5 162.67 hm²，主要发生在海原、固原和彭阳县。从附图 7（g）中可见，水域转变为耕地大都在河流旁边，且各县较分散，而耕地转变为水域面积则非常少[附图 7（h）]。草地转变为水域与水域变为草地分别见附图 7（i）、图 7（j），它们之间转换面积也不大，前者为 336.06 hm²，主要在海原、固原和彭阳县，而后者为 455.04 hm²，仅在西吉、海原及固原县。

各地类增减情况可从六盘山区 1990—2000 年增势图谱结构变化（图 4-1、图 4-2）中得到反映。比较而言，除大部分是不变区域外，较突出的是新增耕地和新增林地分别占总面积的 3%和 1%；而减少的草地与耕地分别占总面积的 3.4%和 0.6%。

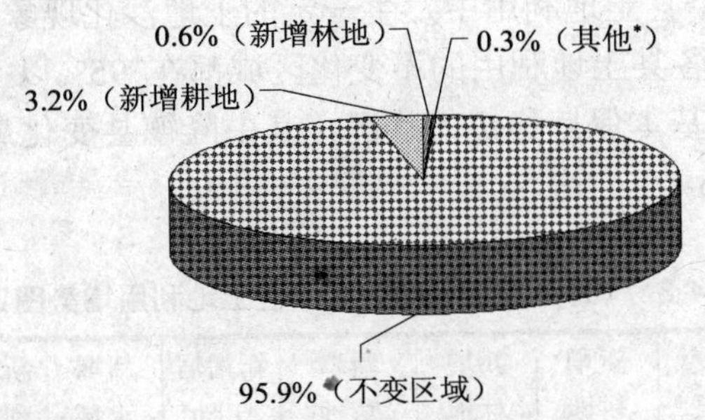

* 指新增草地、新增居工地、新增水域和新增未利用地。

图 4-1　六盘山区 1990—2000 年土地利用增势图谱结构图

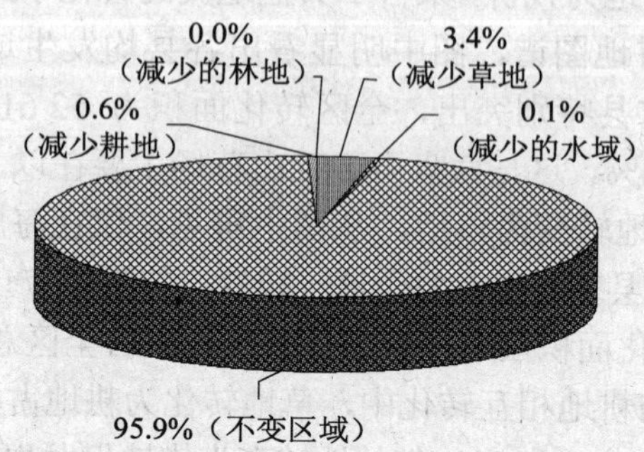

图 4-2 六盘山区 1990—2000 年土地利用减势图谱结构图

六盘山区各县的 1990 年、1995 年与 2000 年三个时期的增势图谱结构变化见表 4-3、表 4-4。表中可见，1990—1995 年，六盘山区各县土地利用的不变化区域都在 90%以上，变幅不大。各县比较而言，海原县变动相对大一些，其中新开垦的耕地与新增的草地分别占 1990 年海原县土地总面积的 5.45%和 2.09%。此外，西吉县和隆德县新增耕地比例也分别是 5.37%和 4.50%。各县的居工地增幅大多在 0.01%的水平，表明城市化发展速度缓慢。除了海原县以外，其他各县林地与草地增幅都在 1%以下，表明林草植被恢复建设进展较慢。海原县与隆德县有少量的新增未利用地，主要是沙地与裸土，表明这两个县土地利用中发生一定的土地沙化现象。1995—2000 年，六盘山区各县土地利用的不变化区域都在 95%以上，表明这 5 年间土地利用基本保持稳定的状况，其中隆德县变化最稳定，不变比率达 99.64%。

表 4-3 1990—1995 年六盘山区土地利用增势图谱 单位：%

县名	不变区域	新增耕地	新增林地	新增草地	新增居工地	新增水域	新增未利用地	总计
海原县	91.50	5.45	0.78	2.09	0.06	0.10	0.02	100.00
固原县	95.47	2.95	0.95	0.46	0.11	0.06	0.01	100.00

县名	不变区域	新增耕地	新增林地	新增草地	新增居工地	新增水域	新增未利用地	总计
彭阳县	97.31	0.97	0.97	0.69	0.03	0.03	0.00	100.00
西吉县	93.76	5.37	0.17	0.53	0.10	0.05	0.01	100.00
泾源县	98.58	0.51	0.21	0.65	0.04	0.00	0.00	100.00
隆德县	94.93	4.50	0.18	0.15	0.20	0.00	0.03	100.00

表 4-4　1995—2000 年六盘山区土地利用增势图谱　单位：%

县名	不变区域	新增耕地	新增林地	新增草地	新增居工地	新增水域	新增未利用地	总计
海原县	95.15	1.78	0.55	2.37	0.07	0.08	0.00	100.00
固原县	99.05	0.48	0.18	0.05	0.17	0.06	0.00	100.00
彭阳县	99.03	0.51	0.32	0.10	0.02	0.02	0.00	100.00
西吉县	98.86	0.68	0.08	0.16	0.19	0.04	0.00	100.00
泾源县	98.81	0.37	0.28	0.25	0.29	0.00	0.00	100.00
隆德县	99.64	0.19	0.01	0.02	0.11	0.03	0.00	100.00

4.4 土地利用增势图谱前后期变化的比较

将 1990—1995 年作为前期，1995—2000 年作为后期，这两期的间隔都为 5 年左右的时间。从图 4-3 可见，各县在前期与后期里，耕地面积都表现为增加的趋势，而前期较后期增加得多得多。海原县达 30 000 hm^2，是它后期的 3 倍。西吉和固原县前期也有较大的增加，后期增加不大。而隆德和泾源县在后期耕地面积只有微弱的增加。在这两期里，从耕地增加的绝对数量看，海原县第一，其次是西吉县。可见耕地增加主要发生在 1995—2000 年这段时间。

从图 4-4 可见，在 10 年间的两期内，海原和固原县林地面积增长最为迅猛，彭阳居于中等增长水平，而西吉、隆德和泾源县增长缓慢。两期之间比较，总的趋势是前期增长幅度大于后期，尤其是海原县在前期增加林地面积达 4 319 hm^2，固原县也达 3 688 hm^2。从林地增长总量看，海原增加最多。这可能与当地的经济发展水平、农民生活状况、政策、环境保护意识等有关。

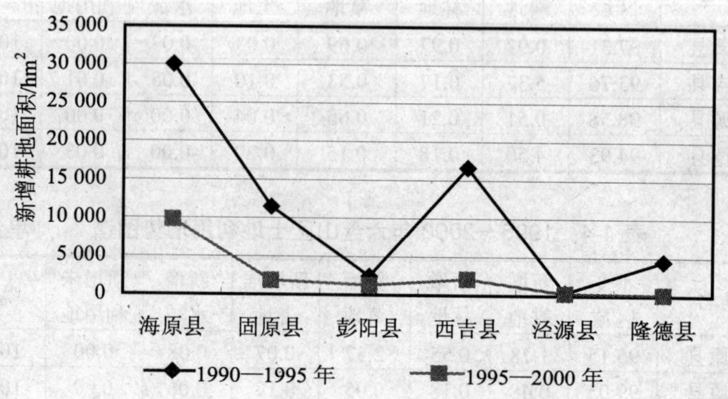

图 4-3　10 年间耕地的增势图谱分析

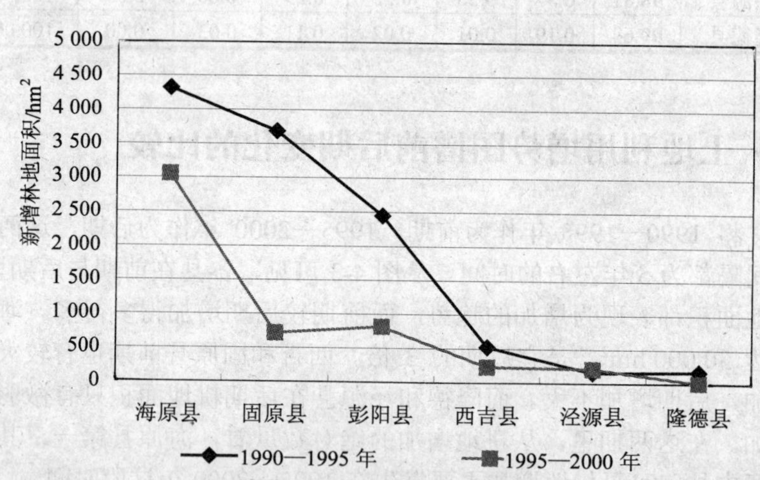

图 4-4　10 年间林地的增势图谱分析

从图 4-5 可见，海原县草地后期增加非常大，达 13 047 hm^2，超过前期草地的增长，而其他县则表现为前期增加超过后期增加，且增加数量均低于 2 000 hm^2 以下。总体上，草地增加主要还是发生在前期。

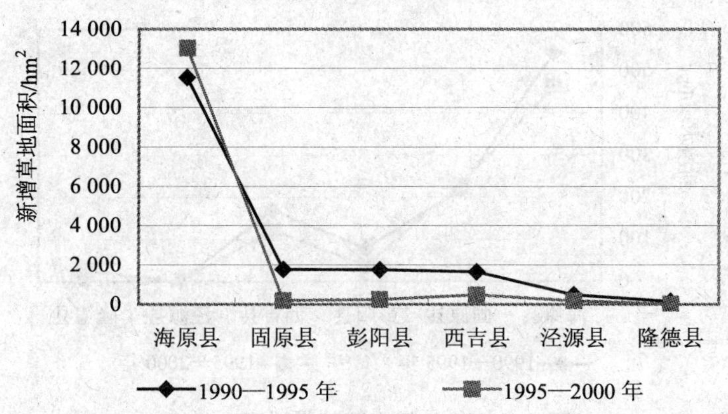

图 4-5　10 年间草地的增势图谱分析

图 4-6 中前期与后期折线交错，表明城市化发展速度与过程各县不一致，海原、固原、西吉、泾源四县后期城市化面积扩大较前期大，速度加快，而隆德与彭阳县城市化面积增长速度趋缓。从城市建设面积的绝对值增长来看，固原县面积增长最大，也最快。这与其经济发展水平与发展方向有关。

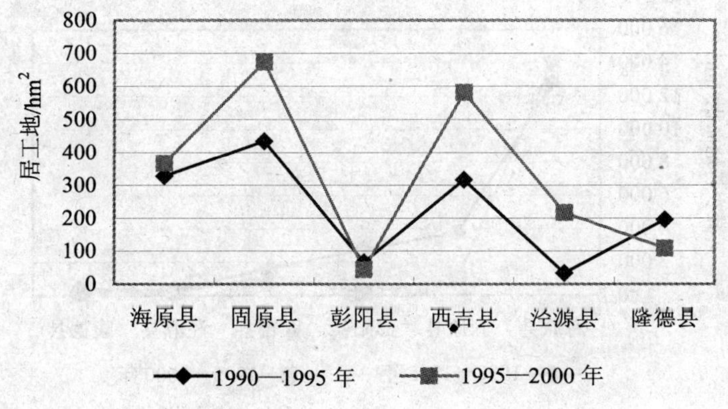

图 4-6　10 年间居工地的增势图谱分析

图 4-7 表明，前后两期水域除泾源县没有增加外，其余都呈增长态势，水域增加的面积两期里海原与固原县相对增加较多。

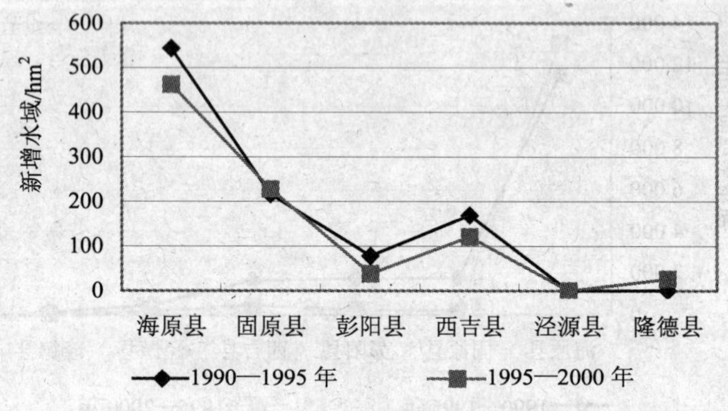

图 4-7 10 年间水域的增势图谱分析

4.5 土地利用减势图谱前后期变化的比较

图 4-8 表明，除了海原县外，其他各县后期都比前期耕地减少量小，这表明了耕地减少的趋势总体呈下降，其中，固原耕地减少减缓程度最大。

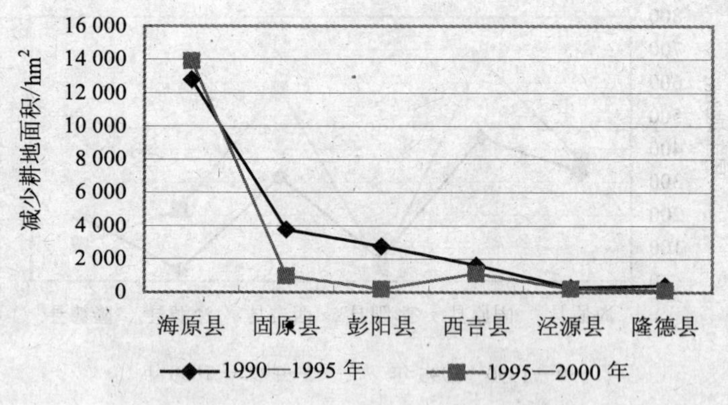

图 4-8 10 年间耕地的减势图谱分析

从图 4-9 可看出，除固原后期比前期减少得较多外，其余各县后期比前期减少得少，其中海原表现突出，这在一定程度上说明海原林业保护政策落实较好，人们护林意识不断提高。

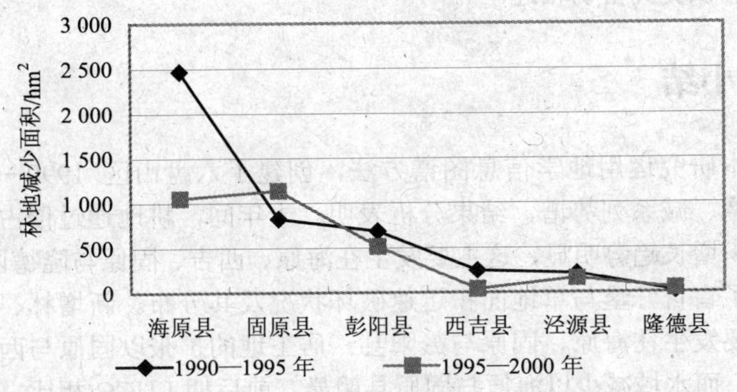

图 4-9　10 年间林地的减势图谱分析

从图 4-10 可见，海原、固原、西吉和隆德后期与前期相比，草地面积减少量趋向缓慢，而彭阳与泾源两期相差不大。各县基本上表现为草地减少，但趋势渐缓。

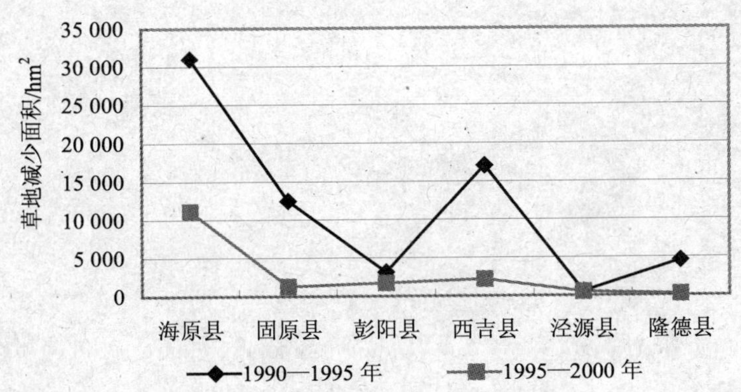

图 4-10　10 年间草地的减势图谱分析

综上所述，从土地利用前后期增减势力变化分析，可以得出土地利用变化总体上虽然朝着不合理方向进行，但这一趋势开始变得缓慢，这与土地利用的合理调节有关，还与政府政策及群众林草地保护意识提高密切相连。

4.6 小结

本研究运用地学信息图谱方法，创建了六盘山区 1990—2000 年的增、减系列势谱，结果分析表明：十年间，耕地通过侵占草地等面积增长趋势明显，这主要发生在海原、西吉、固原与隆德四县，查明了盲目开垦与草地面积迅速破坏状况及其分布。新增林、草地则主要发生在海原、固原与彭阳县；居工地的扩张以固原与西吉县突出，而水域减少以海原与固原县明显。前后期 LUCC 相比，土地利用调控机制逐渐起作用，趋于不合理的方向变得缓慢。

第 5 章

六盘山区耕地变化驱动机制分析

5.1 引言

目前，人类面临的许多环境与发展问题都与土地利用及覆被变化有联系，LUCC 已经成为全球变化研究的核心主题之一。近年来，LUCC 的驱动机制研究得到重视。一般的，影响土地利用及覆被变化的驱动力按其属性可分为两大类：自然生物因素和社会经济因素，后者还包括技术、政策等。目前，总体来看，正如人为土壤加速侵蚀是导致土壤侵蚀的主要因子一样，社会经济因素也是导致该区 LUCC 与生态贫困的主要因子。前几章已经阐述了六盘山区的 LUCC 的规律与分布，但是，是什么因素导致该区发生变化还不了解，因此，本章对此进行研究，考虑到该区土地利用的核心问题与焦点实际上表现为耕地的过度增长，为此，本研究着重从耕地驱动机制与人文经济结合角度出发，寻求耕地驱动因素，不仅为 LUCC 驱动今后进一步研究奠定基础，还可针对发现的驱动因素，提出改进的建议与措施。

5.2 研究方法

5.2.1 数据获取及处理方法

所使用的经济数据来源于《宁夏南部山区统计丛编（固原地区卷，1949—1992）》（固原地区农业建设委员会与统计局，1993）和《固原统计年鉴（1993—2000）》（固原地区统计局，2002）。此外，在宁夏固原开城镇廿里铺村与隆德县陈靳乡陈靳村做了农户社会经济调查，以此作为分析背景与参考资料。

5.2.2 土地利用驱动力建模

5.2.2.1 人均最小耕地面积模型

这是指在一定范围内，一定粮食自给水平和耕地综合生产力能力条件下，为了满足每个人正常生活的食物消费所需的耕地面积。人均最小耕地面积是保障一个地区或区域粮食安全所需的最低耕地面积（温仲明，2003）。其形式为：

$$A_{\min} = \alpha \frac{M}{L_{\mathrm{p}} \cdot \beta} \qquad (5\text{-}1)$$

式中：$A_{\min}$——人均最小耕地面积；

M——人均粮食消费水平；

L_{p}——土地生产力；

α——自产粮食占食物消费水平的比例；

β——粮食播种面积占总播种面积的比例。

5.2.2.2 耕地变化动力模型

定义为地区或区域最小耕地面积与实际耕地面积之比（温仲明，2003）：

$$k=\frac{A_p}{A_a}=\frac{P\cdot A_{min}}{A_a}=\frac{P\cdot\alpha\cdot M}{A_a\cdot L_p\cdot\beta} \tag{5-2}$$

式中：k——耕地变化驱动力；

A_a——一个地区或区域的实际耕地面积；

A_p——满足该地区人口正常生活所需的最低耕地面积；

P——人口数。

k 与土地生产力 L_p 呈负相关，而与人口呈正相关。k 越小，则驱动耕地变化的力越小；反之，则越大。当 $k>1$ 时，实际耕地面积不能满足所需最小耕地面积的要求，便会引发耕地数量的扩张。当 $k\leqslant 1$ 时，从理论上认为，此时实际耕地面积可以满足正常生活对粮食消费的需求，但在六盘山区，因其生态脆弱性，为应对突发性的自然灾害影响，实际所需耕地面积大于最小耕地面积，即使 $k<1$，也有推动耕地变化的可能。

5.2.2.3 耕地变化技术影响模型

耕地变化动力模型只反映耕地所受的总的驱动力的大小，却不能准确反映技术因素对耕地变化的影响。因此，在人均最小耕地面积的基础上，做进一步的假设，以求出技术因素对土地利用影响的时间变化。根据人均最小耕地面积定义，设 L_p 为恒定值（取历史最低水平 450 kg/hm^2），人均消费粮食为 400 kg，根据该区多年平均值，β平均约为 0.8，α取 0.7，则 A_b 为 0.78 hm^2。假设此条件不变，耕地面积随人口变化（温仲明，2003）为：

$$A_{pi}=A_b\cdot P \tag{5-3}$$

式中：A_{pi}——在耕地综合生产力不变的条件下，一个地区或区域在第 i 年由人口决定的总耕地面积；

A_b——假设条件下的恒定的人均最小耕地面积。

但事实上，人均最小耕地面积是随着耕地综合生产力而变化的，因此，可通过相应的 A_{min} 来计算在第 i 年的由人口和耕地生产力决定的耕地总面积 A_{ti}：

$$A_{ti}=A_{\min}\cdot P \tag{5-4}$$

这样，A_{ti} 与 A_{pi} 之差即代表了由技术因素引起的耕地面积变化，据此，可计算技术因素对耕地变化的驱动力：

$$\gamma=\frac{A_{pi}-A_{ti}}{A_{pi}} \tag{5-5}$$

5.3 耕地变化驱动因素分析

5.3.1 耕地变化驱动力因素

由于耕地变动与区域社会经济、政策、农民粮食保障等息息相关。因此，采用逐年统计的耕地面积变化及相关社会经济资料对六盘山区耕地变化进行分析。选取的经济指标包括总人口等 23 项，时间段为 1990—2000 年。产值按 1990 年不变价计算，耕地面积单位取 km^2。经过计算，得到耕地与各因子的相关系数见表 5-1。根据相关性的显著性检验，当 $f=N-2=9$，$\alpha=0.01$ 时，其临界相关系数为 0.735。相关分析的结果表明，在社会因子中，总人口的相关性较显著。在经济因子方面，国内生产总值、农民人均纯收入以及在农作物种植方面，农作物播种面积、粮食作物播种面积、有效灌溉面积等因素与耕地的变化有较密切的关联。农业现代化水平与土地利用的变化也紧密相关，农村用电量、农业机械总动力以及化肥施用实物量等因子的相关系数也较高。由此看来，耕地面积的变化在政策没有大的改变的情况下，主要是为人口与现有的经济技术条件所驱动，具体是：总人口数量、经济（富裕程度）以及技术状况（农业机械化、灌溉、施肥）。

在分析引起耕地发展变化因素基础上，再计算其驱动力的大小。根据模型计算六盘山区不同年份的人均最小耕地面积与综合驱动指数，列于表 5-2。从表 5-2 可见，前 5 年与后 5 年相比，人均最小耕地面积略有下降，但是下降幅度不大。这可能由于 1990 年以前，耕作技术与品种引进都已经完成，其在这段时间内变化不大，尽管化肥施用有所提高，农业机械总动力有所提高，但是在六盘山这一落后、闭塞区域，起到的作用非常小，且由于思想观念落后，有些还不愿意施用化肥。新的技术与生产模式在该区尚未大面积发挥有效作用，导致土地生产力并未发生较大提高，从而使人均最小耕地面积也变化不大。而 *k* 值从 1990—1995 年由低到高，而后又降低的过程。1997 年以前，*k* 值都大于 1，表明实际耕地面积不能满足人口生活的需求，引发耕地扩张。1997—2000 年，*k* 值都小于 1，耕地趋于减少。这与实际情况大致吻合，1997 年前后，人们思想观念在逐步发生转变，耕地扩张局势基本上得到了遏制。

表 5-1　1990—2000 年耕地变动面积（统计）与社会经济因子的相关系数

社会经济因子	相关系数	社会经济因子	相关系数
总人口	0.766 6**	林业占农业比例	0.142 1
大牲畜总头数	0.681 9	粮食作物播种面积	0.826 0**
第一产业比重	0.577 1	农村用电量	0.879 1**
渔业占农业比例	0.145 3	农业机械总动力	0.881 1**
种植业占农业比例	0.266 6	人口自然增长率	0.644 2
农作物播种面积	0.791 3**	国内生产总值	0.855 2**
有效灌溉面积	0.964 8**	第三产业比重	0.324 8
农民人均纯收入	0.809**	牧业占农业比例	0.355 3
非农业人口	0.667 0	粮食产量	0.605 6
生猪年末存栏数	0.723 3	化肥施用实物量	0.873 5**
第二产业比重	0.674 2	固定资产投资	0.631 0
农业总产值	0.732 7		

注：表中农业指统计年鉴的农林牧渔业。化肥施用实物量为 1993—2000 年数据，其临界相关系数为 0.834。

**为极显著水平。

表 5-2 六盘山区人均最小耕地面积与综合驱动指数的变化 单位：hm^2

年份	1990	1991	1992	1993	1994	1995
A_{min}	0.26	0.26	0.26	0.26	0.25	0.26
k	1.00	1.01	1.01	1.03	1.04	1.10
年份	1996	1997	1998	1999	2000	
A_{min}	0.25	0.25	0.25	0.25	0.26	
k	1.08	0.72	0.73	0.75	0.75	

5.3.2 耕地变化技术指数

根据耕地变化技术模型，可计算六盘山区 1990—2000 年技术进步对耕地变化的影响（表 5-3）。从表 5-3 可见，在此期间，技术因素对耕地变化的影响不明显。尽管从宏观上，技术因素（农业机械化、灌溉、施肥）是土地利用变化的驱动因素，但是在通过这一模型计算其数量大小时，发现技术因素的驱动在该区虽然存在，但是总体水平偏弱，这可能与该区几十年来，长期经济发展滞后有关。根据耕地变化技术模型，在没有技术因素作用时，耕地变化主要由人口因素驱动。并且当技术驱动指数越接近于零时，人口因素对耕地变化的驱动作用越大。因此，可以认为在 1990—2000 年，由于技术驱动较小，而且大致保持在平稳水平，也促使了耕地扩张。

表 5-3 耕地变化技术驱动指数变化

年份	1990	1991	1992	1993	1994	1995
γ	0.66	0.67	0.67	0.67	0.68	0.67
年份	1996	1997	1998	1999	2000	
γ	0.68	0.68	0.68	0.67	0.66	

5.4 小结

研究表明，1990—2000 年的 10 年间，耕地面积的变化主要受总人口数量、经济（富裕程度）以及技术状况（农业机械化、灌溉、施肥）所驱动。1997 年以前，k 值都大于 1，表明实际耕地面积不能满足人口生活的需求，引发耕地扩张。1997—2000 年，k 值小于 1，耕地趋于减少。技术因素对耕地变化的影响不明显，由于技术驱动较小，而且大致保持在平稳水平，也促使了耕地扩张。但耕地扩张更主要的还是由于人口与经济因素所致。为此，该区的土地经济管理措施，首先应控制总人口增长；其次，需要加强对农业生产的技术与物质投入，提高农业现代化水平；再次，减少自产粮食在总粮食消费中的比例，降低人均最小耕地面积，这方面可通过退耕还林还草粮食补贴来实行。

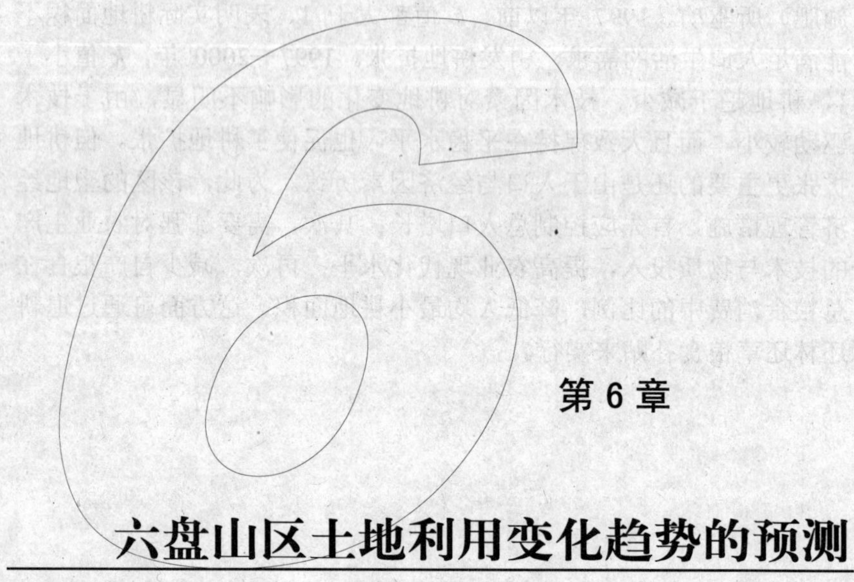

第 6 章

六盘山区土地利用变化趋势的预测

6.1 引言

土地是人类赖以生存和发展的物质基础，为资源和环境的载体。自从地球上有了人类之日起，土地就与人类生产和生活密切相关。随着社会经济发展和人口增长，城市化与工业化进程加快，土地资源社会需求增长与其数量有限性和经济供给稀缺性之间的矛盾日益突出，由此引起一系列资源和环境问题（张兰生，2000；罗湘华，2000），而土地利用/覆被变化预测是分析这些难题的前提与关键。为此，在前几章分析与探讨六盘山区 LUCC 的基础上，本章在遥感（RS）与地理信息系统（GIS）技术的支撑下，对其 1990 年、1995 年和 2000 年三个时期土地利用的空间变化进行探索，用马尔可夫链模型模拟该岛土地利用空间格局的变化，定量分析其演变的特点和预测其未来土地利用的演变趋势，以期揭示该区域土地利用/覆被变化的大致趋势，进一步丰富土地利用/覆被变化研究。同时，这一研究还可以为探讨正在实施和仍将继续进行的退耕还林还草政策下的土地变化的环境效应评估，提供一个测算的框架和基础。

6.2 研究方法与步骤

6.2.1 不同时段土地利用面积的变化

所使用的数据来源、土地利用现状分类系统与第 3 章相同。利用 Arc/Info Identity 命令对两期矢量数据进行叠加后，得到一个包括 1990 年、1995 年和 2000 年土地利用类型及图斑面积等属性信息的综合图 Coverage。再结合运用 GIS ArcView 和 Excel 软件，通过数据库的操作和属性数据的查询统计与计算，完成图形与属性数据的提取，从中可分析出区域内不同土地利用类型面积随时间变化的增减状况。

6.2.2 马尔可夫法

该方法是基于生态学中的马尔可夫模型。20 世纪初，俄国数学家马尔可夫发现现实系统中有一类事物的变化过程仅与事物的近期状态有关，而与事物的过去状态无关，这种特性称为无后效性。具有这种特性的随机过程称为马尔可夫过程。运用马尔可夫过程分析可以预测出两项重要的信息：（1）可预测出系统各状态经过一段时间后转入其他状态时所占的比例；（2）可以根据某些转移矩阵确定系统在远期（平衡状态时）所占的比例。其数学表达如下：

6.2.2.1 给出系统的初始概率向量

$$S_i^{(0)} = \left[s_1^{(0)} \quad s_2^{(0)} \quad \cdots \quad s_n^{(0)} \right]$$

式中，向量元素 $s_i^{(0)}$ 代表着一个拥有 n 个互不相容状态的系统，其

状态 i 出现的初始概率。显然有 $s_i^{(0)} \geqslant 0$（$i=1, 2, \cdots, n$）；且 $\sum_{i=1}^{n} s_i^{(0)} = 1$。

6.2.2.2 给出系统的一阶转移概率矩阵

$$P^{(1)} = \begin{bmatrix} p_{11}^{(1)} & p_{12}^{(1)} & \cdots & p_{1n}^{(1)} \\ p_{21}^{(1)} & p_{22}^{(1)} & \cdots & p_{2n}^{(1)} \\ \vdots & \vdots & \vdots & \vdots \\ p_{n1}^{(1)} & p_{n2}^{(1)} & \cdots & p_{nn}^{(1)} \end{bmatrix}$$

式中，矩阵元素 $p_{ij}^{(1)}$ 表示状态 i 经一步转移到状态 j 的概率。显然有 $p_{ij}^{(1)} \geqslant 0$（$i, j=1, 2, \cdots, n$）；且 $\sum_{j=1}^{n} p_{ij}^{(1)} = 1$（$i$=1，2，⋯，$n$）。

6.2.2.3 计算系统的高阶转移概率矩阵

$$P^{(k)} = \begin{bmatrix} p_{11}^{(k)} & p_{12}^{(k)} & \cdots & p_{1n}^{(k)} \\ p_{21}^{(k)} & p_{22}^{(k)} & \cdots & p_{2n}^{(k)} \\ \vdots & \vdots & \vdots & \vdots \\ p_{n1}^{(k)} & p_{n2}^{(k)} & \cdots & p_{nn}^{(k)} \end{bmatrix}$$

式中，矩阵元素 $p_{ij}^{(k)}$ 表示状态 i 经 k 步转移到状态 j 的概率。显然也有 $p_{ij}^{(k)} \geqslant 0$（$i, j=1, 2, \cdots, n$）；且 $\sum_{j=1}^{n} p_{ij}^{(k)} = 1$（$i$= 1，2，⋯，$n$）。

高阶转移概率矩阵可根据以下的递推公式逐步获得：

$$P^{(l)} = \left[p^{(1)} \right]^{l}, \quad p_{ij}^{(l)} = \sum_{t=1}^{n} p_{it}^{(l)} p_{tj}^{(l-1)} \qquad (l = 2, 3, \cdots, k)$$

6.2.2.4 计算第 k 步系统的概率向量

$$S^{(k)} = S^{(0)} P^{(k)} = \left[s_1^{(k)} \quad s_2^{(k)} \quad \cdots \quad s_n^{(k)} \right]$$

用马尔可夫法来分析不同时段各土地利用类型之间的转化状况是合适的，上述计算过程可通过编程来实现（罗积玉等，1987；向元望，1987；张巨洪等，1983）。

6.3 对模型输出结果的分析

6.3.1 土地利用类型的转移与变化

经过 GIS 软件 ArcView 的叠加及数据库的选择查询和统计分析操作，可得到 1990—1995 年（前期）与 1995—2000 年（后期）六盘山区各土地利用类型面积的转化状况（表 6-1，表 6-2）。对比两张表可见，耕地与草地之间转化频繁，但前期草地转化为耕地的面积是耕地转化为草地的近 5 倍，而后期二者大致相当。这说明由于草地减少引起的耕地面积增加更主要是发生在前期。两期之中，耕地转化为建设用地比其他用地转化为建设用地要多得多，即是说建设用地主要来自于耕地。前期耕地转化为林地面积较后期大许多倍。而草地在前后两期转化为林地面积大致相当。两期中，耕地、草地与水域间互相转化也较多，未利用地中主要的转化是变为耕地。

表 6-1　1990—1995 年六盘山区各土地利用类型面积的转化状况

单位：$hm^2/5a$

1990 年	1995 年					
	耕地	林地	草地	水域	建设用地	未利用地
耕地	686 602.73	6 664.04	13 177.88	551.80	1 073.15	190.79
林地	1 067.26	76 299.48	3 329.15	38.90	15.67	0
草地	63 466.69	4 567.85	782 730.90	415.35	274.20	8.84
水域	905.17	94.67	804.97	11 895.72	13.37	0
建设用地	1 157.95	151.87	174.27	22.57	19 846.10	0
未利用地	7.52	0	5.37	0	0	566.57

表 6-2　1995—2000 年六盘山区各土地利用类型面积的转化状况

单位：$hm^2/5a$

1995 年	2000 年					
	耕地	林地	草地	水域	建设用地	未利用地
耕地	736 634.65	925.20	13 593.53	490.57	1 555.83	7.52
林地	2 314.72	84 831.23	385.29	47.72	198.95	0
草地	12 479.99	3 940.33	783 239.12	334.14	215.19	13.77
水域	575.12	38.90	189.55	12 098.20	22.57	0
建设用地	257.35	15.67	31.09	8.13	20 910.26	0
未利用地	184.07	0	0	0	0	75.98

6.3.2 土地利用格局变化的马尔可夫过程模拟

由 1990 年六盘山区土地利用现状图，可得到 6 种土地利用类型的初始概率向量：

$$s^{(0)}=\left[0.422\,6\quad 0.048\,2\quad 0.508\,0\quad 0.008\,2\quad 0.012\,7\quad 0.000\,3\right]$$

式中，向量的各个元素分别代表耕地、林地、草地、水域、居工地和未利用地各类土地利用类型占总土地面积的比例。

再通过 GIS 软件的操作，计算得到 1990—1995 年各土地利用类型面积的一阶转移概率矩阵（表 6-3）。设定马尔可夫链的步长为 5 年，可计算出二阶转移概率矩阵（表 6-4），以及其他各高阶转移概率矩阵（略）。

表 6-3　1990—1995 年各土地利用类型面积的转移概率矩阵　（$k=1$）

1990 年	1995 年					
	耕地	林地	草地	水域	建设用地	未利用地
耕地	0.969 4	0.009 4	0.018 6	0.000 8	0.001 5	0.000 3
林地	0.013 2	0.944 9	0.041 2	0.000 5	0.000 2	0
草地	0.074 5	0.005 4	0.919 3	0.000 5	0.000 3	0

1990 年	1995 年					
	耕地	林地	草地	水域	建设用地	未利用地
水域	0.066 0	0.006 9	0.058 7	0.867 4	0.001 0	0
建设用地	0.054 2	0.007 1	0.008 2	0.001 1	0.929 4	0
未利用地	0.013 0	0	0.009 3	0	0	0.977 8

表 6-4　1995—2000 年各土地利用类型面积的转移概率矩阵（$k=2$）

1995 年	2000 年					
	耕地	林地	草地	水域	建设用地	未利用地
耕地	0.941 4	0.018 1	0.035 6	0.001 5	0.002 9	0.000 6
林地	0.028 4	0.893 2	0.077 1	0.000 9	0.000 4	0.000 0
草地	0.140 8	0.010 8	0.846 8	0.001 0	0.000 7	0.000 0
水域	0.125 7	0.013 4	0.106 4	0.752 5	0.001 9	0.000 0
建设用地	0.103 7	0.013 9	0.016 5	0.002 0	0.863 9	0.000 0
未利用地	0.026 0	0.000 2	0.017 7	0.000 0	0.000 0	0.956 1

由初始概率向量和各高阶转移概率矩阵，可分别计算出经过各步运算后系统的概率向量，即相应年份各土地利用类型所占的比例。表 6-5 给出了预测的各期土地面积及其占总面积的百分比。

6.3.3 六盘山区转移过程的校验

运用已有的 2000 年土地利用数据，与通过 1990—1995 年为基期预测数据进行比较，校验预测精度，以说明马尔可夫过程分析的有效性（表 6-6）。比较结果可以看出，六大土地利用类型的计算结果与实际结果很接近，结果相差最大的草地差值也就在−2.58%，误差只有−5.42%。其他地类的面积误差值大部分也在 5%左右，其中误差最大的是未利用地，这主要是由于其本身面积很小，转化出去的面积也很小；此外，未利用地在 1990 年至 1995 年，只转化为耕地与草地，而在 1995 年至 2000 年，仅转化为耕地，而没有转化为其他的土地类型。也就是说，未利用地的转化本身有点特殊，这是马尔可夫方法预测不能把握的。除了它之外，其他校验结果良好。

表 6-5 用马尔可夫链预测的六盘山区各土地利用类型的面积与百分比①

（k＝2，3，4，5，6，7，8） 单位：hm²，%

年份	耕地	林地	草地	水域	建设用地	未利用地
2000	792 900.28	94 605.29	754 221.73	12 304.18	21 097.25	987.73
百分比	47.31	5.64	45.00	0.73	1.26	0.06
2005	828 044.22	101 153.29	712 906.06	11 754.59	21 054.63	1 203.67
百分比	49.40	6.03	42.53	0.70	1.26	0.07
2010	859 085.41	107 443.65	675 817.40	11 288.55	21 056.09	1 425.36
百分比	51.25	6.41	40.32	0.67	1.26	0.09
2015	886 468.86	113 475.71	642 533.01	10 893.75	21 093.68	1 651.44
百分比	52.89	6.77	38.33	0.65	1.26	0.10
2020	910 593.24	119 250.62	612 671.74	10 559.62	21 160.52	1 880.72
百分比	54.33	7.11	36.55	0.63	1.26	0.11
2025	931 815.52	124 771.01	585 889.96	10 277.13	21 250.69	2 112.15
百分比	55.59	7.44	34.96	0.61	1.27	0.13
2030	950 455.28	130 040.79	561 877.93	10 038.54	21 359.11	2 344.80
百分比	56.71	7.76	33.52	0.60	1.27	0.14

① 指占总面积的百分比，下同。

表 6-6 用马尔可夫链预测的 2000 年各土地利用类型的百分比与实际值比较

单位：%

	耕地	林地	草地	水域	建设用地	未利用地
预测结果	47.31	5.64	45.00	0.73	1.26	0.06
实际结果	44.89	5.35	47.58	0.77	1.37	0.04
两者相差	2.42	0.29	−2.58	−0.04	−0.11	0.02
误差	5.39	5.42	−5.42	−5.19	−8.03	50.0

6.3.4 土地利用变化趋势的分析

表 6-5 显示，六盘山区未来 30 年土地利用类型演变总体趋势是四增二减，即耕地、林地、建设用地与未利用地呈现增长，

而草地与水域减少。若以 2000 年为参照年，30 年后（2030 年），耕地将增加 157 555 hm^2，增幅达 19.9%；林地将增加 35 435.5 hm^2，增幅达 37.6%。建设用地将增加 261.86 hm^2，增幅为 1.24%。表 6-5 还显示，草地减少幅度很大，30 年后将减少 11.48%，减幅达 25.5%。显然，六盘山区耕地增加是以牺牲草地、水域为代价的，城市建设用地发展照此趋势也是以牺牲耕地、林草地、水域等为代价的，而其中占用优质精华耕地面积的表现较为突出。考虑到草地主要是转化为耕地与林地（表 6-1，表 6-2），为使趋势效果更为明显，用耕地、林地与草地比率做进一步比较分析。该指标表达为：

$$E = \left(S_{\text{耕地}} + S_{\text{林地}}\right)/S_{\text{草地}} \tag{6-1}$$

式中，$S_{\text{耕地}}$、$S_{\text{林地}}$分别为某一年的耕地与林地的面积，$S_{\text{草地}}$为同年的草地面积值。用公式 6-1 计算得到六盘山区 2000 年、2005 年、2010 年、2015 年、2020 年、2025 年、2030 年的 E 值分别为：1.18、1.30、1.43、1.56、1.68、1.80、1.92。E 值随时间的推移而迅速增大，趋势上看出耕地与林地占用了大量草地。这一变化一方面与人口不断增长有关；另一方面也可能与土地等相关管理政策有关。

6.3.5 各县土地利用变化的趋势状况与分析

为了揭示六盘山区各县土地利用变化趋势的不同特点，计算了各县的初始概率矩阵（表 6-7，表 6-8，表 6-9，表 6-10，表 6-11，表 6-12），并用马尔可夫过程分析方法在表 6-13 中给出了各县未来 30 年土地利用趋势的走向。

表 6-7　1990—1995 年海原县各土地利用类型面积的转移概率矩阵（$k = 1$）

1990 年	1995 年					
	耕地	林地	草地	水域	建设用地	未利用地
耕地	0.941 1	0.012 7	0.042 8	0.001 4	0.001 4	0.000 6
林地	0.068 6	0.728 8	0.197	0.004 3	0.001 3	0

1990年	1995年					
	耕地	林地	草地	水域	建设用地	未利用地
草地	0.093	0.004 7	0.901 5	0.000 7	0.000 1	0
水域	0.028	0.013 9	0.079 6	0.878 2	0.000 3	0
建设用地	0.051 6	0.003 8	0.014 5	0	0.930 1	0
未利用地	0.037 8	0	0	0	0	0.962 2

表6-8 1990—1995年固原县各土地利用类型面积的转移概率矩阵（$k = 1$）

1990年	1995年					
	耕地	林地	草地	水域	建设用地	未利用地
耕地	0.977	0.012 3	0.007	0.001	0.002 5	0.000 2
林地	0.011 5	0.971 1	0.017 3	0	0.000 2	0
草地	0.058 3	0.008 9	0.932 4	0.000 3	0.000 1	0
水域	0.100 3	0.005 6	0.03	0.863 1	0.001	0
建设用地	0.044 3	0.013 1	0.000 5	0.002 9	0.939 2	0
未利用地	0	0	0.017 3	0	0	0.982 7

表6-9 1990—1995年彭阳县各土地利用类型面积的转移概率矩阵（$k = 1$）

1990年	1995年					
	耕地	林地	草地	水域	建设用地	未利用地
耕地	0.974 1	0.015 8	0.009 6	0	0.000 5	0
林地	0.001 6	0.935 4	0.063	0	0	0
草地	0.016 9	0.005 8	0.976 6	0.000 6	0.000 1	0
水域	0.159 8	0	0.053 7	0.786 5	0	0
建设用地	0.026 4	0.035 7	0.018	0	0.919 9	0
未利用地	0	0	0	0	0	0

表 6-10 1990—1995 年西吉县各土地利用类型面积的转移概率矩阵（$k=1$）

1990 年	1995 年					
	耕地	林地	草地	水域	建设用地	未利用地
耕地	0.989 1	0.000 4	0.008 6	0.000 6	0.001 2	0.000 1
林地	0.016	0.950 9	0.033 1	0	0	0
草地	0.111 2	0.003 2	0.884 2	0.000 5	0.000 9	0
水域	0.069 9	0	0.070 3	0.857 4	0.002 4	0
建设用地	0.077 2	0.003 5	0.009 1	0.000 3	0.909 9	0
未利用地	0	0	0	0	0	0

表 6-11 1990—1995 年泾源县各土地利用类型面积的转移概率矩阵（$k=1$）

1990 年	1995 年					
	耕地	林地	草地	水域	建设用地	未利用地
耕地	0.986	0.000 6	0.012 9	0	0.000 5	0
林地	0.000 1	0.990 3	0.009 6	0	0	0
草地	0.012 7	0.004 8	0.981 7	0	0.000 8	0
水域	0	0	0	1	0	0
建设用地	0.114	0	0.019 7	0	0.866 3	0
未利用地	0	0	0	0	0	0

表 6-12 1990—1995 年隆德县各土地利用类型面积的转移概率矩阵（$k=1$）

1990 年	1995 年					
	耕地	林地	草地	水域	建设用地	未利用地
耕地	0.991 7	0.002 7	0.002 4	0	0.002 7	0.000 5
林地	0.002 7	0.997 3	0	0	0	0
草地	0.104	0.001 1	0.893	0	0.001 7	0.000 2
水域	0.021 8	0	0.060 4	0.915 1	0.002 7	0
建设用地	0.021	0.001 4	0.008 3	0	0.969 3	0
未利用地	0	0	0	0	0	1

表 6-13 用马尔可夫链预测的各县土地利用类型的面积与百分比

（k=2，3，4，5，6，7，8） 单位：hm²，%

县	年份	耕地	林地	草地	水域	建设用地	未利用地
海原县	2000	249 822.1（45.3）	12 449.3（2.3）	278 806.1（50.5）	5 092.3（0.9）	4 987.4（0.9）	450.8（0.1）
	2005	262 307.6（47.6）	13 645.9（2.5）	264 966.2（48.0）	5 070.5（0.9）	5 034.1（0.9）	583.7（0.1）
	2010	272 859.4（49.5）	14 611.4（2.6）	253 258.7（45.9）	5 064.3（0.9）	5 095.2（0.9）	719.0（0.1）
	2015	281 775.3（51.1）	15 394.2（2.8）	243 346.5（44.1）	5 069.6（0.9）	5 166.9（0.9）	855.5（0.2）
	2020	289 306.9（52.4）	16 031.7（2.9）	234 948.0（42.6）	5 083.1（0.9）	5 246.1（1.0）	992.2（0.2）
	2025	295 667.2（53.6）	16 552.9（3.0）	227 826.9（41.3）	5 102.4（0.9）	5 330.3（1.0）	1 128.3（0.2）
	2030	301 036.4（54.3）	16 980.7（3.1）	221 784.8（40.2）	5 125.6（0.9）	5 417.4（1.0）	1 263.1（0.2）
固原县	2000	179 476.0（46.2）	34 291.6（8.8）	163 689.2（42.1）	3 437.9（0.9）	7 306.8（1.9）	367.0（0.1）
	2005	185 954.0（47.9）	37 079.9（9.5）	154 586.5（39.8）	3 217.0（0.8）	7 337.9（1.9）	396.6（0.1）
	2010	191 763.6（49.4）	39 785.5（10.2）	146 186.7（37.6）	3 030.2（0.8）	7 382.8（1.9）	426.9（0.1）
	2015	196 964.2（50.7）	42 409.1（10.9）	138 437.1（35.6）	2 872.4（0.7）	7 438.9（1.9）	457.9（0.1）
	2020	201 610.3（51.9）	44 951.8（11.6）	131 289.0（33.8）	2 739.2（0.7）	7 504.2（1.9）	489.3（0.1）
	2025	205 751.5（53.0）	47 414.6（12.2）	124 697.2（32.1）	2 627.0（0.7）	7 576.9（1.9）	521.2（0.1）
	2030	209 433.5（53.9）	49 798.8（12.8）	118 619.8（30.5）	2 532.5（0.7）	7 655.1（2.0）	553.3（0.1）
彭阳县	2000	106 051.0（42.2）	14 045.6（5.6）	130 121.9（51.7）	776.1（0.3）	541.5（0.2）	0.0（0.0）

县	年份	耕地	林地	草地	水域	建设用地	未利用地
彭阳县	2005	105 664.1（42.0）	15 587.9（6.2）	129 031.4（51.3）	688.5（0.3）	564.1（0.2）	0.0（0.0）
	2010	105 257.9（41.8）	17 018.9（6.8）	128 055.6（50.9）	618.9（0.2）	584.7（0.2）	0.0（0.0）
	2015	104 837.4（41.7）	18 346.2（7.3）	127 185.5（50.6）	563.6（0.2）	603.3（0.2）	0.0（0.0）
	2020	104 406.9（41.5）	19 576.7（7.8）	126 412.7（50.3）	519.6（0.2）	620.1（0.2）	0.0（0.0）
	2025	103 969.9（41.3）	20 717.0（8.2）	125 729.4（50.0）	484.5（0.2）	635.3（0.3）	0.0（0.0）
	2030	103 529.2（41.2）	21 773.3（8.7）	125 128.1（49.7）	456.5（0.2）	648.9（0.3）	0.0（0.0）
西吉县	2000	178 990.1（57.8）	5 627.0（1.8）	118 478.8（38.2）	2 217.0（0.7）	4 457.8（1.4）	16.6（0.0）
	2005	190 803.1（61.6）	5 817.1（1.9）	106 681.0（34.4）	2 068.8（0.7）	4 382.9（1.4）	17.9（0.0）
	2010	201 162.3（64.9）	5 964.5（1.9）	96 346.1（31.1）	1 943.0（0.6）	4 318.0（1.4）	19.1（0.0）
	2015	210 247.9（67.9）	6 075.5（2.0）	87 292.5（28.2）	1 836.1（0.6）	4 261.7（1.4）	20.1（0.0）
	2020	218 217.7（70.4）	6 155.6（2.0）	79 361.1（25.6）	1 745.3（0.6）	4 213.0（1.4）	21.0（0.0）
	2025	225 209.8（72.7）	6 209.3（2.0）	72 412.6（23.4）	1 668.3（0.5）	4 170.9（1.3）	21.8（0.0）
	2030	231 345.3（74.7）	6 240.9（2.0）	66 324.8（21.4）	1 603.0（0.5）	4 134.5（1.3）	22.5（0.0）
泾源县	2000	22 106.1（29.4）	21 853.7（29.0）	29 901.8（39.7）	335.7（0.4）	1 062.5（1.4）	0.0（0.0）
	2005	22 299.7（29.6）	21 798.5（29.0）	29 870.5（39.7）	335.7（0.4）	955.4（1.3）	0.0（0.0）
	2010	22 477.9（29.9）	21 743.8（28.9）	29 839.7（39.6）	335.7（0.4）	862.7（1.1）	0.0（0.0）

县	年份	耕地	林地	草地	水域	建设用地	未利用地
泾源县	2015	22 642.7 （30.1）	21 689.6 （28.8）	29 809.3 （39.6）	335.7 （0.4）	782.5 （1.0）	0.0 （0.0）
	2020	22 795.7 （30.3）	21 635.9 （28.7）	29 779.5 （39.6）	335.7 （0.4）	713.0 （0.9）	0.0 （0.0）
	2025	22 938.2 （30.5）	21 582.7 （28.7）	29 750.4 （39.5）	335.7 （0.4）	652.9 （0.9）	0.0 （0.0）
	2030	23 071.5 （30.7）	21 529.9 （28.6）	29 721.9 （39.5）	335.7 （0.4）	600.9 （0.8）	0.0 （0.0）
隆德县	2000	55 635.2 （56.0）	5 880.7 （5.9）	34 363.1 （34.6）	455.6 （0.5）	2 881.8 （2.9）	135.7 （0.1）
	2005	58 833.5 （59.2）	6 056.9 （6.1）	30 871.2 （31.1）	417.0 （0.4）	3 003.2 （3.0）	170.4 （0.2）
	2010	61 644.3 （62.0）	6 237.5 （6.3）	27 759.3 （27.9）	381.6 （0.4）	3 123.4 （3.1）	206.0 （0.2）
	2015	64 110.4 （64.5）	6 422.0 （6.5）	24 986.0 （25.1）	349.2 （0.4）	3 242.2 （3.3）	242.4 （0.2）
	2020	66 269.8 （66.7）	6 609.8 （6.7）	22 514.3 （22.7）	319.5 （0.3）	3 359.2 （3.4）	279.4 （0.3）
	2025	68 156.6 （68.6）	6 800.4 （6.8）	20 311.5 （20.4）	292.4 （0.3）	3 474.1 （3.5）	317.1 （0.3）
	2030	69 801.0 （70.3）	6 993.2 （7.0）	18 348.3 （18.5）	267.6 （0.3）	3 586.8 （3.6）	355.2 （0.4）

从表 6-13 不难看出，如果土地利用政策与以前相比没有发生变化，从 2000 年到 2030 年的这 30 年中，各县土地利用变化趋势有一些共性，表现为：除彭阳县外，其他各县耕地面积均呈现递增。照此趋势，到 2030 年时，海原县与固原县耕地面积比例将超过 50%，而西吉县与隆德县将超过 70%；林地除泾源县比例稍下降外，其他各县均呈上涨趋势；草地各县均处递减趋势；建设用地，除西吉县与泾源县略有下降外，其他各县都呈增加趋势。这一现象说明了人口增加与城市化进程对土地利用变化施加的影响。

各县土地利用变化趋势上也存在着速度上的差异状况。2000—

2030 年西吉县是六盘山区土地利用变化最大的重点地区，主要反映在其耕地将在 30 年间增长 16.9%，而草地将减少 16.8%，这将会导致其生态环境的进一步恶化。其次则是隆德县，也以耕地增加与草地减少突出，前者上升 14.3 个百分点，后者下降 16.1 个百分点。这表明西吉县与隆德县受人口等驱动因子的作用明显高于其他县，而成为六盘山区土地利用变化的热点地区，而尤须加以重点关注。

6.3.6 各县转移过程的校验

表 6-14 为各县 2000 年计算的预测结果与实际结果的比较。从比较结果可以看出，耕地、林地、草地、水域、建设用地与未利用地六大土地利用类型的平均误差分别为 4.2%、3.7%、−5.0%、14.5%、−9.5%及 39.1%。除了水域与未利用地因其本身的面积和转移面积数量都相对较小，可能使误差较大外，其他地类的面积误差值均在 10%以内，其中耕地、林地与草地保持在 5%以内，因此，在县级土地利用预测中，这三大地类按此法模拟，在驱动因素没有大的变动情况下，有较高的精度。

表 6-14 马尔可夫链预测的 2000 年各县各土地利用类型的百分比与实际值比较

单位：%

县别	结果与误差	耕地	林地	草地	水域	建设用地	未利用地
海原县	预测结果	45.3	2.3	50.5	0.9	0.9	0.1
	实际结果	42.1	2.4	54.2	0.4	0.9	0.0
	两者相差	3.2	−0.1	−3.7	0.5	0.0	0.1
	误差	7.6	−2.4	−6.7	134.8	−4.3	175.8
固原县	预测结果	46.2	8.8	42.1	0.9	1.9	0.1
	实际结果	44.6	8.0	44.4	1.0	2.0	0.1
	两者相差	1.6	0.8	−2.3	−0.1	−0.1	0.0
	误差	3.6	10.6	−5.1	−6.8	−6.9	16.0
彭阳县	预测结果	42.2	5.6	51.7	0.3	0.2	0.0
	实际结果	42.7	5.0	51.6	0.4	0.2	0.0

县别	结果与误差	耕地	林地	草地	水域	建设用地	未利用地
彭阳县	两者相差	−0.5	0.6	0.1	−0.1	0.0	0.0
	误差	−1.2	11.1	0.1	−17.7	−10.0	—
西吉县	预测结果	57.8	1.8	38.2	0.7	1.4	0.0
	实际结果	53.8	1.8	42.0	0.8	1.6	0.0
	两者相差	4.0	0.0	−3.8	−0.1	−0.2	0.0
	误差	7.4	0.0	−9.1	−7.6	−14.0	—
泾源县	预测结果	29.4	29.0	39.7	0.4	1.4	0.0
	实际结果	29.2	29.2	39.4	0.4	1.8	0.0
	两者相差	0.2	−0.2	0.3	0.0	−0.4	0.0
	误差	0.7	−0.6	0.9	−10.3	−23.8	—
隆德县	预测结果	56.0	5.9	34.6	0.5	2.9	0.1
	实际结果	52.4	5.7	38.4	0.5	2.8	0.1
	两者相差	3.6	0.2	−3.8	0.0	0.1	0.0
	误差	6.9	3.2	−9.9	−5.4	1.9	42.8

6.4 小结

RS 和 GIS 技术为本研究提供了六盘山区三个不同时期土地利用/覆被状况及其分类格局变化的信息，而马尔可夫过程“无后效性”这一特点，使得客观地模拟预测六盘山区土地利用/覆被的中长期变化成为可能。在国家政策与以前没有发生大的改变的前提下，分析模型输出的各项结果表明：

（1）耕地和草地是六盘山区土地利用趋势变化中最为活跃的两种类型。其中，耕地的面积和比重均将大幅度增加，其来源主要是草地，而居工地则将不断扩张，其新增来源主要为耕地和林草地。

（2）各县土地利用变化趋势状况中有一些共性，耕地面积呈现递增；林地与人工居民地、城市建设用地呈增加趋势；草地表现递减趋势。这说明了人口增加与城市化进程对土地利用变化施加的影响。其区域差异性表现为预测的 2000 年到 2030 年，西吉县将是六盘山区土地利用变化最大的重点地区，主要反映在其耕地将在 30 年间增长 16.9%，而草地将减少 16.8%，这将会导致其生态环境的进一步恶化。其次变化较大则是隆德县。

（3）这一研究力图反映六盘山区随着时间发展对土地变化影响的大体趋势，得出的具体数字经过全区与各县的验证，有较高的可信性。但是，必须注意到，上述区域土地利用变化趋势分析过程中隐含着一个重要的假设条件，即是区域土地利用变化过程是一种随机过程，要求作用于土地利用变化的影响因子处于稳定状态，对土地利用变化的影响保持不变，从而使转移概率多年稳定。事实上，这只是一种理想状况，影响土地利用变化的自然、社会经济与政策驱动因素总是变化的。大约在 2000 年秋季，该地按照国家政策实施退耕还林还草，使转移概率也随之变化，更是对土地利用产生了深刻的影响。因此，本书预测的 2000—2030 年的数据不一定较好地吻合于今后的实际情况。然而，反过来看，这一研究却可以从背景值的角度，为探讨正在实施并且以后继续进行的退耕还林还草政策下的土地变化的环境效应评估，提供一个测算与衡量的框架和本底值。

第 7 章

六盘山区土地利用变化的生态效应评价

7.1 引言

位于黄土丘陵区的六盘山区，在宁夏国土总体格局中的功能定位是具有生态环境保护性功能，其核心是尽可能有效地控制水土流失和恢复林草植被。“九五”以来，随着国家政策方针的调整，黄土丘陵区生态农业建设呈现出了明显的“寓经济发展于水土流失控制和生态环境整治之中”的合理趋势。为实施这一策略，针对生态农业建设中的生态环境问题，构建了定量表征生态环境效益的评价指标。根据该区几十年来有关资源环境综合考察、土壤侵蚀与水土流失等生态农业建设及经济发展的实践经验，结合土地利用/覆被变化数据库，从演化方向及土地利用适宜性评价等方面入手，对六盘山区土地利用/覆被变化合理与否进行定量评估，本文主要评价其土地利用/覆被变化的生态效益。

7.2 研究方法

7.2.1 数据获取及处理方法

所使用的部分数据，如土地利用、DEM、坡度图、行政界限等数据来源于中国资源环境数据库。土地利用是根据陆地卫星（Landsat TM/ETM）1989/1990 年与 1999/2000 年（为表述、分析比较方便，简记为 1990 年与 2000 年）进行目视解译形成的 1∶10 万土地利用数据，这两期遥感数据的解译的定性精度误差被分别控制在 92.92%、98.40%与 97.45%水平上（刘纪远等，2005c）。其分类方案详见第 3 章。土壤数据来源于黄土高原数据中心的 1∶50 万黄土高原地区土壤图（1∶50 万中国黄土高原地区资源与环境遥感系列图编委会，1990 年）。两期不同的土壤侵蚀数据分别来源于 1986 年的 1∶50 万黄土高原地区侵蚀强度与侵蚀类型图（1∶50 万中国黄土高原地区资源与环境遥感系列图编委会，1990 年）和 2000 年 1∶10 万土壤侵蚀（根据 2000 年陆地卫星 TM 解译）。

将 1987 年 8 月 19 日与 2001 年 10 月 4 日的 TM 遥感影像，通过 2000 年该区已解译土地利用的 TM，在 ENVI 4.0 进行 Image to Image Registration 的精校正，其误差控制在一个像元之内。然后在此软件下，运用 Band Math 计算归一化植被指数（Normalized Difference Vegetation Index，NDVI）的栅格图，再转换为 TIFF/GeoTIFF 格式，在 ERDAS 8.5 下运用 IMPORT 工具，将其转换为 GRID 格式。最后，再在 Arc/Info 软件 GRID 模块下，用 Resample 命令重采样，统一为 30 m×30 m。需要说明的是，由于六盘山区海原县西北部小部分恰好跨出景，因此它被切出，未进行 NDVI 的计算；由于这部分面积很小，不会影响到整体结果分析与趋势，故未再购买影像将其补全。为了与其他图相匹配，将六盘山区所有数据通过投影转换，全部统一到统一的坐标系和投影下。所用投影为 ALBERS 投影，并采用统一的中央经线和双标准纬线，中央经线为东经 105°，双标准纬线分别为北纬 25°和北纬 47°，所采用的椭球体为 KRASOVSKY 椭球体。

7.2.2 构建评价指标体系的基本原则

7.2.2.1 科学性原则

评价指标体系必须建立在遵从资源农业利用的自然规律、生态规律和经济规律等科学基础之上，能客观地反映农业生产内部的经济效益及外部环境影响状况，通过相互联系的指标，能较好地度量和评价不同类型、不同地区和不同模式生态农业建设目标实现的程度。

7.2.2.2 可操作性原则

评价指标体系中的各指标应简单明了，便于获取和计算，而不必再做大量的调查和研究。在选取指标时，应尽量选取富有代表性和可定量化的指标。各指标在含义上和计算方法上不能模糊不清。

7.2.2.3 综合性与主导因素原则

全面衡量影响区域生态环境的各因子，在此基础上进行综合分析和评价。同时通过因子权重体现主导因子的主要影响作用，使评价更符合区域实际，更有针对性。

7.2.2.4 动态性原则

土地利用/覆被变化是一个动态变化的过程，随着科学技术的进步和人类认识水平等的不断提高，生态农业建设的广度和深度也处于发展变化之中，因而要求评价指标的选择要充分考虑动态发展和变化的特点。

7.2.3 主要评价指标体系的设置

在确定土地利用/覆被变化评价的目的和遵循的基本原则后，要设计出能定量考虑和客观评价土地利用/覆被变化状况的评价指标体系，还必须对基于生态环境整治基础上的土地利用/覆被变化过程和途径做进一步的系统分析，进而才能依据生态农业建设的系统特征建立评价指标体系。为便于研究分析，每个类别又分别由综合指标和单项指标组成（表 7-1），其中归一化植被指数 NDVI，是由多光谱数据经过线性和非线性组合构成的对植被有一定指示意义的数值（李建龙等，1997；田庆久等，1998）。由于近红外波段是叶子健康状况最灵敏的标志，它对植被差异及植物长势反应敏感，可见光红波段被植物叶绿素强吸收，因此，通常用近红外波段与可见光红波段数值之差和这两个波段之和的比值来定义 *NDVI*，即 *NDVI* =（*NIR*−*R*）/（*NIR*+*R*）。对于 Landsat *TM*，其公式为：

$$NDVI = \frac{TM_4 - TM_3}{TM_4 + TM_3}$$

由于 *NDVI* 对绿色植被表现敏感，因此，特选择它作为该区域的植被状态变迁研究的重要指标。*NDVI* 的值可反映该区生物量（包括树木、草地和稻田等）的本底状况、动态与空间分布特征，其变化可表征土地利用与土地覆被的变化对于生物量变化的影响。从 *TM* 得到的 *NDVI* 较之气象卫星得出的 *NDVI*，因具有较高的分辨率而使其 *NDVI* 也具有较好的应用价值，这也是尽管气象卫星有着多期更短时间间隔数据而人们仍然选择 *TM* 影像的原因。

表 7-1　六盘山区土地利用/覆被变化评价指标分类

总指标	综合指标	单项指标
生态效益评价	土地适宜性变化、生物量、生态植被状况、土地利用合理性	不同等级土地利用适宜性面积变化、归一化植被指数（NDVI）、植被覆盖度、坡耕地利用率

7.2.4 土地利用/覆被适宜性的动态评价

7.2.4.1 参评因子选取

根据土地适宜性评价的综合性、主导性等原则，参照 FAO 和相关研究中土地评价指标体系（邢世和等，2000），本次评价系统由适宜类和适宜等组成，它们之间存在层次关系。本次评价只对宜耕、宜林、宜草 3 类进行全覆盖地域评价，其他类因面积相对较小而暂不参评。参评因子的选择主要遵循以下原则：（1）参评因子的选择尽管相同，但是由于不同的土地用途或土地利用方式对土地的自然、社会、经济属性的要求不同，所以赋予其不同的等级指数来体现这种要求的不同；（2）选择对特定土地用途有明显影响且在有明显差异能够出现临界值的因素作为参评因子；（3）选择的参评因子应比较稳定；（4）选择可量度的因素，便于定量分析；（5）尽量选择那些相对独立的因素。由于社会经济因子收集相对较难、较复杂，因此，这一评价主要侧重于自然适宜性。

遵循以上原则，本次评价选取了代表土壤本身特性和外部环境影响因素的 9 个指标：在土壤本身特性方面，选取了最能表征土壤可利用性的土壤有机质含量、土壤质地、土壤 pH、有效土层厚度、土壤受侵蚀程度 5 个指标；在外部环境影响因素指标中，选取了对土地利用影响最大的气候和地形两个因素组，气候因素组中，选取了降水量、干燥度指标；地形因素组中，选取了海拔和地表坡度两个指标，构成六盘山区土地适宜性评价指标体系。

7.2.4.2 参评因子指标分级、等级指数及权重的制定

在参评因子选取确定后，针对六盘山区各参评因子的指标变幅或性质差异，结合其对于耕地、林地各种土地用途的影响程度的大小及限制的强度，确定变化分级临界值，进行等级划定，如将海拔划分为＜1 450 m，1 450～1 700 m，1 700～1 900 m，1 900～2 100 m，2 100～2 400 m，2 400～2 700 m，≥2 700 m 共 7 级。然后，分别指明每一海拔级对于宜耕、宜林、宜草的适宜程度，确定参评因子各等级的等级指数分值（标准分值），标准分值越高，说明该因子对该适宜类土地越有利，其中对特定土地用途具有明显限制作用的参评因子等级赋予的等级指数分值可为零（不适宜）。适宜性评价指标体系、分级临界值及等级指数分值见表 7-2。由于影响土地适宜性的因素较多，各因素对土地适宜性的影响程度不同，因此需要确定各因素在土地适宜性评价中的权重。本次研究采用德尔斐法来确定参评因子的权重（表 7-3）。

表 7-2　六盘山区土地适宜性评价指标体系及等级指数表

参评因子	分级临界值	等级	宜耕指数分值	宜林指数分值	宜草指数分值
海拔/m	<1 450	1	90	100	100
	1 450～1 700	2	75	95	100
	1 700～1 900	3	55	90	90
	1 900～2 100	4	30	80	90
	2 100～2 400	5	10	50	90
	2 400～2 700	6	0	30	90
	≥2 700	7	0	20	90
地表坡度/（°）	<5	1	100	100	100
	5～8	2	90	95	100
	8～15	3	70	95	100
	15～25	4	30	65	100
	25～35	5	0	45	100
	≥35	6	0	30	100
降水量/mm	>400	1	85	90	100
	400～350	2	60	60	95
	350～300	3	50	50	90
	≤300	4	20	20	85
干燥度	<2.0	1	90	90	100
	2.0～3.0	2	70	80	90
	3.0～4.0	3	40	50	80
	≥4.0	4	0	0	70
土壤有机质含量/%	>3	1	100	100	100
	3～1	2	100	100	100
	1～0.5	3	80	100	100
	≤0.5	4	20	100	100
土壤质地	壤土	1	100	100	100
	壤质黏土	2	90	100	100
	砂质壤土	3	80	100	100
	砂质黏壤土	4	80	80	90
	黏质壤土	5	70	60	90

参评因子	分级临界值	等级	宜耕指数分值	宜林指数分值	宜草指数分值
土壤 pH	6.5～7.5	3	80	85	85
	7.5～8.0	1	100	100	100
	8.0～8.5	2	90	90	90
	≥8.5	4	70	80	80
有效土层厚度/cm	＞120	1	100	100	100
	120～70	2	90	95	100
	70～50	3	80	90	90
	≤50	4	40	70	90
土壤受侵蚀程度	无侵蚀或微度侵蚀	1	100	100	100
	轻度侵蚀	2	90	90	100
	中度侵蚀	3	60	70	90
	强侵蚀	4	0	40	80
	极强或剧烈侵蚀	5	0	10	50

表 7-3　六盘山区土地适宜性评价因子权重表

类别	评价因子权重								
	海拔	地表坡度	降水量	干燥度	有机质	土壤质地	pH	土层厚度	土壤受侵蚀程度
宜耕	0.106	0.147	0.162	0.119	0.134	0.082	0.065	0.057	0.128
宜林	0.138	0.086	0.168	0.142	0.094	0.076	0.075	0.124	0.097
宜草	0.096	0.124	0.153	0.148	0.137	0.085	0.061	0.073	0.123

7.2.4.3 土地适宜性等级的划定

运用 GIS ArcView 软件对各参评因子图层数字化，建立评价数据库，然后进行空间加权叠加分析，最终得到评价结果。本次土地适宜性评价采用指数和法与极限条件法相结合进行。对各单元土地适宜性评价的分值计算，先是根据已确定的指标体系及等级指数，获得各评价单元土地等级分数，再将等级分数乘以其相对应的指标权重，即得出各单元土地的适宜总分值，最后根据总分值的高低确定每个单元对各土地适宜类的适宜性等级。其公式为：

$$F=\sum_{k=1}^{n}W_{ik}\cdot U_{ik} \tag{7-1}$$

式中：F——各单元土地适宜性得分；

W_{ik}——第 i 评价单元中的第 k 个因子的相对权重；

U_{ik}——第 i 评价单元中的第 k 个因子的标准值；

n——参评因子的个数。

适宜等级的划定主要采用总分值频率曲线法，思路是先将每个总分值作为样本，对其进行频率统计，并绘制相应的曲线，然后按土地优劣实际情况，选择若干频率曲线突变处，结合野外调查与定性分析，确定土地等级间的界线值。据此并结合六盘山区实际情况，划定宜耕、宜林、宜草适宜等级分值。根据总分频率曲线图结合六盘山区实际情况，划定宜耕、宜林、宜草适宜等级分值（表7-4）。

表7-4　宜耕、宜林、宜草适宜等级分值表

类别	适宜等级分值			
	最适宜	次适宜	勉强适宜	不适宜
宜耕	100～85	85～75	75～65	65～0
宜林	100～85	85～75	75～65	65～0
宜草	100～95	94～91	91～89	89～0

7.3 结果与讨论

7.3.1 农、林、牧地适宜性演变的分析

1990年与2000年耕地的适宜性评价图如附图8所示。1990—2000年，六盘山区农、林、牧用地（本文广义地将农用地当做耕地、林地即称林地、牧草地当做草地，以下同）适宜性面积与比例及其变化见表7-5。由附图8、表7-5可知，无论是耕地、林地还是草地，其最适宜面积与比例均减小，而不适宜的面积与比例则增加，这直观反映出六盘山区土地利用整体生态环境趋于恶化。土地适宜性的

变化中，耕地的不适宜比例增加最大，达 11.4%；而草地的最适宜比例减小最多，达 10.6%（表 7-5）。第 3 章的分析已经表明，1990—2000 年，农耕地面积扩大，种植业挤压了林牧业，农、林、牧用地结构出现失调，土地利用转化上较大部分新增耕地来自于草地。再结合土地适宜性演变情况，可以认为，已经扩大的农耕地面积很大部分是属于这 11.4%的不适宜范围，其中还有些破坏了现有的草场资源，使草地最适宜比例减小。这些提醒我们，在该区进行农业生产时，要重视土地利用规划与调控，避免出现这种让最适宜的减少，而让不适宜地类扩大的局面，否则就很容易陷入导致经济落后与生态破坏的恶性循环之中。

表 7-5　六盘山区 1990 年与 2000 年土地适宜性评价结果比较

地类	年份	最适宜		次适宜		勉强适宜		不适宜		合计	
		面积/hm^2	比例/%	面积/hm^2	比例/%	面积/hm^2	比例/%	面积/hm^2	比例/%	面积/hm^2	比例/%
耕地	1990	16 918	1.0	469 493	28.3	744 245	44.8	430 663	25.9	1 661 319	100.0
	2000	13 756	0.8	352 771	21.2	675 516	40.7	619 276	37.3	1 661 319	100.0
林地	1990	263 237	15.8	798 833	48.1	485 274	29.2	113 976	6.9	1 661 319	100.0
	2000	209 990	12.6	765 428	46.1	516 223	31.1	169 678	10.2	1 661 319	100.0
草地	1990	499 107	30.0	997 438	60.0	152 596	9.2	12 178	0.7	1 661 319	100.0
	2000	321 893	19.4	1 026 272	61.8	250 834	15.1	62 320	3.8	1 661 319	100.0

7.3.2 农、林、牧地适宜性转化的分析

1990—2000 年六盘山区农、林、牧用地转变的适宜性评价结果见表 7-6。从表 7-6 可见，在耕地转化为林地与草地的适宜性中，最适宜与次适宜比例两项之和分别为 79%和 75%，占据了主要部分，表明耕地的转化是朝着生态良好型的合理方向进行的。而草地转化成为耕地的部分中，最适宜与次适宜的比例分别是 0 和 14%，表明草地转化为耕地后，耕地以不适宜和勉强适宜居多，而最适宜与次适宜的比例很少，因此，草地转化成为耕地基本上是朝着不利于或者是损害生态环境的方向进行的。耕地转出比起林地与草地转

出，生态效果要好得多，这也佐证了退耕还林还草政策的合理性，它不仅可以防止水土流失，同时还能改善生态环境。不同土地利用类型之间转变中，相对合理的还有草地转化为林地，其最适宜比例最高，为 16%。因此，六盘山区土地利用的农、林、牧地类转化既有合理性的一面，同时还存在着不利的一面，这着重表现在草地转化为耕地上。由草地转化而成的不适宜的耕地面积为 23 987 hm^2，占被转化的总耕地面积的比例高达 46%，勉强适宜也占 40%，而最适宜的几乎为零（表 7-6）。这明显说明，草地转化为耕地严重破坏了当地的自然生态环境，而这正是当地长期以来人为造成贫困的根源。

表 7-6　六盘山区土地利用变化的农、林、牧地类转变适宜性评价

转变方向		最适宜		次适宜		勉强适宜		不适宜		合计
1990 年	2000 年	面积/hm^2	比例/%	面积/hm^2	比例/%	面积/hm^2	比例/%	面积/hm^2	比例/%	面积/hm^2
耕地	林地	693	13	3 409	66	1 052	20	0	0	5 155
	草地	16	1	1 992	74	671	25	7	0	2 687
林地	耕地	0	0	161	100	0	0	0	0	161
	草地	0	0	68	78	10	11	10	11	88
草地	耕地	24	0	7 563	14	20 651	40	23 987	46	52 224
	林地	643	16	2 113	53	1 141	28	121	3	4 018

7.3.3 六盘山区归一化植被指数（NDVI）动态变化的分析

根据实地调查和有关土地利用图，可得出植被活力按灰度值增加而反应增强。将六盘山区归一化植被指数图按植被活性强度分级描述，归一化植被指数的定性分析见表 7-7。对归一化植被指数进行分级，目的就是对植被指数归类与简化，为后面植被生态景观动态评价奠定基础。

表 7-7　六盘山区归一化植被指数（NDVI）的分级与定性描述

等级	NDVI 灰度值	评价	植被状况
1	255～229	优	成片分布茂密林地、高覆盖草地，植被活性最高
2	228～180	良	灌木林、中高覆盖草地分布区，植被活性较高
3	179～130	中	疏林与中低覆盖草地覆盖区，植被活性中等
4	129～101	差	耕地、疏林少量植被覆盖区域，植被活性差
5	100～0	劣	荒漠、水域、居民区以及有零星植被覆盖区域

按照表 7-7 归一化植被指数分级，进行 1987 年与 2001 年 NDVI 制图（附图 9）。从附图 9 可看出，绿色标记的六盘山系及其余脉所处的位置归一化植被指数最高，并从山顶向山麓及其两旁递减，从水平分布看，从东南向西北方向大致表现降低趋势，到六盘山区北部基本以牧业为主，归一化植被指数相对较小。

统计 1987 年和 2001 年各等级归一化植被指数面积见表 7-8，由于该区西北部仅不到 2%被切出，因此，基本上不影响分析结果。从归一化植被指数的分布趋势及占六盘山区实际总面积的比例看，该区西北部被切出的面积比例大致可归入到第 5 等级中，1987 年和 2001 年第 5 等级占六盘山区实际总面积的比例可分别看做是 83.2%和 70.0%。因此，从表 7-8 可看出，除了植被状况最差的第 5 等级面积占六盘山区实际总面积的比例从 1987 年的 83.2%下降到 2001 年的 70.0%之外，植被状况优良的第 1 和第 2 等级面积占六盘山区实际总面积的比例分别增长了 0.5%和 1.8%。这说明六盘山区植被部分得到了较大的恢复与好转，但不容忽视的是第 4 等级（以耕地、疏林少量植被覆盖为主且植被活性差）的面积占六盘山区实际总面积的比例扩大了 4.9%。更须注意到的是，处于不良植被状况的第 4 与第 5 等级的比例之和仍占到近 80%，这充分反映出该区植被覆盖总体状况还很差，并且还有部分在继续恶化，必须继续加大投入力度，开展生态环境建设，为区域经济发展创造良好的生态环境条件。

表 7-8　六盘山区归一化植被指数（NDVI）的动态变化

等级	1987 年			2001 年		
	面积/hm²	比例/%	占六盘山区实际总面积比例/%	面积/hm²	比例/%	占六盘山区实际总面积比例/%
1	73 090	4.4	4.4	81 713	5.0	4.9
2	41 047	2.5	2.4	70 391	4.3	4.2
3	72 071	4.3	4.3	164 936	10.0	9.8
4	94 054	5.6	5.6	175 873	10.7	10.5
5	1 387 644	83.2	82.8	1 151 016	70.0	68.7
总计	1 667 907	100.0	99.5	1 643 929	100.0	98.1

7.3.4 植被覆盖与土地利用坡度的分析

1990—2000 年六盘山区林草覆盖度与坡耕地利用率变化情况见表 7-9。从表 7-9 可见，1990 年林草覆盖度为 55.62%，到 2000 年时，降到 52.93%，10 年后，下降了 2.69 个百分点，与此同时，坡耕地占总耕地的面积比例却提高了 0.78%，坡耕地面积呈逐渐增大趋势。从生态角度看，这些也反映了土地生态环境质量趋于下降，并愈加恶化。

表 7-9　六盘山区土地利用变化生态评价

指标	1990 年	1995 年	2000 年	总变化
林草覆盖度/%	55.62	52.98	52.93	–2.69
坡耕地占耕地的比例/%	30.80	31.56	31.58	0.78

7.4 小结

本研究运用 GIS、遥感方法及土地评价的方法，分析了六盘山区土地利用变化对生态环境造成的影响。研究表明，从 1990—2000 年的 10 年代表性年段间，六盘山区土地利用变化导致该区生态遭受破坏，耕地、林地以及草地的最适宜面积与比例均减小，而不适宜的面积与比例则增加；草地转化为耕地过程中，被转化为不适宜与勉强适宜的耕地面积比例达 86%。尽管这段时期优良植被覆盖状况部分有所恢复或改善，但植被覆盖状况较差的比例仍占 80%左右。林草覆盖度下降，坡耕地面积及其比例也逐渐增大。但是，生态环境继续恶化的趋势已得到了初步遏制，尽管如此，生态环境保护与建设的任务仍很艰巨。

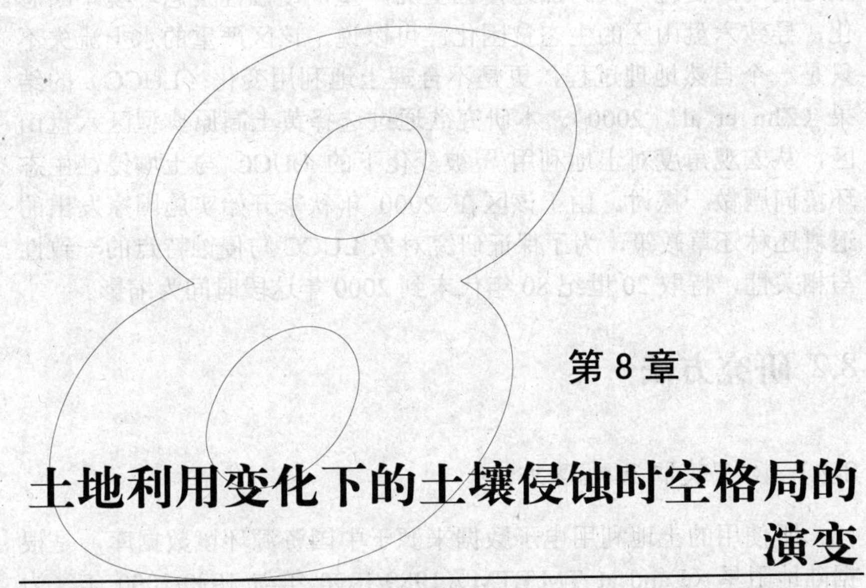

第 8 章

土地利用变化下的土壤侵蚀时空格局的演变

8.1 引言

土壤侵蚀是水力、风力、重力及其与人为活动的综合作用对土壤、地面组成物质的侵蚀破坏、分散、搬运和沉积的过程（唐克丽等，2004）。土地利用变化与土壤侵蚀变化二者构成一个系统，都是全球变化的一个重要组成部分（Zhang，2006；Wang et al.，2006；Qian et al.，2006；Dijkstra et al.，2006），其耦合过程在六盘山区表现得十分明显而强烈。由于土壤侵蚀导致六盘山区严重的水土流失，使其具有面积大，输沙量高和变率大的特点。目前，该区土壤侵蚀的速率已经大大超过了土壤形成的速率，土壤资源受损，生产潜力不能发挥。土壤形成与土壤侵蚀速率的悬殊差异是在人类活动影响下的土地利用变化的结果（Toy et al.，2002）。随着人口增加及土地利用的变化，人为加速侵蚀更为严重，侵蚀性生态环境不断恶化，导致六盘山区的生态贫困化。可以说，该区严重的水土流失不只是一个自然地理过程，更是不合理土地利用变化（LUCC）的结果（Zhu et al.，2000）。本研究欲通过选择黄土高原典型区六盘山区，从宏观角度对土地利用/覆被变化下的 LUCC 与土壤侵蚀生态环境问题做一探讨。由于该区在 2000 年秋季开始实施国家发出的退耕还林还草政策，为了保证研究对象 LUCC 与侵蚀特点的一致性与相关性，特取 20 世纪 80 年代末到 2000 年这段时间为缩影。

8.2 研究方法

8.2.1 数据获取及处理方法

所使用的土地利用电子数据来源于中国资源环境数据库，是根据陆地卫星（Landsat TM/ETM）1989/1990 年与 1999/2000 年（为表述、分析比较方便，简记为 1990 年与 2000 年）进行目视解译形成的 1∶10 万土地利用数据（刘纪远等，2005c）。所使用的土壤侵蚀数据来源于 1986 年的 1∶50 万黄土高原地区侵蚀强度与侵蚀类型图（1∶50 万中国黄土高原地区资源与环境遥感系列图编委会，1990 年）和 2000 年 1∶10 万比例尺的土壤侵蚀电子地图（根据 2000 年陆地卫星 TM 解译）。此外，还参考了反映六盘山区其他地理信息的数据，如 DEM、行政界限数据等。这些数据均被统一到统一的坐标系和投影下。所用投影为 ALBERS 投影，并采用统一的中央经线和双标准纬线，中央经线为东经 105°，双标准纬线分别为北纬 25°和北纬 47°，所采用的椭球体为 KRASOVSKY 椭球体。在 ArcGIS 软件环境下，所有数据均被统一成栅格化 30 m×30 m 的 GRID 数据。

8.2.2 数据的分类分级方案

土地分类仍采用遥感土地分类，与前面的分类一样。土壤侵蚀数据根据起主导作用的侵蚀外营力类型与性质来划分，按照水利部标准《全国土壤侵蚀调查技术规程》①，将土壤侵蚀分为水力侵蚀和风力侵蚀。土壤侵蚀强度是指地壳表层土壤在自然营力（水力、风力及冻融等）和人类活动综合作用下，单位面积和单位时段内被剥蚀并发生位移的土壤侵蚀量，以土壤侵蚀模数表示。其含义是单位面积和单位时段内的土壤侵蚀量，其单位为 t/(km^2·a)，或采用单位时段内的土壤侵蚀厚度，其单位为 mm/a。土壤侵蚀强度分级原则上以土壤容许流失量与该区最大流失量为两极值，内插分级。在土壤侵蚀分类基础上，依照影响侵蚀强度的土壤侵蚀因子进行判别，构成土壤侵蚀类型及其强度的组合分类系统，采用二位数编码（表 8-1）。强度等级的区分见表 8-2、表 8-3。

表 8-1　六盘山区土壤侵蚀分类系统

一级类型	强度等级（二级类型）
1 水力侵蚀	11 微度　12 轻度　13 中度　14 强度　15 极强度
2 风力侵蚀	21 微度　22 轻度　23 中度　24 强度　25 极强度

表 8-2　六盘山区土壤水力侵蚀强度分级标准

编码	强度分级	描　述
11	微度侵蚀	侵蚀模数＜1 000 t/(km^2·a)或年平均流失土壤厚度＜0.8 mm
12	轻度侵蚀	侵蚀模数 1 000～2 500 t/(km^2·a)或年平均流失土壤厚度 0.8～2 mm
13	中度侵蚀	侵蚀模数 2 500～5 000 t/(km^2·a)或年平均流失土壤厚度 2～4 mm
14	强度侵蚀	侵蚀模数 5 000～8 000 t/(km^2·a)或年平均流失土壤厚度 4～6 mm
15	极强度侵蚀	侵蚀模数 8 000～15 000 t/(km^2·a)或年平均流失土壤厚度 6～12 mm

① 水利部水土保持监测中心，中国科学院遥感应用研究所. 全国土壤侵蚀调查技术规程. 1999.

表 8-3　六盘山区土壤风力侵蚀强度分级标准

编码	强度分级	风蚀厚度/(mm/a)	侵蚀模数/[t/(km² · a)]	床面形态（地表形态）	植被盖度（非流沙面积）/%
21	微度侵蚀	＜2	＜200	固定沙丘，沙地和滩地	＞70
22	轻度侵蚀	2～10	200～2 500	固定沙丘，半固定沙丘，沙地	70～50
23	中度侵蚀	10～25	2 500～5 000	半固定沙丘，沙地	50～30
24	强度侵蚀	25～50	5 000～8 000	半固定沙丘，流动沙丘，沙地	30～10
25	极强度侵蚀	＞50	＞8 000	流动沙丘，沙地	＜10

8.3 土壤侵蚀现状及图谱变化的基本特点

8.3.1 土壤侵蚀现状

六盘山全区总面积为①1 676 117.25 hm²（以栅格数统计，本章以下同），2000 年土壤侵蚀面积达 1 260 786.78 hm²，占总面积的 75.22%，以水力侵蚀为主，风力侵蚀面积仅为 0.63 hm²。不同类型侵蚀面积比例构成如图 8-1 所示。2000 年遥感解译数据表明，流水为动力而产生的侵蚀过程是该区最主要的土壤侵蚀类型。在流水侵蚀中，中度水力侵蚀、强度和极强度水力侵蚀占 54.86%，土壤侵蚀量每年近 5 000 万 t，总体反映了该区水土流失面积大、分布广泛和强度大的特点。

8.3.2 土壤侵蚀时空动态变化的特点

1986—2000 年，六盘山区轻度水力侵蚀有所减少，而中度水力侵蚀面积却增加了 368 816.9 hm²，比例增长 22%；强度水力侵蚀面积增加 146 552.3 hm²，比例增长 8.74%（表 8-4）。但风蚀面积有所

① 该数据与第 3 章不同。因统计数据与遥感解译数据有一点差别属正常。

减少，比例也随之降低。总之，总体上该区土壤侵蚀强度逐渐加大，其原因一方面是人口增加，人为活动加剧；另一方面，也与人类不合理的开发利用土地资源分不开。

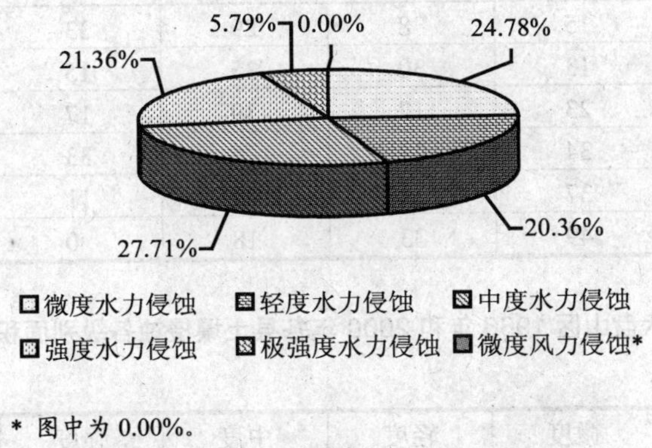

* 图中为 0.00%。

图 8-1　六盘山区 2000 年土壤侵蚀状况

表 8-4　六盘山区土壤侵蚀动态变化

代码	类型	面积/hm²		占全区的比例/%	
		1986 年	2000 年	1986 年	2000 年
11	微度水力侵蚀	514 019.97	415 329.84	30.67	24.78
12	轻度水力侵蚀	827 437.86	341 196.93	49.37	20.36
13	中度水力侵蚀	95 684.13	464 500.98	5.71	27.71
14	强度水力侵蚀	211 468.95	358 021.26	12.62	21.36
15	极强度水力侵蚀	—	97 067.61	—	5.79
21	微度风力侵蚀	221.04	0.63	0.01	0.00
23	中度风力侵蚀	27 288.54	—	1.63	—

8.4 各县土壤侵蚀面积比例的变化

六盘山区各县土壤侵蚀强度空间格局变化是基于遥感解译的土壤侵蚀栅格数据库基础上，在 GIS 软件下，按六盘山区各县每一级土壤侵蚀强度面积占该县面积的比例，分别生成微度、轻度、中度、强度和极强度侵蚀的 30 m×30 m 栅格数据。

表 8-5　六盘山区 2000 年各县土壤侵蚀状况

单位：%

县	微度	轻度	中度	强度	极强度
彭阳	15	8	29	33	15
西吉	13	30	35	15	7
海原	23	17	39	17	4
固原	34	22	6	33	5
隆德	37	24	27	11	0
泾源	49	33	18	0	0

表 8-6　六盘山区 1986 年和 2000 年各县土壤侵蚀各级别面积增减比例

单位：%

县	微度	轻度	中度	强度	极强度
彭阳	7	−64	19	23	15
西吉	7	−55	35	7	7
海原	−10	−24	25	5	4
固原	−13	−6	1	13	5
隆德	−6	−23	27	0	0
泾源	−42	30	18	−6	0

表 8-5 与表 8-6 为六盘山区各县土壤侵蚀面积比例空间分布及其变化状况，其中微度侵蚀实际上为水土流失在允许范围内的，该区域土地利用类型主要是以林地、高覆盖度草地为主。从以上两表可以看出，这部分主要分布在泾源县和隆德县，这是因为这两个县有较大部分面积为六盘山山脉所占据，这样，林地与草地分布较广。隆德县还是全区有名的标准梯田建设县，这对于水土保持也起到相当大的作用，使控制在允许侵蚀量范围内的微度侵蚀面积较大。泾源县微度侵蚀面积比例减少达 42%，这表明该县生态环境趋于恶化。而西吉县与彭阳县的比例增加，在允许范围内的水土流失面积扩大，表明它们在十几年的生态建设上取得了一定的成绩。泾源县的轻度侵蚀面积比例较大，且十几年来，比例呈现增大趋势，而其

他各县轻度侵蚀均减小。2000 年海原县与西吉县的中度侵蚀较强，固原县与泾源县较弱，而其他两县则居中。从其变化看，西吉县与隆德县增幅较大，分别达 35%和 27%。这反映其中度侵蚀面积在扩大，这可能与它们的人口密度增加有关。2000 年，隆德县与西吉县人口密度分别是 220 人/km^2 和 144 人/km^2，是这六个县中最高的两个县。它们分别比 1990 年增加 32 人/km^2 和 24 人/km^2，增幅也是最高的。西海固三县与彭阳县的强度侵蚀面积比例较大，而泾源县与隆德县非常小。从发展变化看，十几年里，西海固三县与彭阳县的强度侵蚀面积比例增加了，这与经济不发达，农民开垦耕地而导致水土流失严重有关；而泾源县与隆德县减小了，与六盘山山脉占有较大面积形成林草从而减小土壤侵蚀有关。彭阳县在微度侵蚀面积比例增加的同时，极强度侵蚀面积也在扩大，这表明了该县存在着一边治理、一边也在破坏的情况，水土流失仍趋于严重化的态势，彭阳县要建成全国性的生态县还任重道远。

8.5 土壤侵蚀变化的建模分析

8.5.1 水土流失率指数模型

该区土壤侵蚀严重，表现面积广与强度大，表征指标是水土流失率与土壤侵蚀强度。根据《土壤侵蚀分类分级标准》（中华人民共和国水利部，1997）定义，水土流失面积是指在一个行政区或一条流域内，水土流失强度等于或超过轻度侵蚀标准的土地面积。水土流失率是指水土流失面积占区域或流域总面积的比例，计算公式（孟庆香，2006）为：

$$K_e = \frac{C_i}{S_i} \times 100\% \tag{8-1}$$

式中：K_e——第 i 单元的水土流失率；

C_i——第 i 单元轻度及其以上侵蚀强度面积之和；

S_i——第 i 单元的面积。

根据水土流失率可定量研究六盘山区水土流失面积在各县的分布情况。水土流失率越大，反映对生态环境的压力也越大，生态环境质量自然也越差。

将六盘山区 1986 年和 2000 年土壤侵蚀图分别与以县为单元的行政区划图叠加，计算水土流失率。1986 年六盘山区水土流失面积为 1 161 879.48 hm^2，水土流失率为 69.3%；2000 年，水土流失面积为 1 260 786.78 hm^2，流失率上升为 75.2%。反映该区土壤侵蚀面积总体上呈扩大趋势，比例不断攀升。从水土流失对生态环境的作用角度，将水土流失率分为 5 级，各级别的面积比例见表 8-7。表 8-7 表明，1986—2000 年，水土流失率处于第一级的（大于等于 90%）的面积减少，说明六盘山区水土流失在总面积扩大的同时，从面积上以县为单元来看，有些县的水土流失也在得到不同程度的治理与恢复。

表 8-7　六盘山区水土流失率分级及其动态变化

水土流失率级别	水土流失率/%	面积所占比例/%	
		1986 年	2000 年
1	≥90	33.49	0
2	80～90	0	33.49
3	60～80	32.91	56.09
4	20～60	29.11	4.49
5	＜20	4.49	0

再进一步审视不同时期各县水土流失率的变化（图 8-2），六盘山区包含的六个县中，除彭阳县和西吉县降低外，其他四个县水土流失率都呈增大趋势。彭阳县和西吉县水土流失率降低可能与其在研究期内加强生态建设与防治侵蚀有关。尽管彭阳县和西吉县在水土流失率上减小了，但是前已叙及，其极强与强度侵蚀面积仍在扩大，只不过是轻度侵蚀面积减小较大（图 8-2），因此，不能忽视对其进一步加大治理力度。

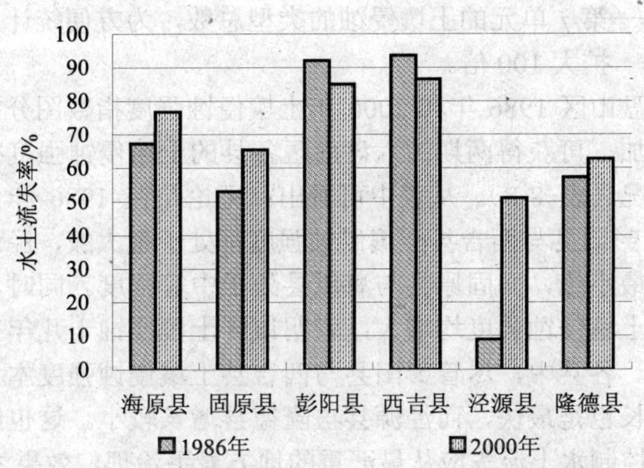

图 8-2　六盘山区各县 1986—2000 年水土流失率的变化状况

8.5.2 土壤侵蚀强度指数模型

土壤侵蚀强度是不同侵蚀类型作用下区域土壤侵蚀所产生的水土流失强烈程度的综合表现。为了能标准化表示不同土壤侵蚀类型的强度，依据其对生态环境的影响大小，对其进行量化分级。水力侵蚀中的微度侵蚀、轻度侵蚀、中度侵蚀、强度侵蚀和极强度侵蚀的分级值分别附为 0，2，4，6，8，风力侵蚀中的微度侵蚀、轻度侵蚀、中度侵蚀、强度侵蚀和极强度侵蚀也分别附为 0，2，4，6，8。分级值越大，表示土壤侵蚀强度越大，水土流失越严重，对生态环境的负面影响越大。土壤侵蚀强度指数计算公式（王思远，2004）如下：

$$E_j = 100 \times \sum_{i=1}^{n} C_i \cdot A_i \Big/ S_j \tag{8-2}$$

式中：E_j——第 j 单元的土壤侵蚀强度指数；

C_i——第 j 单元的第 i 类型土壤侵蚀强度分级值；

A_i——第 j 单元的第 i 类型土壤侵蚀所占的面积；

S_j——第 j 单元所占的土地面积；

n——第 j 单元的土壤侵蚀的类型总数，为方便统计，将其值扩大 100 倍。

将六盘山区 1986 年和 2000 年土壤侵蚀强度指数图分别与行政区划图叠加，可获得两期的六盘山区各县的土壤侵蚀强度指数分布及变化情况（表 8-8）。从表中可看出：无论是在 1986 年，还是在 2000 年，彭阳县与西吉县土壤侵蚀强度都处于最大级，泾源县与隆德县处于最小级，而固原县与海原县处于中等强度。同时，六盘山区各县的土壤侵蚀强度均增大，表明该区土壤侵蚀十几年来一直趋于严重化。各县中，尽管彭阳县与西吉县土壤侵蚀强度本身较大，其指数增长也是最快，而泾源县与隆德县增长较小。这也给我们一个启示，控制水土流失应从最严重的地方着手治理，效果才明显。

表 8-8　六盘山区各县的土壤侵蚀强度指数分布及变化

县	土壤侵蚀强度指数		
	1986 年	2000 年	变化
彭阳	243	449	206
西吉	221	343	122
海原	212	321	109
固原	198	302	104
隆德	157	227	70
泾源	41	139	98

8.6 土地利用与土壤侵蚀变化的耦合分析

8.6.1 不同土地利用下土壤侵蚀的时空分异

不同的土地利用格局状况及空间配置是影响土壤侵蚀大小的主要因素之一。因此，研究不同土地利用方式及其变迁下的土壤侵蚀强度的时空分异过程，可更好地理解土地利用与土壤侵蚀的耦合关系。由于土地利用数据分别是 1989/1990 年与 2000 年的，而土壤侵蚀数据分别反映的是1986年（成图出版于1990年）与2000年的，因此，可将六盘山区两期土地利用与土壤侵蚀数据统一定为20世纪80年代中后期与2000年。在GIS软件Arc/Info的Grid模块下，将六盘山区土地利用与两期土壤侵蚀数据进行空间叠加分析，可得到20世纪80年代中后期至2000年这段时间内不同土地利用方式下土壤侵蚀强度指数的变化数据（表8-9）。从表8-9可看出，2000年六盘山区不同土地利用方式中，土壤侵蚀强度指数排列于前4位的依次分别是：低覆盖度草地（490）＞未利用地（347）＞中覆盖度草地（340）＞旱地（272）。同时，从整个六盘山区20世纪80年代中后期与2000年间的变化过程看，中、低覆盖度草地与旱地土壤侵蚀强度指数增大，这反映中、低覆盖度草地遭受人为破坏与开垦十分严重，未利用地大多由土地利用不当与荒漠化引起，旱地则由于人为耕垦，也易于导致侵蚀，这样，它们的水土流失程度自然也较高。从六盘山区20世纪80年代中后期与2000年间的土地利用面积比重看，景观基质还是以旱地与草地占据绝大部分，而这两种土地利用类型的土壤侵蚀强度指数也是最高的，从而直接导致六盘山区水土流失严重。从六盘山区十几年不同土地利用方式下的土壤侵蚀演变过程看，土壤侵蚀强度降低的土地利用类型有：水田、有林地、灌木林、其他林地。水田土壤侵蚀强度的降低主要是由于其本身面积小，通过十多年的工程措施或梯田化建设，基本上改造到微度侵蚀之内。林地①土壤侵蚀强度的降低，主要是在这段时间内，我国在1997年提出“西部大开发”战略，当地政府积极实施这一政策，植树造林，重视保护西部生态环境的结果。土壤侵蚀强度增加的土地利用类型主要有：旱地和中、低覆盖度草地。旱地土壤侵蚀指数的增加主要是由于陡坡地耕垦不断扩大，这又源自于该区人口增加，而农业劳动生产率却没有显著提高，非农业收入也没有太大变化。而中、低覆盖度草地土壤侵蚀强度指数增加，主要还是由于农地面积扩大，牧草地面积相应减少，而牲畜数量却不断增

① 指有林地与灌木林。

加，使草地遭受破坏。为此，在从事水土保持的工作中，一定要重视对草地的保护，杜绝进一步在草地上进行农耕地开垦，同时，在进行旱地耕作时，要讲究耕作方法，防止水土流失与土地荒漠化。此外，还有必要再加大植树种草的力度，积极响应国家号召，退耕还林还草。

表 8-9 六盘山区 20 世纪 80 年代中后期至 2000 年不同土地利用方式下土壤侵蚀强度指数的变化

土地利用方式	80 年代中后期		2000 年		80 年代中后期侵蚀强度指数	2000 年土壤侵蚀强度指数
	面积/km²	比例/%	面积/km²	比例/%		
水田	0.92	0.01	0.51	0.00	600	0
旱地	7 082.09	42.25	7 524.50	44.89	257	272
有林地	41.89	0.25	42.98	0.26	49	19
灌木林	380.50	2.27	419.20	2.50	69	37
疏林地	332.54	1.98	367.19	2.19	98	101
其他林地	52.54	0.31	68.02	0.41	454	24
高覆盖度草地	370.88	2.21	387.17	2.31	22	9
中覆盖度草地	2 645.56	15.78	2 457.04	14.66	146	340
低覆盖度草地	5 497.72	32.80	5 129.64	30.60	179	490
建设用地	213.55	1.27	229.05	1.37	347	24
未利用地	5.79	0.03	6.03	0.04	400	347

8.6.2 土地利用与土壤侵蚀的强度耦合

一般认为土地利用变化对土壤侵蚀比其他单个因素如地貌、土壤和气候等都有着更为强烈的影响。农业生产时，如能合理安排各类型土地利用比例与结构，则一般不会引起人为加速侵蚀，这也是为什么强调土地利用优化配置与探索生态模式的原因。但当掠夺式经营土地资源时，就会发生严重的人为加速侵蚀。六盘山区十几年土地利用变化主要表现在耕地、林地、草地与水域的转化上，为此，将这几个土地利用类型的动态变化区与土壤侵蚀强度分布图叠加，可分析二者之间的耦合关系（图 8-3）。从图 8-3（a）可见，耕地转化为其他类型用地后，在转出的这部分耕地中，除了耕地转化为草地外，其他的转化后的土地利用类型都表现为侵蚀程度降低了。这说明：将部分耕地转化为其他用地类型后，有利于水土保持，而原来的耕地在人为开垦与种植下，容易导致水土流失的加强，这实际上也说明了退耕的合理性。而耕地转化为草地使该区侵蚀强度有微弱提高，主要是因为在当地部分耕地转为草地后仍不稳定，并且在农牧争地过程中，还受到过度放牧的破坏，加重草场的载畜量，引起草场退化。这也启示我们，在退耕还林还草的政策下，更应保持来之不易的成果，防止已经退耕还林还草的土地再变化。从图 8-3（b）可见，草地转化为耕地，侵蚀强度增加剧烈，林地与草地之间转换对侵蚀影响不是太大。草地转换成人工设计与规划的城镇建设用地与水域，则也使水土流失有所减少。这更说明在该区将草地垦为农耕地是导致水土流失加剧的重要原因。从土壤侵蚀机理上看，是因为草地能够保护地表状况，使其免遭受雨滴溅击力和地表径流的影响。从图 8-3（c）水域转出中可见，水域转变为林地、草地甚至是耕地过程中，其侵蚀强度都降低，这是因为转变后的土地利用类型多位于干涸河流两旁的台地、河漫滩地与河流阶地上，由于没有水的冲刷，侵蚀强度自然都会降低。

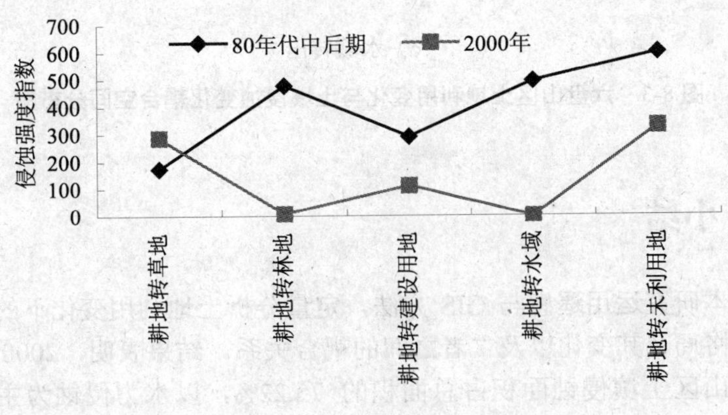

（a）耕地转出

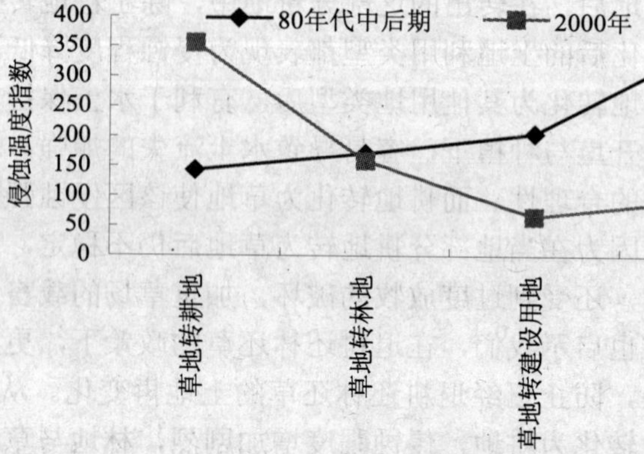

（b）草地转出

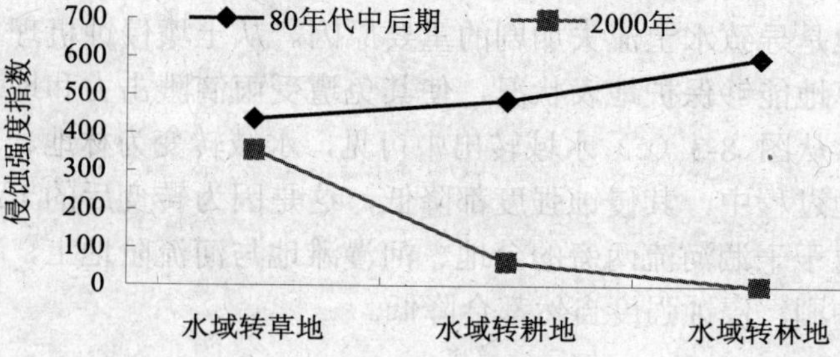

（c）水域转出

图 8-3 六盘山区土地利用变化与土壤侵蚀变化耦合空间分布图

8.7 小结

本研究运用遥感与 GIS 方法，定量分析土地利用变化下的土壤侵蚀格局及其变化以及二者之间的耦合关系。结果表明，2000 年，六盘山区土壤侵蚀面积占总面积的 75.22%，以水力侵蚀为主。其中，中度水力侵蚀、强度和极强度水力侵蚀占 54.86%，土壤侵蚀量每年近 5 000 万 t。从 20 世纪 80 年代中后期至 2000 年的十几年间，六盘山区各县的土壤侵蚀强度均增大，土壤侵蚀趋于加剧。但同时在一定程度上，部分土壤侵蚀也得到治理与恢复。就各县而言，从土壤侵蚀主要级别看，西吉县与隆德县中度侵蚀面积比例增幅较大；西海固三县与彭阳县的强度侵蚀面积比例及其增幅较大，而泾源与隆德县非常小。总体上，土壤侵蚀面积呈扩大趋势，比例也不断攀升。与此同时，水土流失也得到不同程度的治理与恢复。在各土地利用类型中，除了极少量主要由沙漠化导致的未利用地外，中、低覆盖度草地以及旱地侵蚀强度较大，是水土流失的主要源区。由于该区以旱地与草地占据绝大部分，从而使得六盘山全区水土流失十分严重。土壤侵蚀强度减少主要发生在大部分的耕地转出去的土地利用类型中，而土壤侵蚀强度显著增大主要发生在草地转化为耕地之中。人为开垦陡坡耕地，过度放牧与草场退化容易导致水土流失。因此，防止乱垦滥伐与保护草原十分重要。

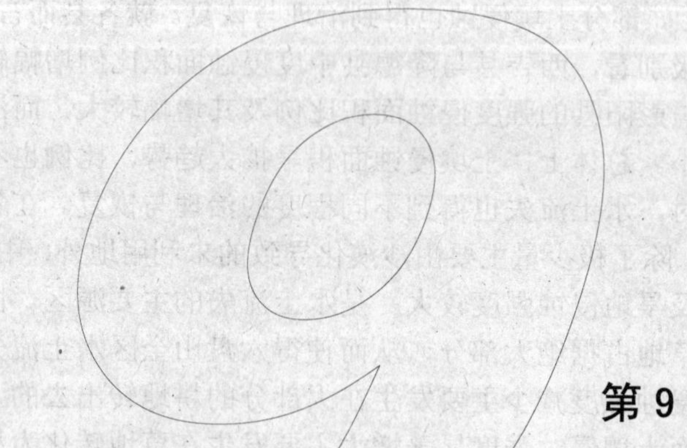

第9章

基于地理知识的厦门市土地利用与生态环境遥感系列制图

9.1 引言

厦门位于福建省南部九龙江出海口的金门湾内，厦门市土地总面积约为 1 565 km^2，截至 2001 年年底，厦门市总人口为 131.27 万人。由于厦门的土地利用与生态环境变化是以遥感解译为基础的，为此，在对厦门 2001 年 TM 遥感影像进行人机交互解译的基础上，编制厦门市生态环境遥感系列地图，以便真实地反映该区域生态环境的最新概况，形成各类基础性图件，为土地利用变化分析奠定基础。

9.2 综合系列制图的理论基础

生态环境综合制图是在自然地理学与地图学的理论指导下进行的，由于在卫星遥感影像上能较好地显示各种地貌、植被及所有地表覆盖的特征，因此我们以异质性的土地斑块或不同的自然综合体为制图对象，利用遥感影像综合判读与勾画，结合野外综合调查与地形图分析，在各专业人员共同调查分析的基础上，先编绘自然地理单元轮廓界线图，并将每个单元的地貌、植被、土壤、土地利用以及卫星影像等特征列表记录，建立卫星影像判读标志。然后再按照所拟定的每个要素专题地图的图例，归并派生编绘各要素专题地图（廖克，2001；2003）。

9.3 厦门市生态环境遥感综合系列图的内容和分类系统

9.3.1 厦门市生态环境遥感综合系列图的内容

共拟编制厦门市土壤图、地貌图、植被图、土地利用图和生态环境图组成生态环境遥感综合系列地图。其中，土壤图表示各种土壤类型，包括自然土壤和耕种土壤，主要归纳为 14 个土类和 25 个亚类，较好表示厦门市各种自然和耕种土壤的分布。地貌图反映地貌形态及成因类型，根据该市特点划分为 6 种一级地貌类型和 42 种二级地貌类型，一级地貌类型分别为平原、台地、低丘陵、高丘陵、低山、高山。植被图表示各种植被或植物群落的类型及其分布，共表示森林、灌草丛、人工植被 3 种植被类型的 16 种群系或群系组。土地利用图表示了 8 种一级土地利用类型和 37 种二级土地利用类型，较详细地反映了厦门市土地利用现状。一级土地利用类型分别为：耕地、园地、林地、草地、居工地、交通用地、水域、未利用地。生态环境地图主要表示 7 种一级环境类型和 51 种次一级的环境类型。一级环境类型分别为：山地生态环境类型、丘陵生态环境类型、台地生态环境类型、山间盆谷生态环境类型、滨海平原生态环境类型、人工建筑生态环境类型和湿地生态环境类型。以上共同组成了厦门市生态环境遥感综合系列制图的内容。

9.3.2 厦门市生态环境遥感综合系列图的分类体系

厦门市生态环境遥感综合系列图是按照各生态环境要素如土壤、植被、地貌、土地利用及综合性的生态环境五个类别进行分类的，对于土壤、植被、地貌、土地利用的分类主要是根据厦门市土壤、植被、地貌、土地利用的目前现状，并参考该区域土壤、植被、地貌、土地利用中小比例尺地图的图例，概括其中最主要的，能反映该区的土壤、植被、地貌、土地利用特征的类别，并归并和编码，拟订新的分类系统，对于生态环境类别的划分主要参考地貌、植被和土地利用状况，综合进行划分与命名。厦门市生态环境遥感综合系列图的 5 个自然要素专题分类体系集成见表 9-1。

表 9-1　厦门市生态环境遥感综合系列图的各自然要素专题分类体系

植被类	植被编码	生态环境类	生态环境编码
马尾松-灌丛	1	山地草甸生态环境类型	101
马尾松-草丛	2	山地黄山松、杉木针叶林生态环境类型	102
黄山松林	3	山地马尾松针叶林生态环境类型	103
杉木林	4	山地黄山松、亮叶桦针阔混交林生态环境类型	104
黑松林	5	山地栲树、木荷中亚热带常绿阔叶林生态环境类型	105
毛竹林	6	山地红栲、厚叶桂南热带常绿阔叶林生态环境类型	106
绿竹林	7	山地毛竹林生态环境类型	107
其他竹林	8	山地灌丛苔藓矮林生态环境类型	108
秋茄、白骨壤群落	9	山地乌饭、桃金娘灌草丛生态环境类型	109
木榄、秋茄、桐花树群落	10	山地裸岩生态环境类型	110

地貌类型	地貌编码	土地利用类	土地利用编码	土类	土壤编码
冲积平原	11	平原水田	11	硅铝质赤红壤	111
冲积洪积平原	12	丘陵水田	12	铝硅质赤红壤	112
河谷平原	13	山地水田	13	铁质赤红壤	113
盆谷平原	14	旱地	14	硅质赤红壤	114
河谷平地	15	菜地	15	侵蚀赤红壤	115
风积沙地	16	果园	21	耕作赤红壤	116
溶积、冲积平原	17	茶园	22	赤红壤性土	117
海积、冲积平原	18	有林地	31	硅铝质红壤	121
洪积冲积台地	21	灌木林地	32	铝硅质红壤	122
侵蚀剥蚀火山岩类台地	22	疏林地	33	铁质红壤	123
……	……	……	……	……	……

9.4 综合系列制图的方法

9.4.1 程序与步骤

自然综合体可以划分为不同等级，不同等级自然综合体的各组成要素，也都可以划分为相应的等级和类型，并且各要素相应类型的轮廓界线在许多情况下是一致的。我们由各专业人员共同考察自然综合体及其要素，并且编制统一的自然地理单元轮廓图，在此基础上再分别编制各单元要素地图，这样可有效地防止和避免在分类、图例，尤其在轮廓界线等方面产生许多矛盾和分歧。考察之前，首先讨论和初步拟定各要素和制图对象相互协调的分类系统与制图图例，再根据制图区域内不同景观类型和卫星影像与色调的不同特征，选定考察路线与观察点。不同的自然景观类型和不同的影像色调都应布置考察路线与观察点。并根据卫星相片的影像与色调，结合对区域的一般认识，预先勾绘各地理单元轮廓界线。凡是卫星相片上能区分的大于最小上图图斑面积的图斑都勾绘出来，然后按计划进行野外实地考察。在考察中，重点放在了各观察点上。每到一点，先观察与拍照、取样，然后分析和讨论所在点自然综合体的地貌、植被、土壤、土地利用等方面的特征及其类型并分析判别卫星相片的影像与色调特征，找出解译标志，绘出所在点的地理单元的轮廓界线，并编号记录（表 9-2），同时尽可能分析邻近周围地理单元各要素的类型，编号记录并勾绘轮廓界线。野外实地考察后，根据对区域的全面了解与认识，以及所掌握和建立的解译标志，采取地理内延外推的方法，编出厦门市自然地理单元轮廓图（廖克等，2003）。在此基础上，再参照野外记录与标本分析结果，以及该地区卫星影像图和地形图分别编出各要素专题地图，最后经过统一修改，在 GIS 的 ArcView 软件中成图。厦门市生态环境遥感综合系列地图成果图如附图 10～附图 14 所示。

表 9-2　自然地理单元各要素特征记录

轮廓编号	卫星影像与色调特征		地貌特征与类型	土壤特征与类型	植被特征与类型	土地利用特征与类型	生态环境特征与类型
	色相及纹理	影像					
1	深蓝夹紫红色		海积、冲积平原	水稻土	水田作物	水田	滨海平原水田生态环境
2	淡白色		洪积冲积台地	水稻土	旱地作物	旱地	台地旱地生态环境
3	淡黄绿色		侵蚀剥蚀花岗岩类低丘	水稻土	旱地作物	菜地	丘陵旱作生态环境
4	淡橘红夹黄绿色		侵蚀剥蚀花岗岩高丘	红壤性土	橘园	果园	丘陵弱侵蚀果园生态环境
5	黄绿色夹红色斑状		侵蚀剥蚀火山岩类高丘	红壤	其他果园（主要种植龙眼）	果园	丘陵弱侵蚀果园生态环境
6	翠绿、绿色、深绿色		侵蚀剥蚀花岗岩类低山	红壤	马尾松灌丛	有林地	山地马尾松针叶林生态环境

轮廓编号	卫星影像与色调特征		地貌特征与类型	土壤特征与类型	植被特征与类型	土地利用特征与类型	生态环境特征与类型
	色相及纹理	影像					
7	黄绿色、绿色		海积、冲积平原	赤红壤	沿海人工木麻黄林	有林地	滨海平原木麻黄生态环境
8	深褐色		侵蚀剥蚀花岗岩类低山	红壤	未成林地、人工幼林	迹地	山地未成林适林地生态环境
……	……	……	……	……	……	……	……

9.4.2 卫星影像解译和地图综合

应用 2001 年 3 月 4 日 TM543 波段组合的遥感影像作为基础影像图件。野外考察中，我们选择了不同类型地理单元，分析其地面覆盖物的影像特征与色调反应。同时选择卫星相片上不同色调的典型地段，对照实地，分析各种色调所代表的地物及各要素的不同类型，即分析确定卫星影像直接解译标志。

通过目视解译，得出 2001 年 3 月份 TM 遥感卫星影像色调对应于地面覆盖物的一般规律（表 9-3）。影响色调的因素较多，除地物本身的光谱特性外，还有岩石成分（尤其是裸露基岩与砾石）、地面湿度（湿度大，色调深）、坡向（阴坡色调较阳坡暗）、坡度（陡坡色调较缓坡暗）等，而且往往是多种因素综合影响。这样，我们还选用其他图件作辅助参考，如厦门市土地利用图和市区卫星写真地图（福建地图出版社 2003 年 12 月出版）等大比例尺地图和高分辨率影像。

卫星相片不能分辨高程的具体数值，而许多自然要素和现象的变化却与高程有很大关系。为此，我们应用了厦门市 DEM 进行辅助判别。例如野外考察中发现，厦门市的耕地主要分布在地势较低且较平坦的平原或台地上，果园分布在丘陵或低山地区，而在地势较高的山地上则主要覆盖次生林地。掌握这一规律，对于厦门市耕地和果园之间的区分可通过目视解译直接分辨出来，而对于果园和林地的区分则除通过目视解译进行分辨外，还应参照厦门市 DEM 及福建省地势等级表进行区分。另外，在厦门东北部相延续的低山和中山地区种植的植被主要是马尾松次生林，通过遥感影像上的色调很难直接判断出不同的生态环境类型，也很难直接勾绘出较真实的轮廓界线，但如果结合厦门市 DEM，则可以容易地区分出不同的地貌类型及其相对应的生态环境类型。在此基础上，对地图上自然要素和现象轮廓界线的确定和绘制，是利用卫星相片反映出地物和现象的不同色调，灰度，阴影和影像形状、大小、结构，建立地物在地面和在相片上反映的对应关系，确定判读标志，通过延续分析、对比分析、群体分析、相关分析，在室内初步确定类型和勾绘轮廓界线，经过局部地区的野外实地验证，再完成整个区域的相片判读和勾绘全部轮廓界线。

表 9-3 2001 年 3 月 14 日厦门市 TM（543）遥感卫星影像色调目视解译标志

目视分析解译植被、土地利用与土地覆盖特征	TM 遥感卫星影像色调及纹理	目视分析解译植被、土地利用与土地覆盖特征	TM 遥感影像色调及纹理
水田	蓝夹紫红色	城镇	深紫色、紫红色
旱地、独立工矿	白色	农村居民点	紫红色
菜地	淡黄绿色	盐田、滩涂、滩涂养殖	蓝色
马尾松灌木林	深绿色	湖泊、水库、河流	蓝黑色
人工木麻黄林	黄绿色	果园（橘园）	淡橘红夹黄绿色
迹地	深褐色	果园（其他果园）	黄绿色夹红色斑状

9.5 小结

本研究运用地图演绎与地图综合法的理论，利用遥感 TM 影像，辅与 GIS 相结合，在厦门地区开展中比例尺遥感综合系列图的编制，为土地利用分析提供基础数据。

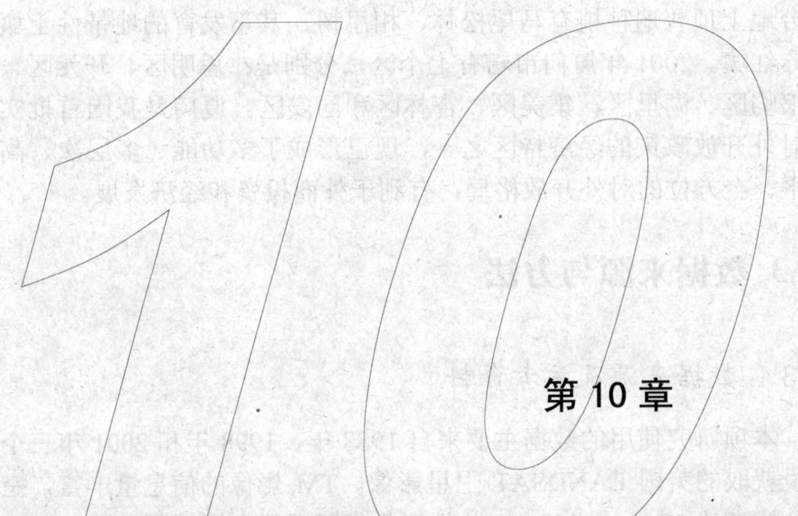

第 10 章

厦门市土地利用变化及驱动因素的分析

10.1 引言

在遥感与地理信息系统技术的支撑下，以厦门市为试验区，对其 1988 年、1998 年和 2001 年三个时期土地利用的空间变化进行探索，定量分析其演变的特点和驱动因素，可为接下来的中国东南区域与西北区域同时段土地利用变化比较研究进行前期探索，并奠定基础。

10.2 区域概况

厦门市地处我国东南沿海福建省东南部，濒临台湾海峡。它属于南亚热带海洋性季风气候，年均温 20.8℃，年降水量 1 143.5 mm。地带性植被为南亚热带雨林，但多遭受到人为破坏，低山丘陵和红土台地上顶普遍种植有马尾松林、相思树，其下发育的地带性土壤为赤红壤。2001 年厦门市辖有七个区，分别是：思明区、开元区、鼓浪屿区、湖里区、集美区、杏林区和同安区。厦门是我国首批实行对外开放政策的经济特区之一，现已形成了多功能、多层次、高水平、全方位的对外开放格局，有利于外商投资和经济发展。

10.3 数据来源与方法

10.3.1 数据来源及参考资料

本项研究使用的数据主要来自 1988 年、1998 年和 2001 年三个时段获取的美国 LANDSAT 卫星影像。TM 影像的信息量丰富，空间分辨率达 30 m × 30 m。此外还收集了厦门市植被覆盖图、厦门市区卫星写真地图（福建地图出版社 2003 年 12 月出版）、2004 年厦门全区图和 1988 年、1998 年和 2001 年数字化土地利用图等资料作为图像判读的辅助资料以及福建省土地资源调查成果数据册（1988—2001）作为建立数据库的参比与校核资料。

10.3.2 研究方法

本项研究是以人机交互解译方法为主，并借助辅助资料和实地考察对结果进行纠正。在图像解译过程前，首先，建立土地利用遥感调查分类系统。采用二级分类系统：一级分为 6 类：耕地（1）、园地（2）、林地（3）、城乡工矿用地（4）、水域（5）和未利用土地（6）。二级分为 12 类，类型编码及名称如下：水田（11）、旱地（12）、果园（21）、林地（31）、城镇与独立工矿用地（41）、农村居民地（42）、盐田（43）、水库（51）、其他水域（52）、滩涂（53）、荒草地（61）及其他未利用地（62）。GIS 软件中勾画最小上图图斑可满足 1∶10 万比例尺的要求，解译精度经部分抽样可达 90%。土地利用动态度模型、土地利用类型转移速率、土地利用程度综合指数模型、土地分类指数变化模型等同第 3 章。

10.4 土地利用变化的综合分析

10.4.1 厦门市 1988—2001 年土地利用的数量变化及相互转化

利用遥感和 GIS 方法对厦门市土地利用变化进行空间分析和统计分析，得出反映一、二级地类土地利用类型的动态变化（表 10-1、图 10-1）。表 10-1 和图 10-1 都表明，1988—2001 年 13 年间，6 个一级地类的面积均有变化，其中三种净减，三种净增。在面积净减的地类中，耕地减少的面积居首，达 11 304.9 hm^2，其中，旱地面积增加而水田面积减少了 11 505.64 hm^2。林地和未利用地的面积分别减少了 727.9 hm^2 和 604.1 hm^2，而未利用土地中荒草地的面积未见多大变化。在面积净增的地类中，城乡工矿用地增加的面积居首，达到 10 152.2 hm^2。园地的增幅也不小，其面积增加了 1 635.8 hm^2。水域则增加了 848.9 hm^2，一部分是水工建筑物，更主要的是以“耕改塘”方式增加，而滩涂却减少了 1 111.0 hm^2。

表 10-1　厦门市 1988 年、1998 年和 2001 年土地利用总量变化表

土地利用[a]	1988 年		1998 年		2001 年		土地利用变化		
	面积/hm^2	比重/%	面积/ hm^2	比重/%	面积/ hm^2	比重/%	1988—1998 年	1998—2001 年	1988—2001 年
1	44 898.02	28.17	34 322.73	21.54	33 593.07	21.08	−10 575.29	−729.66	−11 304.95
2	23 825.36	14.95	25 344.82	15.90	25 461.19	15.98	1 519.46	116.38	1 635.84
3	63 989.38	40.15	63 457.86	39.82	63 261.48	39.70	−531.52	−196.38	−727.90
4	12 159.47	7.63	21 556.09	13.53	22 311.71	14.00	9 396.62	755.62	10 152.24
5	11 855.21	7.44	12 693.75	7.97	12 704.15	7.97	838.54	10.39	848.94
6	2 629.15	1.65	1 981.34	1.24	2 025.00	1.27	−647.81	43.66	−604.15

a）1 代表耕地; 2 代表园地; 3 代表林地; 4 代表城乡工矿用地; 5 代表水域; 6 代表未利用地。

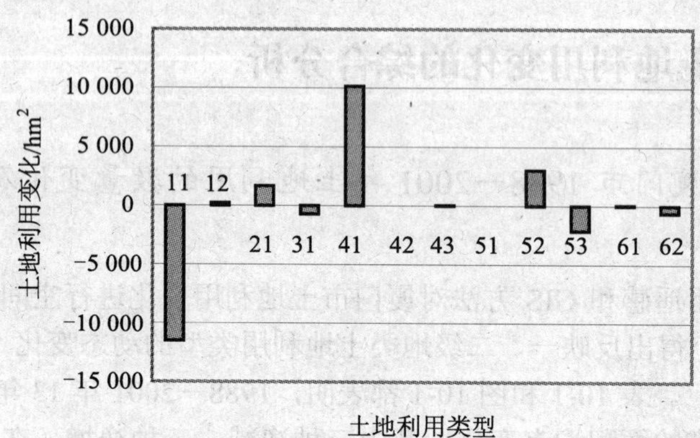

图 10-1 厦门市 1988—2001 年二级土地利用类型的变化

耕地、园地、林地、城乡工矿用地与水域之间的转移比较普遍。由表 10-2 可知，减少的耕地中，52.53%转化为城乡工矿用地，其余 27.91%和 16.64%分别转化为园地和水域，表明在这一过程中均以水田转向城乡工矿用地、园地和水域（含鱼塘）为主。在耕地转化为园地的同时也有一部分的园地转化为耕地和城乡工矿用地，但园地的总体面积却增加，在其增加的面积中，62.95%和 20.75%分别来自耕地和林地。林地则主要以转化为园地为主，有 50.8%的失去林地面积转化为园地，另还有部分转化为城乡工矿用地和耕地。在水域减少的面积中，53.62%的转化为城乡工矿用地，而其中主要以滩涂转化为城乡工矿用地为主，同时又有大量的耕地转化为水库和水工建筑物，从而使水域的总面积增加。各类城乡工矿用地的增加亦十分突出，占用的土地来自各个类型，其中，减少的未利用地中，62.06%转化为林地，少部分转化为园地。没有发生城乡工矿用地向其他地类转化的现象。

10.4.2 厦门市 1988—1998 年与 1998—2001 年前后两期土地利用变化的比较

以 1988—1998 年为前期，1998—2001 年为后期，在这两个时间尺度上对厦门市土地利用变化进行比较分析。如图 10-2 和表 10-2 所示，前期的耕地面积在大幅减少，为 10 575 hm^2，后期面积只减少了 730 hm^2，二者从比例上相差大约 14 倍。前期，水田减少 10 727.71 hm^2，而后期水田减少 777.93 hm^2。两个时期的旱地面积变化不大。园地的面积在前期增加了 1 520 hm^2，而后期变化不大。前期，林地的面积减少了 531 hm^2，后期只少了 197 hm^2。两个时期的城乡工矿用地都在扩张，前期增加的面积为 9 397 hm^2，远大于后期的增幅，二者增量的比例大约是 12∶1。新增的城乡工矿用地中，以城镇用地的增加为主，盐田和农村居民点的变化均不明显。水域面积在前期增加了 839 hm^2，后期面积基本没有变化。在水域的二级类型变化中，前期，滩涂的面积减少了 2 205.66 hm^2，而其他水域的面积却大幅增加了 2 966.16 hm^2，水库也略有增加，后期变化不大。未利用地的面积前期减少了 647.81 hm^2，后期略有增加，从影像上看与火烧迹地有关，可能也与有些少量土地征而未用有关。总之，除了园地与未利用土地外，大部分土地利用类型都显示出面积减少随着时间延长而趋缓，从比例上分析，除了与后期时间间隔短有关系外，还与人类对土地资源的利用越来越趋于理性相关联。

表 10-2　1988—2001 年厦门市土地利用的转类变化　　单位：hm^2

土地利用[a)]	耕地	园地	林地	城乡工矿用地	水域	未利用地	1988 年总面积
耕地	31 769	3 697	305	6 959	2 204	82	45 016
园地	1 018	19 952	573	2 356	268	40	24 207
林地	240	1 219	61 533	458	56	425	63 931
城乡工矿用地	0	0	0	12 159	0	0	12 159
水域	169	615	103	1 146	10 203	104	12 340
未利用地	87	343	723	12	0	1 559	2 724
2001 年总面积	33 283	25 826	63 237	23 090	12 731	2 210	

a）土地利用类型中横行是 2001 年，纵列是 1988 年，表示从 1988 年向 2001 年转化的过程。

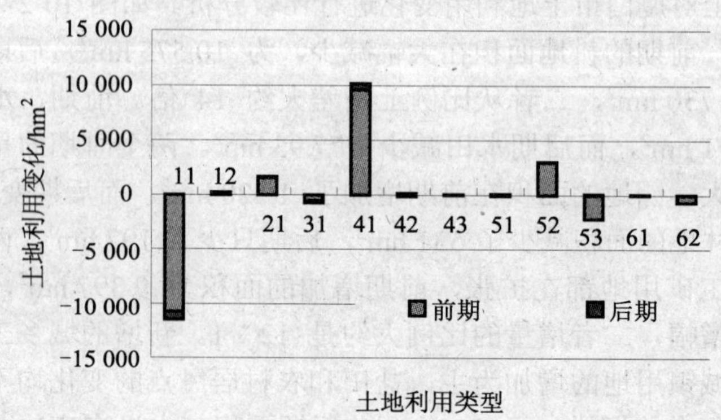

图 10-2 厦门市 10 年多来土地利用前、后两期的变化特征

土地利用动态度反映不同区域土地利用变化的总体及综合活跃程度。为探讨基于区域的土地利用变化速率及其区域差异总体特征，利用该动态度模型，按行政区划对各区的土地利用动态度进行了计算，并按动态度的大小，将全市的 7 个区域划分为 3 组：

（1）较快速变化型，动态度在 25～40；

（2）中速变化型，动态度在 12～25（含 25）；

（3）较慢速变化型，动态度在 8～12（含 12）。

土地利用变化动态度如图 10-3 所示。从 1988—2001 年的 13 年间，全市综合土地利用动态度为 21.14%。在各区中（图 10-3），动态度最大、属于较快速变化型的有湖里区和杏林区这两个区，动态度分别为 30.0%、30.8%，主要是由于凭借其航运交通及工业基地优势，它们将成为今后海峡两岸“三通”的重要基地，在吸引台资方面有着得天独厚的优势，1989 年 5 月，国务院决定把厦门海沧等地区辟为台商投资区，使杏林区外资经济空前活跃；在“八五”和“九五”期间，湖里区以优越的投资环境吸引国内外客商在此投资创业，使得该区经济和城镇化发展速度较快。属于中速变化型的区域有集美区、同安区和开元区，动态度分别为 14.1%、15.5%、20.8%。属于较慢速变化型的有思明区和鼓浪屿区两个区域，其动态度均不过 10%，主要是前者城镇化水平已经很高，已呈饱和之势，区内商业繁荣，大厦林立；而后者则是有意保留特色建筑风格和优美风光，从而限制城市化发展。

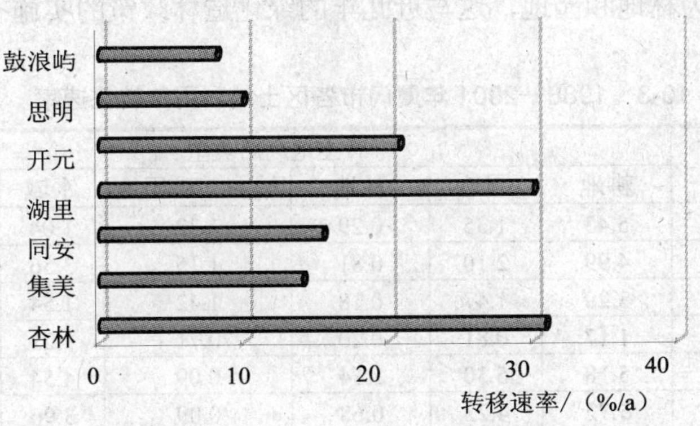

图 10-3 厦门市各区 1988—2001 年土地综合动态度

根据土地利用类型转移速率模型，计算出全市在 1988—2001 年转移的土地利用类型中（表 10-3），耕地转化速率最大，为平均每年 5.43%；其次为未利用地、园地和城乡工矿用地；林地的转移速率最小，为平均每年 0.29%，说明耕地转移为其他地类最多最快，转移去向主要是园地、城乡工矿用地和水域（表 10-2）。耕地变为水域是由于此前一些耕地是围海造地的结果，这部分耕地质量不太好，改为水塘后，从事养殖业，经济效益更高。从各区土地利用转移的情况看，思明区耕地转移速率最大，为平均每年 6.44%，其次为开元区（5.72%）、湖里区（5.18%）、杏林区（4.99%），这与这些地区 13 年的城市发展速度较快有关；园地的转移速率以湖里区、开元区较大，分别为平均每年 5.30%和 4.22%，其次为思明区（2.81%）和杏林区（2.10%），这些地区的园地主要转为城乡工矿用地（表 10-2）。水域的转移速率以湖里区、开元区、杏林区较大。主要以滩涂向城乡工矿用地转移为主，这可能与围海造地工程的实施有关。其次是集美区、同安区，其转移速率分别为 1.54%和 1.21%，其主要去向为耕地和城乡工矿用地，在这两个地区的水域转移过程中，有一部分的滩涂转移为水工建筑物。林地以湖里区转移速率最大，其去向主要是城乡工矿用地，未利用地的转移仅出现在杏林和同安区，其主要转移为林地和园地，这与近几年的绿化造林政策的实施有关。

表 10-3　1988—2001 年厦门市各区土地利用年转化速率　　单位：%

区域	土地利用类型					
	耕地	园地	林地	城乡工矿用地	水域	未利用地
厦门市	5.43	1.35	0.29	1.32	1.04	3.25
杏林	4.99	2.10	0.81	1.15	3.56	3.93
集美	3.29	1.47	0.18	1.42	1.54	—
同安	1.17	0.81	0.20	0.71	1.21	3.22
湖里	5.18	5.30	2.14	0.09	4.54	—
开元	5.72	4.22	0.68	0.09	3.96	—
思明	6.44	2.81	0.71	0.88	—	—
鼓浪屿	—	—	0.11	0.38	—	—

10.4.3 土地利用程度的区域差异

由模型计算出厦门市 1988 年土地利用程度综合指数为 256.74，2001 年为 263.65，其土地利用程度变化参数为 6.91（表 10-4）。即从全省来看，土地利用程度在增大。从各区情况来看，湖里土地利用程度最大，土地利用程度最小的是同安。从土地利用程度变化参数看，集美土地利用程度略有减少，可能原因是城镇化发展速度滞缓，耕地、林地的增长速度较快。而其他地区的土地利用程度都在增加，其中湖里土地利用程度增加值最大，其次是开元，这可能与其城市化速度加速推进有关。

表 10-4　厦门市各区 1988—2001 年土地利用程度综合指数及其变化

项目	年份	区域							
		厦门市	杏林	集美	同安	湖里	开元	思明	鼓浪屿
I	1988	256.74	256.16	256.29	250.64	297.42	288.6	271.32	279.46
	2001	263.65	280.62	256.18	253.58	348.93	317.08	295.19	282.54
ΔI		6.91	24.46	−0.11	2.94	51.51	28.48	23.87	3.08

10.5 土地利用变化的驱动因素分析

10.5.1 耕地变化的驱动因素

本文采用逐年统计的耕地面积变动及相关社会经济资料对厦门市耕地变化进行了分析。数据项包括总人口、农业总产值、国内生产总值等 23 项指标，时间段为 1988—2001 年，产值一律按 1990 年的不变价格计算。经过计算，得到耕地与各因子的相关系数，见表 10-5。根据相关性的显著性检验，当 $f = N-2 = 12$，a=0.01 时，其临界相关系数为 0.661。相关分析的结果表明，在社会因子中，总人口、非农业人口和人口自然增长率的相关性都很显著（表 10-5）。

表 10-5　耕地变动面积（统计）与社会经济因子的相关系数

社会经济因子	系数	社会经济因子	系数
总人口	−0.970**	林业占农业比例	0.377
大牲畜总头数	0.934**	粮食作物播种面积	0.981**
第一产业比重	0.969**	乡村用电量	−0.970**
渔业占农业比例	−0.321	农业机械总动力	−0.908**
种植业占农业比例	0.740**	人口自然增长率	0.850**
农作物播种面积	0.944**	国内生产总值	−0.935**
有效灌溉面积	0.924**	第三产业比重	0.871**
农民人均纯收入	−0.985**	牧业占农业比例	−0.750**
非农业人口	−0.950**	粮食大豆产量	0.876**
生猪年末存栏数	0.746**	化肥施用实物量	−0.679**
第一产业比重	−0.970**	固定资产投资	−0.990**
农业总产值	−0.973**		

注：表中农业指统计年鉴的农林牧渔业。

** 置信概率。

在经济因子方面，国内生产总值、农业总产值、固定资产投资、农民人均纯收入以及粮食大豆产量、农作物播种面积、粮食作物播种面积、有效灌溉面积等农作物种植方面的因素与耕地的变化有较密切的关联。农业技术水平与土地利用的变化紧密相关，乡村用电量、农业机械总动力等因子的相关系数也相当高。综上所述，耕地面积的减少主要受总人口、经济与技术驱动（李仁东等，2003）。

10.5.2 城乡工矿用地变化的驱动因素

由表 10-1 可知，2001 年与 1988 年相比，城乡工矿用地增加了 10 152.24 hm^2，平均每年增加 781 hm^2，增加的区域以湖里区与杏林区为突出，其原因可归结为经济利益的驱动和村企政策的倾斜。自 1995 年以来，厦门市为促进村镇企业的发展，出台了村企政策，规定村庄集体用地中村民人均 15 m^2 用地①可发展村镇企业。几年后，村镇企业遍地开花，迅速在城市边缘区的村庄周边蔓延开来。它们大都沿现状道路建设，地价低廉，投入少，创值高，已经成为部分村镇的主要收入来源，促进农村经济向工业化过渡。另外，城市范围内的村庄处于二元体制下，规划管理也未落实，村镇集体上的建设呈现出一种自发无序状态，这些促进了村镇企业的发展，导致城乡工矿用地不断扩大。

10.5.3 水域变化的驱动因素

厦门地区水域面积的变化，主要来自挖耕地为水库、鱼塘和大规模的填滩造地工程的实施。杏林湾、马銮湾的围垦，不仅减少了厦门湾的纳潮量，降低内外海水交换能力，造成航道淤浅、纳污能力降低，海域污染严重，而且破坏了这些海湾的生态系统。现在人们已经认识到大量围海造田、填滩养殖，破坏了生态环境的平衡。近年，厦门市人民政府颁布《关于西海域禁止水产养殖综合整治的通告》，目的在于合理开发利用海洋资源与环境，充分发挥西海域

① 指人口数乘以 15 m^2。

港口航运主导功能，促进滨海旅游业、邻海工业的发展，推动生态型海湾城市的建设，这些措施对水域面积的增加起到重要作用。总之，水域变化驱动因子主要是农民经济比较利益和政府政策的调控。

10.5.4 林地变化的驱动因素

导致林地减少的主导因素是园地的扩大和有林地的砍伐。20 世纪 80 年代以来，人口增长的巨大压力以及人类从事各种社会经济活动的加剧，造成园地的发展与耕地的扩张，必然导致林业用地的不断缩减。造成林地面积减少的另一个原因是采伐和乱砍滥伐，为此，厦门市政府颁布的 1998 年 7 月 1 日起施行的《林地保护办法》第七条规定禁止毁林开垦和毁林采石、采矿、取沙、取土、建房、造坟等非法破坏林地活动。这些措施的出台使得近年来林地的减少量并不多。

10.6 小结

本文在建立数学模型的基础上，对厦门市土地利用类型变化的时间动态特征和土地利用特征变化、土地利用类型转移速率、土地利用程度综合指数与土地利用程度变化参数的空间动态特征进行了定量分析。研究表明：

（1）1988—2001 年，厦门市土地利用类型的变化中，耕地的减少量和城乡工矿用地的增加量较大，这与经济发展、政府出台的相关政策及人们土地利用意识的提高是密切相关的。从地区分布来看，杏林区和湖里区土地利用最活跃，这是由于这两个区域处于优越的地理位置中，并且在吸引台资方面有着得天独厚的优势，使得经济超速发展。

（2）从土地利用转移的情况看，思明区的耕地转移速率最大，这与该地近几年城市发展较快有关；水域的转移速率以湖里区、开元区、杏林区为主，主要表现为滩涂向城乡工矿用地的转移，这与围海造地工程的实施有关；未利用土地的转移仅出现在杏林区和同安区，其主要转移为林地和园地，这与近几年的绿化造林政策的实施有关。土地利用程度最大的是湖里区，最小的是同安区，且从土地利用程度变化参数看，湖里区土地利用程度增加值最大，说明其土地利用程度增长的速度较快。

（3）耕地面积的变化与农民人均纯收入、粮食作物播种面积等社会经济因子密切相关；在引入外资、经济技术开发、房地产热等的影响下，厦门市城乡工矿用地有大面积的增加；而水域面积的变化，主要来自“耕改塘”和大规模的填滩造地工程的实施；植树造林工程的实施，使采伐和乱砍滥伐造成林地减少的损失得到及时的弥补。

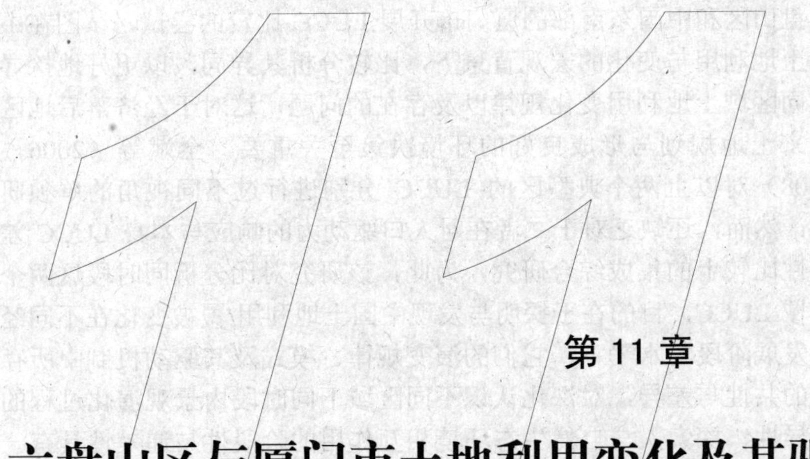

第 11 章 六盘山区与厦门市土地利用变化及其驱动力比较

11.1 引言

土地利用/覆被变化对生态环境造成重大影响，目前已经成为全球环境变化研究的迫切课题，近年来，众多学者出了大量成果。Turner et al.（1997）认为，运用案例比较方法分析和理解不同状况下的土地利用的动态变化，分析生物物理、社会经济和管理者等驱动力，进行时空差异比较，是土地利用变化动力学的核心内容，也是 LUCC 的三大焦点之一。近年来，科学家们相继在一些重点和热点区域展开这一研究，然而迄今为止，有关中国西北部与东南部区域同时段内的 LUCC 对比研究，还显得很薄弱，有必要进行深入研究与探索。中国幅员辽阔、自然环境复杂，不同区域的 LUCC 虽然有明显的差异性和发展阶段性，但从 LUCC 对区域环境造成的负面影响来看，又有相对一致性。为此，本研究选取位于中国西北部的六盘山区和中国东南部的厦门市开展 LUCC 比较的尝试，试图在中国土地利用与变化的宏观背景下，比较分析其异同，以更好地探寻不同区域土地利用变化规律以及存在的问题，这对于经济落后地区未来土地规划与形成良好的环境决策至关重要。全斌等（2006，2008）对以上两个典型区的 LUCC 分别进行过不同视角的单独研究，然而，还缺乏对于二者在对人口驱动力的响应与本身 LUCC 差异性比较上的集成综合研究，为此，该研究对比分析同时段这两个区域 LUCC，目的在于探明与发现中国土地利用/覆被变化在不同经济发展阶段与水平下，它们的演变规律、模式及其驱动机制中所存在的共性与差异，对深化认识不同区域下同时段内景观演化过程的差异性、探索人与自然生态环境相互作用的阶段性与递差性具有一定的意义。

11.2 研究区概况

11.2.1 六盘山区

见第 3 章，此略。

11.2.2 厦门市

厦门地理位置见 2.4。其自然地理状况大致是：厦门地区大面积出露燕山期以酸性花岗岩类为主的侵入岩；厦门位于 NE 向长乐—诏安深大断裂与 EW 向南靖—厦门断裂交截部位，断裂构造是其主要形式。地势从西北向东南呈马鞍状：西北部地区较高，属于低山丘陵地貌；中部地区较低，台地分布面积较大，沿海平原主要分布于九龙江下游和海湾沿岸；南部地区又升高，形成地形反差。该区台地、丘陵地貌分布面积达 70%左右，沿海海蚀地貌和海积地貌发育。该区属于南亚热带海洋性季风气候，年均温 20.8℃，年降水量 1 143.5 mm，干燥度为 1.11。在南亚热带海洋性季风气候影响下，厦门地带性土壤为赤红壤；丘陵山地出现红壤与黄壤；而由于地形、母质、水文等因素的复杂多样，又出现了滨海盐土、风沙土、潮土；还有在人类耕作下形成的水稻土，共 7 个土类。该区相对稳定的地带性植被类型为南亚热带雨林，但由于人为活动的影响，原生植被已不复存在，代之的是各种次生林、灌丛、农田、果园等植被类型。次生林主要分布在丘陵和沿海沙滩地，群落结构简单，层次分明，乔木层高度较低矮，一般都在 15 m 以下，常以一种占优势构成纯林或 2～3 种乔木共同组成混生林。主要建群树种有马尾松、相思树、木麻黄等。灌丛和草丛主要分布在低丘、台地，多数是在森林遭受多次破坏后形成的，其主要种类有桃金娘、马樱丹、白茅等。农田果园广布于低丘、台地和平原。此外，在滨海沙滩上，除木麻黄、相思树等防护林外，也分布有沙生植物群落。截至 2001 年底，厦门市总人口为 131.27 万人。由于其优越的地理位置、南亚热带的气候条件和经济特区的优势，近 20 年经济发展迅猛，生态环境也随之发生相应的变化（厦门市地理学会，1995；福建师范大学地理系《福建自然地理》编写组，1987）。

11.3 研究方法

11.3.1 数据获取及处理方法

与第 3 章同，此略。

11.3.2 土地利用数据的分类方案

与第 3 章同，此略。

11.3.3 土地利用演变的时空建模

土地利用综合动态度模型、土地利用类型转移速率、土地利用程度综合指数模型、土地分类指数变化模型以及景观生态格局指数与演变模型等同第 3 章。

11.4 土地利用现状与变化分析

11.4.1 土地利用现状结构的比较

六盘山区与厦门市 2000 年土地利用结构比例比较如图 11-1 所示。图 11-1 表明，六盘山区的草地与耕地所占比例较厦门市大，特别是牧草地比例较厦门市大 4 倍多，而林地、水域与城乡工矿居民用地，则是厦门市比例来得大，分别是六盘山区的 5.51 倍、12.34 倍和 9.78 倍。这与两个区域的自然地理特点、经济发展和产业结构有关。六盘山区是一个广袤的山区，大部分海拔在 1 500～2 200 m，90%属于山丘、坡地、塬、台、盆、峁等多种地形，河谷平川只占总面积的 10%，气候属于温带的干旱半干旱与温凉半湿润气候。年降水在 400 mm 以下的地方非常适宜种植牧草，加上畜牧业生产历史悠久，群众素有经营牧业的习惯和丰富经验，具有发展畜牧业的天然优势。因此，这里的草地面积比重占最大。而厦门也同样分布着面积广泛的低山与丘陵，仅原市区（未包含同安与翔安区）山地丘陵面积就有约 220 km^2，占 40%；加上厦门西北部的同安区，大多也属山地丘陵，使整个厦门市山地比例更大。尽管如此，由于厦门市具有南亚热带季风气候特征，光、水、热条件十分优越，更有利于种植业、林牧业和水产业的综合发展（厦门市地理学会，1995）。此外，厦门市的第二、第三产业较六盘山区发达，而农业占总产值的比重则远不及六盘山区。2000 年六盘山区在第一产业结构中，种植业产值占 65.59%以上，牧业产值占 24.65%；而厦门同期，种植业产值比重仅为 29.41%，牧业产值比重为 22.53%。六盘山区种植业产值比重远大于厦门市，两地区牧业产值比重虽大致相当，但因厦门市的第一产业在三个产业中所占比重过小因而对其用地结构也会造成影响。

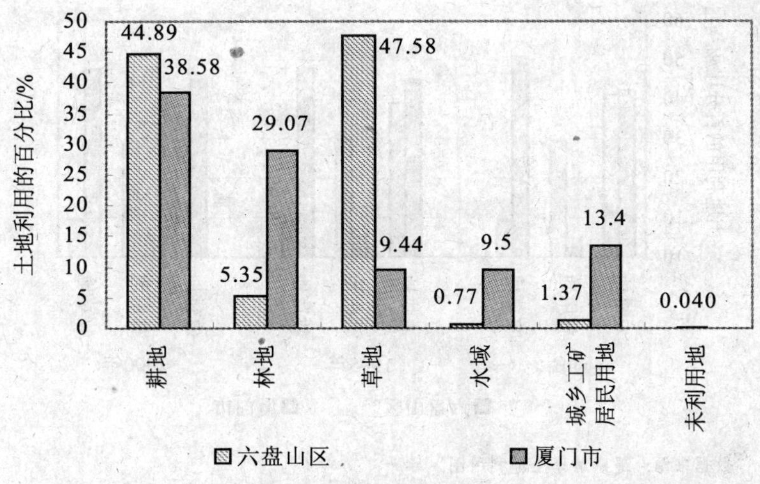

图 11-1　2000 年六盘山区与厦门市土地利用结构比例比较

11.4.2 农、林、牧地比例变化的比较

1990—2000 年，六盘山区与厦门市农、林、牧用地比例及其变化如图 11-2 所示。从图 11-2 可见，六盘山区农耕地比例均大于厦门市，并且十年间六盘山区农耕地面积与比例基本上逐渐增大，而厦门市农耕地比重却逐渐趋于减小（图 11-2）。六盘山区农耕地面积比重上升反映出六盘山区单一抓粮食生产的思路，种植业挤压了林牧业，更使农、林、牧用地结构失调。而厦门市由于经济发展较六盘山区要快，城镇化速度加快，从而使得大量耕地被侵占而减少。这启示我们，在实际生产中，要合理地规划用地，对六盘山区而言，转变“继续靠增加耕地来增产粮食”的观念；对于厦门市，则要加强耕地保护，依靠制度与法制，来防止耕地被侵吞的现象继续发生。

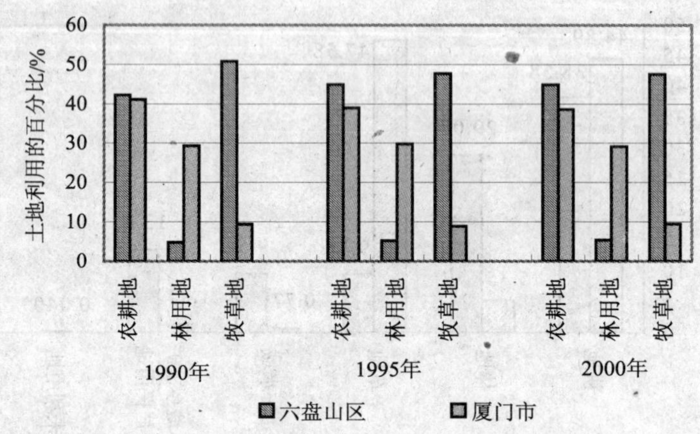

数据来源：遥感解译土地利用图。

图 11-2 六盘山区与厦门市农、林、牧用地变化比较

11.4.3 土地利用数量变化的对比

1990 年、1995 年和 2000 年六盘山区与厦门市土地利用变化（表 11-1）显示，十年间六盘山区耕地面积增长最多；而厦门市耕地面积却减少最多，前者六盘山区的耕地年增长率为 0.62%，而后者为 –0.61%。六盘山区林地面积呈现增长趋势，其中也以前期增长居多，而厦门市减少达 382.09 hm^2。六盘山区城乡工矿居民用地总体增加不多，甚至在前期还表现出停滞与萎缩的负增长趋势，表明城市化进程较缓慢；而厦门市则与之相反，城乡工矿居民用地增加很多，达 3 841.63 hm^2，年变化率达 2.15%。六盘山区草地面积减少最大，达 54 025.22 hm^2，而厦门的草地却略有增加。

六盘山区耕地与城乡工矿居民用地增加，表明人为活动加剧，而对六盘山区的生态环境起保护作用的草地与水域也在不断遭受破坏，直接反映出其生态环境趋向恶化。林地增加表明人们的森林保护意识增强，当地的退耕还林的政策与措施起了一定的效果。而厦门市的耕地、林地的减少与城乡工矿居民用地的增加反映人类对自然环境的改造越来越深刻，对生态环境起保护作用的草地与水域面积的增加。从前后两期时间段上比较，六盘山区 1990—1995 年（前期）耕地增长更多，而 1995 年至 2000 年（后期）反而略有减少，这与退耕还林还草政策有关；而厦门市耕地、水域、城乡工矿居民用地前后两期变化方向一致，但比例差异较大。这些表明这两个区域土地利用的变动幅度后期较前期减缓，反映土地利用趋向于有序与合理化。综上所述，六盘山区与厦门市在土地利用数量变化上基本显现出相反的态势，前者增加（减少），后者减少（增加），这与经济发展的不同阶段性有关，但尽管它们有不同的变化，都使土地利用结构不合理，并会进而导致同样的生态环境问题。为了使两类地区的土地利用都趋于合理化，宏观规划与调控是必不可少的手段，以避免朝着不利于生态环境的方向发展。

表 11-1 1990 年、1995 年和 2000 年六盘山区与厦门市土地利用总量变化

土地利用类型	六盘山区				厦门市			
	1990 年/hm^2	1995 年/hm^2	2000 年/hm^2	年变化率/%	1990 年/hm^2	1995 年/hm^2	2000 年/hm^2	年变化率/%
耕地	708 260.40	753 207.29	752 445.93	0.62	66 477.38	63 160.04	62 395.54	−0.61
林地	80 750.45	87 777.91	89 751.32	1.11	47 389.04	48 155.31	47 006.96	−0.08
草地	851 463.78	800 222.53	797 438.56	−0.63	15 093.29	14 348.09	15 269.82	0.12
水域	13 713.92	12 924.34	12 978.76	−0.54	14 886.07	15 292.93	15 365.78	0.32
城乡工矿居民用地	21 352.78	21 222.53	22 902.83	0.73	17 831.76	20 755.16	21 673.39	2.15
未利用地	579.46	766.20	603.42	0.41	33.95	0	0	−10

11.4.4 土地利用综合动态度的比较

利用动态度模型，对六盘山区和厦门市 1990—2000 年的土地利用综合动态度进行了计算，并参照有关研究成果，按动态度的大小划分为 3 组：（1）快速变化型，动态度在 11～20；（2）慢速变化型，动态度在 3～11；（3）极缓慢变化型，动态度在 0～3。

1990—2000 年六盘山区的土地利用变化综合动态度为 1.79，为土地利用极缓慢变化型，而厦门市同期土地利用变化综合动态度为 11.30，为土地利用快速变化型，二者相差约 6.3 倍。土地利用动态变化结果也正好与两个地区经济发展的状况及经济发展阶段相吻合，六盘山区 2000 年国内生产总值与全年财政总收入分别为 21.66 亿元、0.89 亿元；而厦门市分别为 501.15 亿元、91.49 亿元，可见厦门市综合经济实力明显强得多。2000 年六盘山区农民人均纯收入仅 928 元，城镇居民人均收入也只有 4 081 元；而同年厦门市人均可支配收入达 10 812.99 元，厦门市人均富裕程度较高。这直接反映出两个区域在经济发展阶段上有较大差距。这是经济发展上的差距导致土地利用动态度不同，所以，动态度大小也反映了经济发展程度的高低。但是，无论动态度大或小，对生态环境影响而言都无所谓好与坏，起决定作用的是各土地利用类型结构及其变化是否平衡。

11.4.5 土地利用类型的转移及其速率的比较

11.4.5.1 土地利用类型的转移比较

土地利用状态转移矩阵能揭示新增部分由哪些土地资源转换而来，减少部分又去向哪里的具体细节，为此，本研究得出六盘山区与厦门市 1990—2000 年土地利用变化的转移矩阵（表 11-2、表 11-3）。

在六盘山区耕地的减少量中，大部分转变为林地和草地，还有一小部分转变为建设用地（城乡工矿居民用地，以下同），可见，10 年来，除了缓慢的城市化之外，主要还是退耕还林还草；而厦门市在失去的耕地中，大部分转变为建设用地和水域。这反映出：除了快速的城市化之外，由于比较经济利益的驱动水产养殖业有较大发展，水域面积随之扩大，部分由滩涂转变过来的土地因为不利于耕作，而改为水塘，即所谓“耕改塘”。六盘山区在失去的林地中，有 66%转化为耕地；而厦门市却有一半以上是用于建设用地，但两个区域都存在着不同程度的毁林开荒的现象。六盘山区草地中有 6.18%转化为耕地，草地面积也减少 54 025.23 hm^2，其减少量占到

1990 年草地总面积的 6.3%，反映较大面积草地被开垦为耕地；而厦门市转化为耕地的草地比重极少，仅占 0.24%，也反映厦门市草地保护意识较强。六盘山区水域减少的比重较大，接近 10%，其中 6.13%转化为耕地，3.31%转化为草地；而厦门市的水域主要转化为建设用地和耕地。六盘山区，当河流干涸季节，人们利用河滩、湖水边开垦耕地、扩展草地比较普遍，使水域面积减少达 735.16 hm^2；而厦门市围垦滩涂以增加耕地面积，小部分建设成为港口码头等建设用地，二者水域转移方式不同。六盘山区与厦门市建设用地基本上都没有向其他用地转化。未利用地，六盘山区没有大的变化，有时因扬尘、荒漠化以及陡坡开垦耕作不当引起荒地略有增加；而厦门市未利用地几乎全部转化用做植树造林。

表 11-2　六盘山区 1990—2000 年土地利用类型转移矩阵　　单位：hm^2

1990 年	2000 年						
	耕地	林地	草地	水域	建设用地	未利用地	合计
耕地	698 838.04	5 170.53	2 698.68	238.34	1 290.86	23.96	708 260.41
比重/%	98.67	0.73	0.38	0.03	0.18	0.00	100.00
林地	161.56	80 501.30	87.59	0.00	0.00	0.00	80 750.45
比重/%	0.20	99.69	0.11	0.00	0.00	0.00	100.00
草地	52 605.33	4 066.18	794 197.92	335.18	259.18	0.00	851 463.79
比重/%	6.18	0.48	93.27	0.04	0.03	0.00	100.00
水域	841.00	13.31	454.37	12 405.24	0.00	0.00	13 713.92
比重/%	6.13	0.10	3.31	90.46	0.00	0.00	100.00
建设用地	0.00	0.00	0.00	0.00	21 352.78	0.00	21 352.78
比重/%	0.00	0.00	0.00	0.00	100.00	0.00	100.00
未利用地	0.00	0.00	0.00	0.00	0.00	579.46	579.46
比重/%	0.00	0.00	0.00	0.00	0.00	100.00	100.00
合计	752 445.92	89 751.32	797 438.56	12 978.76	22 902.83	603.42	1 676 120.80

表 11-3 厦门市 1990—2000 年土地利用类型转移矩阵 单位：hm^2

	2000 年						
1990 年	耕地	林地	草地	水域	建设用地	未利用地	合计
耕地	62 022.79	123.04	48.83	1 106.81	3 175.92	0.00	66 477.38
比重/%	93.30	0.19	0.07	1.66	4.78	0.00	100.00
林地	95.63	46 787.63	186.10	1.84	317.83	0.00	47 389.04
比重/%	0.20	98.73	0.39	0.00	0.67	0.00	100.00
草地	35.55	2.96	15 034.89	19.90	0.00	0.00	15 093.29
比重/%	0.24	0.02	99.61	0.13	0.00	0.00	100.00
水域	197.64	59.38	0.00	14 237.23	391.82	0.00	14 886.07
比重/%	1.33	0.40	0.00	95.64	2.63	0.00	100.00
建设用地	43.93	0.00	0.00	0.00	17 787.83	0.00	17 831.76
比重/%	0.25	0.00	0.00	0.00	99.75	0.00	100.00
未利用地	0.00	33.95	0.00	0.00	0.00	0.00	33.95
比重/%	0.00	100.00	0.00	0.00	0.00	0.00	100.00
合计	62 395.54	47 006.96	15 269.82	15 365.78	21 673.39	0.00	161 711.5

11.4.5.2 土地利用类型转移速率的比较

十年间，六盘山区水域转移速率最大，平均每年为 0.95%；草地、耕地分别位于第二、第三，林地的转移速率更小，平均每年为 0.03%；城乡工矿居民用地与未利用地转移速率都为零。而厦门的未利用地转移速率最大，为平均每年 10%，其次分别为耕地、水域、林地和草地，城乡工矿居民用地的转移速率最小，为平均每年 0.02%。两个地区比较，厦门市的未利用地与耕地变动速率要比六盘山区大，也最容易被侵占，这反映出厦门市经济发展速度相对较快，从而对土地需求量较大。厦门市水域转移速率不到六盘山区的一半，表明六盘山区水域转移为其他地类，较厦门市又多又快。两个地区城乡工矿居民用地转移速率都最少，表明该地类没有转为其他地类，而是较多地保留下来（表 11-4）。这一土地利用变化状况与规律，告诉我们在土地利用管理与调控过程中，必须首先重视对水域转化的控制，切实保护好河流与湖泊；对于半干旱半湿润区的六盘山区，水是农业生产的命脉，更要加强对湿地的保护。对于厦门来说，滩涂也是生态环境的重要组成部分，经过滩涂围垦的耕地由于易于受盐碱害而使粮食生产不稳，同时也使海域潮流紊乱，而导致海水入侵，甚至发生赤潮。

表 11-4　六盘山区与厦门市 1990—2000 年土地利用类型转移速率

单位：（%/a）

地区	耕地	林地	草地	水域	城乡工矿居民用地	未利用土地
六盘山区	0.13	0.03	0.67	0.95	0	0
厦门市	0.67	0.13	0.04	0.44	0.02	10.00

11.4.6 土地利用程度变化的比较

利用土地利用程度变化模型，计算的土地利用程度变化量与变化率见表 11-5。从表 11-5 可见，六盘山区的土地利用程度变化量与变化率分别为 2.82 和 1.15%，均大于 0。六盘山区土地利用程度变化过程分析表明：该区变化主要是草地、耕地与城乡工矿居民用地的比重变化。处于第二级的草地比重减少，而第三、第四级的耕地与城乡工矿居民用地比重上升，人类对土地资源的开发与利用程度加大。但土地利用类型仍以牧草地、耕地与林地为主，尽管城乡工矿居民用地呈现增长趋势，但增长的幅度较小，使土地利用程度变化率较小，反映整体变动不大，土地利用还处于缓慢变动之中。与六盘山区相比，厦门市土地利用程度变化量为 2.25，变化率为 0.86%，都小于六盘山区。其原因是在厦门市土地利用变化中，虽有大量位于第三级的耕地转变为位于第四级的城镇建设用地，而位于第一、第二级的土地利用类型的未利用地、草地因本身面积很小且变化不大，致使整体变动值不大，但值得注意的是，厦门市 1990 年与 2000 年的土地利用程度值（I_a、I_b）都远大于六盘山区，这充分表明厦门市土地利用程度总体上远大于[①]六盘山区，经济发展程度也远高于六盘山区。在土地利用程度值大的情况下，想要再进一步增大，相对

① 这是总体而言。实际上ΔI_{b-a}厦门市小于六盘山区。

要更困难，因此，厦门市土地利用程度变化量相对于六盘山区就小。

表 11-5　六盘山区与厦门市 1990—2000 年土地利用程度综合指数及其变化

区域	土地利用程度		土地利用程度变化量（$\Delta I_{b\text{-}a}$）	土地利用程度变化率（R）/%
	1990 年（I_a）	2000 年（I_b）		
六盘山区	244.77	247.59	2.82	1.15
厦门市	263.14	265.39	2.25	0.86

11.4.7 景观格局变化的比较

通过计算不同时期各种土地利用类型的空间景观指数，可以获得六盘山区与厦门市十年来土地利用景观格局的动态变化情况（表 11-6、表 11-7）。从表 11-6 看出，对于六盘山区，十年间，六盘山区斑块个数（NP），从 1990 年的 12 950 个增加到 2000 年的 14 197 个，净增 1 247 个，增长 9.63%。与六盘山区相对的是，厦门市十年间景观格局变化分析表明（表 11-7）：总斑块个数（NP）净减 223 个，平均斑块面积由 89.39 hm^2 增加到 101.96 hm^2。前者表明六盘山区干扰促使景观的异质性加强，景观趋于不稳定；后者反映厦门市经历较为严重的人为干扰，完整性加强，导致许多斑块与廊道消除。无论是增大还是减少，都是随着人类活动的加剧，对自然景观的影响也在加大，其结果都会导致生态环境的破坏。

表 11-6　六盘山区各个时期土地利用空间景观特征值

年份	景观类型	斑块个数（NP）	平均斑块周长（MPE）/m	斑块面积 CA/hm^2	面积所占比例/%	平均斑块分维数（MPFD）	破碎度/（块/km^2）	分维数
1990	耕地	5 950	8 622.06	708 260.40	42.26	1.31	0.84	1.44
	林地	1 916	3 626.77	80 750.45	4.82	1.28	2.37	1.40
	草地	2 908	22 296.05	851 463.78	50.80	1.32	0.34	1.45
	水域	308	5 586.21	13 713.92	0.82	1.33	2.25	1.38
	建设用地	1 846	1 453.57	21 352.78	1.27	1.27	8.65	1.40
	未利用地	22	3 020.50	579.46	0.03	1.29	3.80	1.25

年份	景观类型	斑块个数（NP）	平均斑块周长（MPE）/m	斑块面积 CA/hm²	面积所占比例/%	平均斑块分维数（MPFD）	破碎度/（块/km²）	分维数
1995	耕地	6 799	8 225.92	753 207.29	44.94	1.31	0.90	1.45
	林地	2 223	3 512.53	87 777.91	5.24	1.29	2.53	1.41
	草地	2 681	24 604.02	800 222.53	47.74	1.33	0.34	1.46
	水域	278	5 983.88	12 924.34	0.77	1.33	2.15	1.39
	建设用地	1 858	1 439.40	21 222.53	1.27	1.26	8.75	1.40
	未利用地	27	2 900.21	766.20	0.05	1.29	3.52	1.25
2000	耕地	7 018	7 933.76	752 445.93	44.89	1.31	0.93	1.45
	林地	2 240	3 531.47	89 751.32	5.35	1.28	2.50	1.41
	草地	2 750	24 106.15	797 438.56	47.58	1.33	0.34	1.46
	水域	272	6 094.78	12 978.76	0.77	1.33	2.10	1.38
	建设用地	1 895	1 472.61	22 902.83	1.37	1.26	8.27	1.40
	未利用地	22	2 907.84	603.42	0.04	1.29	3.65	1.24

表 11-7　厦门市各个时期土地利用空间景观特征值

年份	景观类型	斑块个数（NP）	平均斑块周长（MPE）/m	斑块面积 CA/hm²	面积所占比例/%	破碎度（块/km²）	分维数
1990	耕地	560	7 089.77	66 477.38	41.11	0.84	1.36
	林地	310	7 377.53	47 389.04	29.30	0.65	1.33
	草地	255	4 330.83	15 093.29	9.33	1.69	1.33
	水域	125	6 076.62	14 886.07	9.21	0.84	1.29
	建设用地	557	2 840.97	17 831.76	11.03	3.12	1.36
	未利用地	2	2 436.29	33.95	0.02	5.89	1.12
1995	耕地	319	10 589.04	63 160.04	39.06	0.20	1.35
	林地	291	7 555.44	48 155.31	29.78	0.18	1.32
	草地	212	4 670.93	14 348.09	8.87	0.13	1.32
	水域	136	5 575.84	15 292.93	9.46	0.08	1.29
	建设用地	507	3 108.58	20 755.16	12.83	0.31	1.35
2000	耕地	349	9 727.76	62 395.54	38.58	0.22	1.35
	林地	321	7 227.41	47 006.96	29.07	0.20	1.33
	草地	260	4 286.91	15 269.82	9.44	0.16	1.33
	水域	129	5 871.42	15 365.78	9.50	0.08	1.29
	建设用地	527	3 096.31	21 673.39	13.40	0.33	1.35

六盘山区与厦门市各个时期土地利用空间景观特征值比较见表11-8。从表 11-8 中可以看出，三个时期，六盘山区的景观多样性指数（SHDI）、景观均度指数（SHEI）、景观破碎度（C）都比厦门市来得小，相应的，景观优势度（D）比厦门市大。其主要原因是厦门市人口密度较大，人类的改造作用强，土地利用程度较大，表明干扰与异质性增强，并且，厦门市在这十年中作为国际花园城市，也较注重城市生态与绿地规划，致使景观类型相对多样布局，其优势度相应也小。而六盘山区地处我国西北，人口密度较厦门市小近6 倍，人类活动强度比厦门弱，土地利用程度也相应较小，致使景观的斑块面积较大，斑块数相对少，其景观破碎度也小。但景观类型突出显示了人类活动的特点，景观类型和斑块主要以与人类生产相关的旱地和草地为主，故景观优势度较厦门市大。从土地利用变化过程看，六盘山区十年来土地利用程度、景观破碎度有所增加，景观多样性指数和景观均度指数也逐渐增加，而景观优势度逐渐减小，反映了整体上随着人口增长与经济发展，人类的活动对六盘山区的土地影响在逐渐加大的过程中；而厦门市景观多样性、均匀度指数增加，景观优势度相应降低，反映其十年来景观日趋复杂，异质性增强，生态系统趋于稳定，区域内各景观类型比例差别变小，各景观类型彼此间能共同发展，土地利用程度有所增加；其景观破碎度趋于减小，说明完整性加强，但这主要是城镇建设用地急速增长，不仅占用了农田、水域，也破坏了自然生态平衡，使得景观斑块数减少所致，需引起足够的重视。

表 11-8　六盘山区与厦门市各个时期土地利用空间景观特征值比较

景观特征指标	区域	1990 年	1995 年	2000 年
景观破碎度（C）/（块/km²）	六盘山区	0.77	0.83	0.85
	厦门市	1.12	0.91	0.98
景观均匀度指数（SHEI）	六盘山区	0.564 8	0.567 1	0.568 5
	厦门市	0.810 6	0.915 7	0.921 0
景观多样性指数（SHDI）	六盘山区	1.012 1	1.016 2	1.018 7

景观特征指标	区域	1990 年	1995 年	2000 年
景观多样性指数（SHDI）	厦门市	1.452 3	1.473 8	1.482 4
景观优势度（D）	六盘山区	0.435 2	0.432 9	0.431 5
	厦门市	0.189 4	0.084 3	0.079 0
土地利用程度	六盘山区	244.77	247.42	247.59
	厦门市	263.14	264.73	265.39

11.5 土地利用变化驱动力的比较

11.5.1 城镇化发展与人口增长的驱动比较

从 1990—2000 年六盘山区与厦门市总人口与城镇化速率年均增长状况对比（图 11-3）可看出，两个地区的总人口年均增长率虽大致相同，却都比全国人口年均增长率大一半，说明这两个地方人口增长都很快。厦门市的城镇化速率远大于六盘山区，为六盘山区的 3 倍多，也大于全国城镇化速率。由于它们的人口增长都超过全国，因此，人口因素为两个地区非常重要的驱动因子。为进一步探讨人口因子对耕地、林地、草地与城乡工矿居民用地等的压力，分别将两个地区人口密度图与两期的土地利用及其变化图进行叠加，可得到不同人口密度下的耕地、林地等状况及其变化，从中可比较分析它们与人口的关系（表 11-9 和表 11-10）。

从表 11-9 可见，六盘山区与厦门市的耕地主要集中在人口密度中等至较高的区域（＞20 人/km^2），比例也相对高，但是，二者的耕地变化却恰恰相反，六盘山区增加的耕地比其失去的耕地要多得多，而厦门市耕地主要表现为净流失。前者说明六盘山区除了人口密度小于 5 人/km^2 和大于 100 人/km^2 的之外，高的人口密度与耕地快速增长大体上呈正相关。从机理剖析来看，人口增大，区域所需求的食物也会更多，对于交通不便的六盘山区，通常都会要求在区域内保障粮食安全。人口增长所需求的粮食一般要求在本地的土地上解决，这样就导致对土地以及当地生态环境的压力，使得耕地不断扩张。但是人口密度小于 5 人/km² 和大于 100 人/km² 的地方可能分别在林区、牧区或者是人口相对集中的城镇区，这些地方可能耕地开发会受到一些限制与阻力，尚未形成人口增加、对耕地需求也增大，导致开垦耕地随之增加的情况。而厦门的耕地主要分布在人口密集的村镇周围，同时，随着人口增加，占用了大量耕地，使耕地的净减少也增大，人均耕地面积不断下降。这就是在不同经济发展阶段与人口密度下导致不同类型的生态环境恶化的效应。

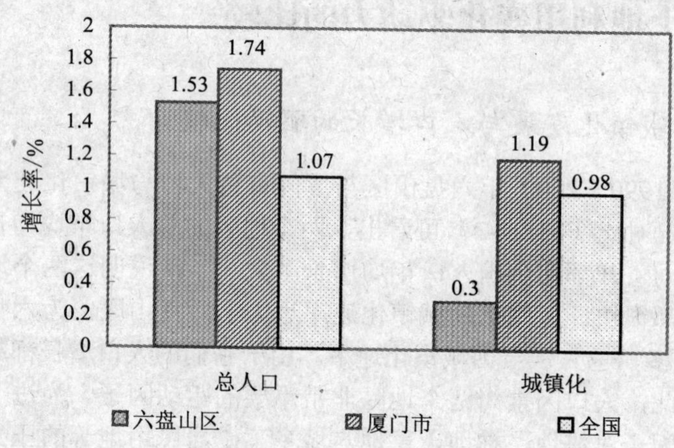

图 11-3 1990—2000 年六盘山区与厦门市人口、城镇化对比图

表 11-9 六盘山区与厦门市不同人口密度下的耕地变化比较

2000 年人口密度/（人/km²）	区域	1990 年耕地		2000 年耕地		耕地变化				
		面积/km²	所占百分比/%	面积/km²	所占百分比/%	失去/km²	得到/km²	未变/km²	净变化/km²	占 1990 年的比例/%
<5	六盘山	103	1.5	110	1.5	9	16	94	7	6.8
	厦门市	9	1.3	9	1.4	4	1	8	−3	−33.3
5～10	六盘山	26	0.4	26	0.3	3	3	23	0	0.0
	厦门市	2	0.3	2	0.3	0	0	2	0	0.0
10～20	六盘山	84	1.2	106	1.4	9	31	75	22	26.2
	厦门市	0	0.0	0	0.0	0	0	0	0	—

2000 年人口密度/（人/km²）	区域	1990 年耕地		2000 年耕地		耕地变化				
		面积/km²	所占百分比/%	面积/km²	所占百分比/%	失去/km²	得到/km²	未变/km²	净变化/km²	占 1990 年的比例/%
20～50	六盘山	1 159	16.4	1 293	17.3	27	161	1 132	134	11.6
	厦门市	5	0.7	4	0.6	1	0	4	−1	−20.0
50～100	六盘山	3 249	45.9	3 458	46.1	22	231	3 227	209	6.4
	厦门市	3	0.4	2	0.3	1	0	2	−1	−33.3
＞100	六盘山	2 454	34.7	2 500	33.4	35	81	2 419	46	1.9
	厦门市	652	97.2	613	97.3	39	0	613	−39	−6.0

表 11-10 反映不同人口密度下的林地变化，表中可看出六盘山区林地净增长最大的主要发生在人口密度中等的地区（20～50 人/km²），在这一范围里，林地分布比例也最高。而厦门市林地则主要分布在人口密度低的（＜5 人/km²）和高的（＞100 人/km²）地区两个极端内，林地减少也主要发生在这两个区域里。六盘山区在人口密度小的六盘山及其他山地，基本上已经为森林所覆盖，其林地面积继续增加不会很大。人口密度中等的地方，近年来积极开展植树造林的活动，森林面积有所增加。而对于厦门市来说，在人口密度小的地方，人类活动对林地破坏作用小，使林地分布面积较多。厦门是南亚热带地区，气候适宜于林木的生长，即使在人居住较多的地方，树木分布也较广阔。由于厦门市草地面积相对较小，因此不宜于比较分析。

表 11-10　六盘山区与厦门市不同人口密度下的林地变化比较

2000 年人口密度/（人/km²）	区域	1990 年林地		2000 年林地		林地变化				
		面积/km²	所占百分比/%	面积/km²	所占百分比/%	失去/km²	得到/km²	未变化/km²	净增/km²	占 1990 年的比例/%
＜5	六盘山	385	47.2	394	43.2	0	9	385	9	2.3
	厦门市	246	52.0	243	52.0	3	0	243	−3	−1.2
5～10	六盘山	48	5.9	50	5.5	0	2	48	2	4.2
	厦门市	7	1.5	7	1.5	0	0	7	0	0.0
10～20	六盘山	68	8.3	78	8.5	0	10	68	10	14.7
	厦门市	11	2.3	11	2.4	0	0	11	0	0.0

2000 年人口密度/（人/km²）	区域	1990 年林地		2000 年林地		林地变化				
		面积/km²	所占百分比/%	面积/km²	所占百分比/%	失去/km²	得到/km²	未变化/km²	净增/km²	占 1990 年的比例/%
20～50	六盘山	134	16.4	168	18.4	2	36	132	34	25.4
	厦门市	16	3.4	16	3.4	0	0	16	0	0.0
50～100	六盘山	96	11.8	118	12.9	2	24	94	22	22.9
	厦门市	24	5.1	23	4.9	1	0	23	−1	−4.2
>100	六盘山	85	10.4	105	11.5	1	21	84	20	23.5
	厦门市	169	35.7	167	35.8	3	1	166	−2	−1.2

11.5.2 工业发展与固定资产投入的驱动比较

土地是产业发展的载体，随着经济的发展，固定资产投资规模不断扩大，为工业、交通发展注入活力，但同时也挤占了耕地资源。近十年，六盘山区与厦门市工业产值与固定资产投资状况比较分别如图 11-4、图 11-5 所示。从图 11-4 和图 11-5 可见，六盘山区与厦门市工业都处在发展之中，但厦门市较六盘山区高得多，表明厦门市较六盘山区发展迅猛，经济水平和增长幅度都要大得多。以上综合反映位于西北的六盘山区的经济发展水平、程度远小于中国东南沿海的厦门市，中国东西部之间的经济差距还是非常大的，这也会导致土地利用格局的变化及其程度的不同。

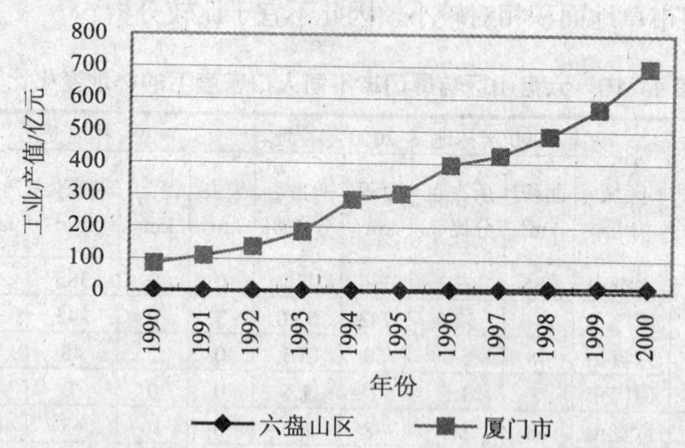

图 11-4　1990—2000 年六盘山区与厦门市工业产值增长比较

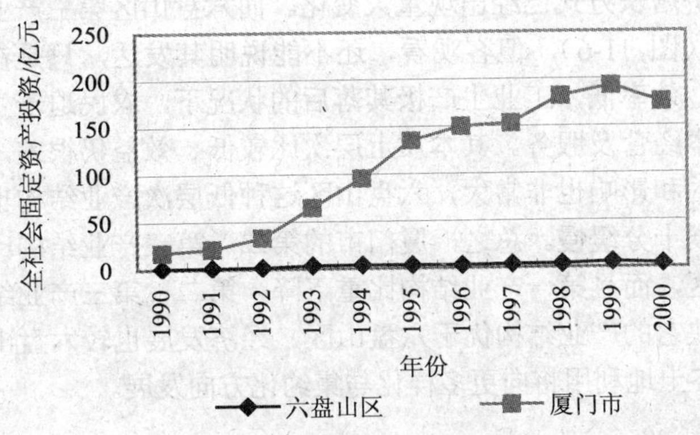

图 11-5　1990—2000 年六盘山区与厦门市固定资产投资增长比较

11.5.3 产业结构差异与调整的驱动比较

产业结构的变化会引起土地资源在产业上重新分配，从而导致土地利用的变化。1990—2000 年六盘山区与厦门市第一、第二、第三产业结构变化比较如图 11-6、图 11-7 所示。两个图比较可发现，六盘山区以第一产业为主，十年间一直占 40%～50%（图 11-6），而厦门市以第二、第三产业占主导，它们都在 40%～50%徘徊，而第一产业比重极低，且明显处于下降趋势（图 11-7）。厦门市的第二产业从曲线趋势看，还将上升，其中特别是“三资”企业发展态势强劲，主导地位和作用更加显现。2000 年厦门市完成现价工业总产值 776.36 亿元，工业对经济增长的贡献率达 63.2%，直接拉动经济增长 11.7 个百分点，成为拉动经济增长的主要力量。其中在规模以上工业企业中，“三资”工业企业实现产值 593.55 亿元，占该市工业总产值的比重为 84.83%，这表明其参与国际分工与合作的开放型经济格局初步形成。十年来，培植了电子、化工、机械等工业支柱产业，形成了一批以高新技术为依托的骨干企业群体，引进了柯达、戴尔等国际知名品牌，培育了厦华、夏新等国内知名品牌，高新技术企业总产值由 40 亿元提高到 300 亿元，科技对国民经济增长的贡献率提高了 5 个百分点，这些表明厦门市的经济增长方式已经出现重大变化。而六盘山区第三产业比重似乎也较高（图 11-6），但客观看，还不能说明其发达，只是在农业生产条件差、效率低，工业生产极其落后的状况下，农民迫于生计而从事一些小本经营及服务。其本质上层次比较低、效益仍很差，受第一产业的制约和影响也非常大，六盘山区这种低层次产业结构也显示该区经济发展十分缓慢。总之，厦门市的第二、第三产业结构比重远高于六盘山区，而且第一产业结构比重下降，第二、第三产业结构比重上升，反映它的产业结构优于六盘山区，经济发展也较六盘山区要快得多，最终土地利用将向更多样化与集约化方向发展。

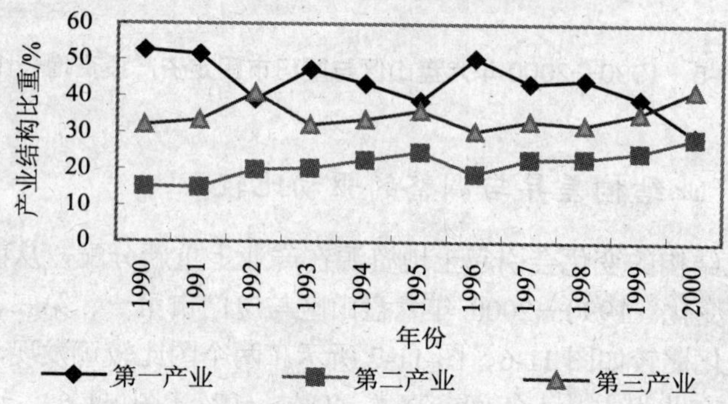

图 11-6　1990—2000 年六盘山区三类产业结构变化图

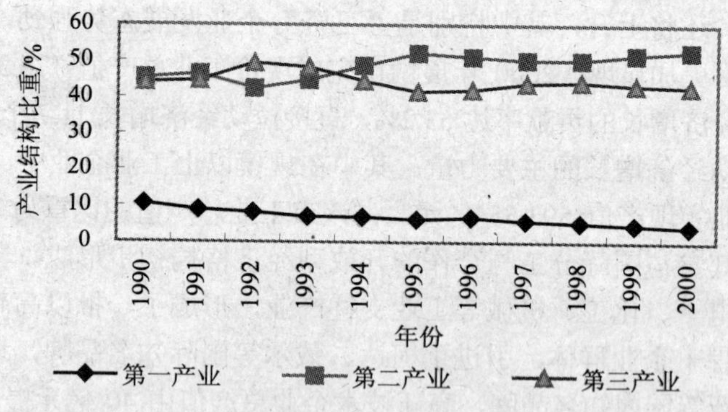

图 11-7　1990—2000 年厦门市三类产业结构变化图

11.5.4 土地利用政策措施的比较

不同的土地政策与管理措施会影响和调整区域经济状况及其发展阶段，并导致土地利用方式发生改变。对于六盘山区，1990年以后，一度出现大量出卖“四荒地”现象，由于土地管理措施上缺乏监督，砍伐森林、垦荒造田之风兴起，20世纪90年代末21世纪初，可持续发展战略思想的普及和党中央提出开发大西北的战略，特别是近年来国家退耕还林还草生态建设方针的贯彻执行，土地利用随之也发生较大的变化。对厦门市，1980年10月国务院批准设立厦门经济特区后，发展步入一个新阶段，至1992年12月，国务院正式批准设立厦门集美台商投资区，从而率先在全国实现多层次、多方位的开放格局。由于它是中国最早实行对外开放政策的四个经济特区之一，并且是国家计划单列市，享有省级经济管理权限并拥有地方立法权，1990—2000年，厦门出台了许多有利于外商投资的优惠政策，如减免外商的企业所得税、海关税和城市房地产税等，引资兴商，促进经济迅速发展。在2002年初《经济日报》发布的“中国城市综合竞争力排行榜”中，厦门名列第五，是中国最具竞争力的城市之一。特别是其“三资企业”发展迅猛，与此同时，乡镇企业发展也保持强劲势头，2000年全市拥有乡镇企业24 633个，实现总产值211.7亿元。经济发展与城镇化的推进导致非农建设用地扩张较大，耕地被挤占，使耕地占补平衡任务实施困难，而依靠实行易地置换政策或交纳耕地开垦费，对土地利用变化格局也造成影响。

11.6 小结

本研究选取六盘山区与厦门市开展LUCC比较研究，定量分析土地利用结构的变化、动态度变化、类型转移及其速率、景观格局指数的演变，并探讨驱动力的影响机制的差异，结果表明：通过以上指标反映出六盘山区与厦门市在经济发展阶段上有着巨大差异，前者处于经济发展的初始阶段或前工业社会阶段，工业增长缓慢，以农业为主要生产部门，产值结构以农业和种植业为主，土地经营粗放，城镇化程度较小，低于 20%，从而导致该区土地利用结构不合理、农林牧用地的比重失调、土地总体变动幅度不突出及土地利用程度不高。而后者则处于工业化阶段的后期或后工业社会阶段，经济增长方式出现重大变化，由基础工业变为高科技工业和服务业，产值不断攀升，城镇化水平较高，土地集约化程度也相对较高，导致土地总体变动幅度较大、土地利用程度较高。尽管二者自然地理与经济发展阶段不同，但是二者土地变化的驱动因素大体相同，都与人口增长与城镇化发展、工业发展与固定资产投入、产业结构调整有关。特别是在人口这个重要的因素中，二者表现出来的土地利用变化响应方式与机制也是不一样的。

第 12 章

六盘山区、闽东南典型生态农业模式的比较及借鉴日本 MIDORI 模式

12.1 引言

农业具有保障食物安全、维护生态平衡、协调城乡发展、传承原生态农耕文化和民族精粹等多重功能，在发展现代农业中，因地制宜地构建丰富多彩的生态农业模式，是实现人地和谐与可持续发展，充分发挥农业多重功能的重要途径。20 世纪 80 年代初，英国学者 M.凯利-沃辛顿倡导“生态农业”（Ecological agriculture），1993 年正式表述为“生态上能自我维持，低投入，经济上有活力，在环境、伦理和审美方面可接受的小型农业”（李文华，2003）。随着生态农业的观念为世界普遍接受，特别是在具有五千年农耕文明和精耕细作优良传统的中国，在理论和实践中得到全面发展。我国学者骆世明等认为，因地制宜利用现代科学技术，并与传统农业精华相

结合，充分发挥区域资源优势，依据经济发展水平及“整体、协调、循环、再生”的原则，运用系统工程方法，全面规划、合理组织农业生产，可实现农业高产、优质、高效、可持续发展，达到生态与经济两个系统的良性循环和经济、生态、社会三大效益的统一（骆世明，2001）。我国早在汉代就萌芽了精耕农业的经济形态，发展到今天，更需要精耕集约经营的农业生产方式，这也意味着在地少人多的情况下非要有精耕农作不可，即在最小的面积上获得最大的产量。在农业不发达的地区或国家，人口或劳动力的密集也是精耕的一种方法，作者在研究一些热点区的土地利用/覆被变化过程中发现，人口密集化导致的土地利用不合理的变化所引发的生态破坏情况较为普遍，而这一情形需要通过优化土地利用配置和建设良性生态农业模式来进行生态恢复与治理。事实上，生态农业模式的开发也是解决土地利用不合理及其导致的生态环境问题的重要途径。尽管六盘山区、闽东南及日本三个区域之间存在着自然地理及经济上的差异，但是它们在建立和谐人地关系、优化土地利用配置上有着相通的地方，这是比较的出发点。为了吸收借鉴国内外生态农业模式及水土资源合理利用与农村发展的经验与教训，作者于2007年2月初至4月底在日本筑波参加JICA（Japan International Cooperation Agency）农村水资源可持续利用（Sustainable Water Resources Development on Agriculture and Rural Area）培训项目研修时，先后到日本东京，京都，名古屋，爱知，奈良，丰田，矢作川（Yahagigawa River），琵琶湖，明治用水工程（Meiji Yousui Headworks）以及九州岛的福冈、佐贺、熊本、宫崎和鹿儿岛等地的农村进行了实地考察和交流，对日本在现代农业发展中，如何应对资源、环境和人口老龄化等问题挑战的创新思维及其发展模式，有了一些新的认识和了解，这些理念与经验，对我国各典型区的生态农业与新农村建设有一定的借鉴意义。

12.2 六盘山区生态农业模式

六盘山区生态农业模式就是指以宁夏固原上黄村为典型代表的“黄土高原农牧果沼生态家园”模式，简称“ASCF” 生态农业模式（其中，“A”指“Agriculture”，“S”指“Stock breeding”，“C”指“Courtyard”，“F”指“Firedamp”）。国家科技攻关地区固原是全国有名的“西海固”老少边穷地区，这里气候干旱，地势高亢，干旱、冰雹、低温、霜冻、风沙五灾俱全，生态环境脆弱，农业生产条件差，抗灾能力弱，成为困扰该区经济发展和群众生活稳定改善的一大难题。党中央、国务院对这一地区的经济发展和生态建设十分关心与重视，1983 年将“西海固”列为“三西”农业专项计划，决定以 20 年时间集中解决这一片的贫困问题。中国科学院根据中央领导指示和宁夏回族自治区要求，派出一批科学家和科技人员深入六盘山区进行调研与考察，为中央决策提供了科学依据。并在完成了“固原县农业综合考察与区划”的基础上，于 1982 年在固原河川乡上黄村建立了科研基点，进行长期定位试验研究和示范，拉开了科技攻关的序幕。上黄试验区地处宁夏南部黄土高原西部宽谷丘陵沟壑区的河川乡上黄村，总土地面积 7.61 km^2，现有人口 534 人，它包括 3 个自然村，农户 111 户，劳力 239 人，海拔 1 534.3～1 822 m，年均气温 6.9℃，年降水量 415.1 mm。通过二十多年的科技攻关，取得一批重大科技成果，将昔日贫穷落后的上黄村建设成为生态环境步入良性循环、农业生产走向可持续发展、农村经济向高效集约化转变、农民生活摆脱贫困向小康迈进的区域治理与开发示范样板。六盘山区生态环境脆弱，自然资源贫乏，特别是水资源数量少，时空分布不均，水肥不协调，加之粗放经营，资源利用效率很低，农业生产十分落后。据试验研究，该区由于水土流失和强烈蒸发，有限的水资源一般利用率仅为 30%～40%，由于施肥不够合理，氮肥利用率仅为 20%～30%，从而加剧了该区的干旱和贫瘠，不仅严重制约了农业生产的发展，而且长期成为解决温饱和脱贫致富的一大难题。为此，该区以水土资源保育与高效利用为中心，主攻提高水分和养分利用率这一关键技术，对水肥协调规律与应用效益、旱地施氮损失与高效利用等进行了系统深入研究，为建立农牧结合的复合生态系统，从根本上解决干旱山区贫困落后问题，提供了理论依据和技术依托。根据这一理论与模式，试验区大抓三大技术体系建设（以小麦改制为重点的旱作农业增产技术体系；以早酥梨、红梅杏为主体的高效集约庭园经济技术体系；以大面积灌木草场为放牧基地的农牧结合型技术体系），经过艰苦创业，今日上黄已实现“三化两提高”的目标，即宜林荒山绿化、坡地梯田化、平川地初步高效集约化、农民的科学文化素质不断提高，涌现一大批科技致富能手和农民技术员；生态经济效益不断提高，已摆脱贫困，向小康迈进。目前试验区水土保持治理度已达 86%，林草覆盖率达 51.3%，年土壤侵蚀模数小于 1 200 t/km^2，达到“土不下山，水不出沟，化害为利，控制水土流失，高效利用水土资源”的要求，从根本上改善了生态环境和农业生产条件，大大增强了抗灾能力，农业生产连年增产增收。试验区经过“九五”科技攻关，到 2000 年人均纯收入达到 2 093.2 元，水分利用率提高 25.4%，养分利用率达到 41.3%，科技贡献率达到 60%以上。上黄村试验区还利用宁南山区土地资源丰富和大搞井窖工程的条件，创造了“果菜型”、“果苗型”、“草—果—畜型”、“四位一体型”等高效庭园经济模式，在干旱温凉山区探索出了一条改造小环境、发展集约化的高效农业的新路子。

12.2.1 平川地多种立体经营模式

12.2.1.1 果菜型

幼龄果园树冠小，光能和土地利用率低，采用间作套种的办法，既可以提高土地生产率，又可弥补栽植果树前期收入的不足。在 1～6 年生的果树幼园，栽培果树为早酥梨，株行距为 3×4 m，行间套菜为辣椒，每亩 6 000 株辣椒苗。根据市场需求，立体间作套种良种蔬菜，充分利用土地和水热资源，实现以短养长、长短结合、优质高效的目标。接近或达到成年期的果园，树冠较大，吸肥水能力渐强，宜套种豆科绿肥植物，能改善土壤肥力，提高水果产量和品质（安韶山等，2005）。

12.2.1.2 果苗型

在 1～3 年幼园的行间繁育早酥梨、红梅杏等优良果树种苗，以满足发展庭园经济优质苗木急需，同时增加农户经济收入，加速庭园经济发展。目前主要繁育的苗木为红梅杏苗，利用当地山杏种子，沙藏后，春天播种，第二年春天嫁接，当年可售出（李锐等，2008）。

12.2.1.3 生物质能转换高效利用模式

即以生态温室为主体结构的家畜禽舍—厕所—沼气池—蔬菜瓜果有机结合为一体的生态循环链。实现物质能量循环利用，发展高效生态农业。试验区气候温凉，无霜期短，属一年一熟制，冬季干燥少雨，日照充足，开展“四位一体”温室蔬菜栽培（图 12-1），在充分利用自然光能和冬季的农闲时间，就地消化剩余劳动力，改善农村生态环境，促进农村种植业结构调整，加速退耕还林还草步伐，增加农民收入等方面发挥重要作用。“四位一体”生态温室是以塑料日光温室为主体结构，在温室内，将沼气池、家禽畜舍、厕所、蔬菜栽培有机地结合在一起，形成一个良好的农业生态循环系统（安韶山等，2005）。

12.2.2 坡地综合利用模式

12.2.2.1 灌草乔多树种生态经济型防护林体系配置模式

这一模式主要适用于黄土高原半干旱退化山区，由荒山梁峁顶部生态型薪炭林等 10 个造林模式组成。模式的突出特点是：山顶柠条、沙棘、山桃戴帽，山腰山杏、花椒、仁用杏缠绕，川台地及“四旁”梨、杏、苹果镶嵌营造，退耕坡地山杏、山桃与紫花苜蓿隔带立体复合栽培，水平梯田柠条、黄花菜等地埂保护，侵蚀沟苜蓿、沙棘沟沿锁边，柠条、沙棘、山桃护坡，刺槐、臭椿拦水保底，实现“土不下山，水不出沟，山清水秀”的生态目标，是绿化美化荒山的好模式（安韶山等，2005）。

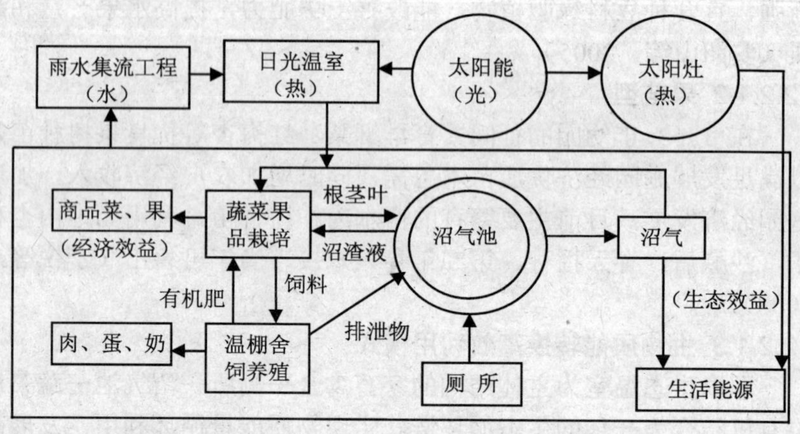

图 12-1 庭院太阳能与生物质能转换高效利用模式（安韶山等，2005）

12.2.2.2 林—草—畜的生态—经济多元耦合模式

这一模式主要适用于黄土高原半干旱退化山区的退耕还林还草区域，模式又由 3 个开放的生态、经济系统连接，耦合构成为一个完整的生态—经济多元耦合系统模式。模式在林草立体复合配置技术体系、优质牧草旱作高产栽培技术体系、设施养殖综合配套技术体系的支撑下运行。具体做法是在荒山坡地和退耕地建立水土保持型林草立体复合生态系统，用系统内生产的生物饲草饲养优良牛羊——小尾寒羊与秦川牛，牛羊排出的有机肥施入农田培肥土壤。突出特点是林草镶嵌配置，草食动物平衡转化，形成林牧与种养加结合、用地养地结合，发展林果业、畜牧业和特色农业，促进农业产业化，实现调整农业结构、增加农民收入的目标。果—草—畜链生态农业模式的突出特点就是：用山地或退耕还林地种植优良牧草——紫花苜蓿，成园行间种植绿肥，用牧草圈养优良牛羊——小尾寒羊与秦川牛，圈粪施入果园培肥土壤，形成“以草养畜，以畜造肥，以肥还园”的良性循环（安韶山等，2005）。

12.3 闽东南低山丘陵区生态农业的模式

闽东南地处福建省东南部，依山傍海，行政区域上主要包括厦门、漳州、泉州、福州、莆田五个市。该区在地形、气候条件方面对于发展农业具有一定的优越性，地形以低山丘陵、台地为主，480 m 以下的丘陵台地占全区的 38.96%。光、热、水资源条件十分优越。同时，闽东南地区与台湾血缘相连、习俗相近，语言、文化背景一致，农业技术适应性强，是台商投资的首选区域，成为福建省经济发展最有活力的地区，这为生态农业模式的建立与发展创造了条件。生态模式设计核心主要是把植物生产、动物生产与土壤三者联系起来形成系统，重点是保证动物生产与植物生产规模相匹配，让足够的有机质回归土壤，使土壤肥力不断提高，促使植物生产持续增长。该模式是从 20 世纪 90 年代中后期开始，在闽东南区域乡镇企业发达，农村第二、第三产业发展较快，农村剩余劳动力大量转移，有条件积极引导实现农业规模经营，推进农业产业化的背景下提出实施的。目的是为了保护生态安全，防止水土流失。这与六盘山区目前的农业发展目标有些类似。

“闽东南联户农果生态家园的生态模式”，又简称为 UCCO 模式，是以“生态联户”（United farm household）与三个景观单元：“耕地”（Cultivated land）、“庭院”（Courtyard）、“果园”（Orchard）的第一个英文字母的组合（李新通等，1999）。UCCO 模式基本构思是：在同一景观生态单元内，若干农户联合经营，呈适度规模，引入生态防护措施，提高抗风险能力，倡导复合农林系统，这样的生产单元，称为“生态联户”。再通过果园实行果—草—牧土地利用模式，使经济效益与生态效益相结合，并突出亚热带果园特色；通过在有限的耕地上，实施粮—经—饲（粮食作物—经济作物—饲料作物耕作制度）三元种植的土地利用模式，挖掘耕地潜力，实施水旱轮作，培肥地力，建立冬季饲料基地，发展节粮型畜牧业，使动物生产规模与植物生产规模相匹配，保证有足够的有机质回归土壤，形成植物—动物—土壤循环系统，其间各组分物质、能量形成快速稳定的良性循环。发展庭院农业，以养牛为重点，从果园与耕地中的牧草基地上获取饲料来源。同时，利用牛粪、秸秆等农业废弃物发展食用菌生产和制造沼气，形成畜—沼—菌的庭院空间综合利用模式。将上述几种模式集成起来，就形成适度规模的嵌入式复合农果林经营系统。其生态农业体系框架如图 12-2 所示。核心内容简要概括为：以生态联户为生产单元，突出亚热带果园的特色，挖掘耕地潜力，林草合理布局，发展庭院农业，这一模式将土地利用单元在空间格局上和生态过程上相互联系起来，优势互补，形成良性循环系统。由于它是根据农业生态系统的物能循环运动原理、循环与再生、互惠共生、增加食物链环节及经济学的规模经营理论来进行设计的，因而具有较高的经济效益。这一农业生态模式经过在闽东南地区的实践，也具有社会效益和生态效益，更为广大农民所接受（朱鹤健等，2002）。

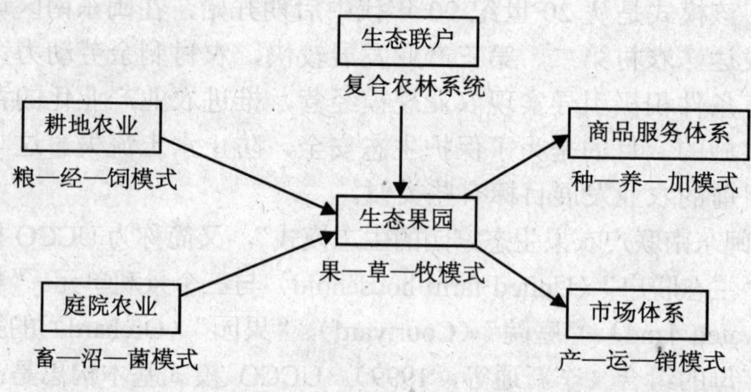

图 12-2 闽东南地区生态农业体系框架（朱鹤健等，2002）

12.4 日本生态农业模式

12.4.1 日本农业发展的历史与现状

日本是一个多山的岛国，山地和丘陵占国土总面积的 85%，平原仅占 15%，人均耕地少且自然条件差，因此有着十分珍惜土地和精细利用水土资源的历史传统。在中世纪日本早期的农业中，就开始出现集约化的特征（Nakahara，2004），农民们在旱作时，就注意用地和养地结合，采取轮作方式和落叶等有机肥的贮存及施用，后来从中国引进水稻，并吸收了中国汉朝以来精耕细作的农业经验，逐步形成了以稻麦轮作或双季稻生产为主的水田种植制度。日本著名学者秋冈家荣认为：中国文化对日本在多方面产生了巨大影响，其中以汉字和水稻影响最大，水稻栽培技术促进了日本从狩猎生产方式向农耕生产方式的转化，培育了稻作文化。同时农民们十分注重土地保护，如兴修水利与水土保持工程，精心地管理河流与池塘，进行农田灌溉和防灾减灾。

第二次世界大战后，日本到处一片废墟，面临粮食严重短缺危机，农民乱垦滥伐，造成童山秃岭，土壤侵蚀严重。为此，1950 年日本政府颁布了《森林法》、《林业基本法》以及山地水土保持的法律，1952 年日本第十三届国会根据山区农民要求，通过《急倾斜地带农业整兴临时措置法》，对山区改造进行大量投资和长期贷款。1952 年还颁布了《农业土地法》，以保障第二次世界大战后土地改革的成果，鼓励农民投身于土地管理与改良，规定了土地利用转变的流程与体制，以限制农地的非农化倾向。此外，它还提出了促进农业管理水平的基本途径、方向与框架，涉及诸如实行农民证书的体制、通过项目实施促进农地使用权的确立、特定的农业合作体系、未利用地的开发对策等内容。这些对于保障主要农地的稳定，调节农地与非农地之间的平衡起到了较大的作用。日本的《土地促进法》（Land Improvement Law）早在 1949 年颁布，在 2001 年又进行修订。在《土地促进法》下的土地改良区（LID，Land Improvement Districts）是一个很重要的实体，它的建立要求必须有申请人所在区域的项目受益农民的 2/3 人员的通过，当省级（Prefecture）政府同意建立土地改良区时，则所在项目区域的受益农民都有义务成为这一土地改良区的成员。土地改良区具有严格的组织体系，能有效实施与管理土地改良项目，如灌溉与排水、土地调整等，同时还收集相关费用以及涉及改善当地农业基础设施等工作。

日本战后从恢复农业经济开始，到 20 世纪 70 年代，用了 20 多年时间，实现了农业现代化。其主要标志是在高度水利化、机械化和雄厚的农业科技实力与健全的社会化服务体系保障下，不断生产出优质、高效和安全的农业产品。严格的土地保护政策和先进的农业科技与长期投入，使日本在人多地少的情况下，维持了农业与工业、农村与城市的协调发展。

12.4.2 日本农业发展面临的问题与挑战

（1）农业人口呈现减少趋势，人口老龄化突出

日本实现工业化与城市化后，农业在国民经济中的比重相对下降，2005 年农业总产值仅占 GDP 的 1.4%，农业人口从 1970 年的 1 025 万人下降至 2004 年的 362 万人，农户从 1960 年的 606 万户下降至 2004 年的 293 万户，分别减少 64.7%和 51.6 %。在约 216 万户商业性经营（Commercial farming）农户中，只有 20.4%专门从事农业生产；其余除从事农业外，还兼顾其他，其中又有 66.6%的人，非农收入超过农业收入（Japan Statistics Bureau，2005）。同时，日本是世界人口老龄化最快的国家，据联合国《2007 年世界经济社会调查报告》称，2005 年日本 60 岁以上的老人占总人口的 26%，而到 2050 年这一比例将增至 42%，将成为发达国家中“老龄化程度最严重的国家”。另据日本专家介绍，1970 年到 2004 年在日本农村中，65 岁以上的老人已从 182 万人增加到 206 万人，农业人口中有 57%是 65 岁以上的老人，增长速度比全国平均水平增长更快（图 12-3）。农民的老龄化问题和农村非农户数的增加，加上人们价值观念的转变，这些正在使原有的合作精神变得更加脆弱，因此，也影响到社区一级的土地改良设施的操作与维修（表 12-1）。

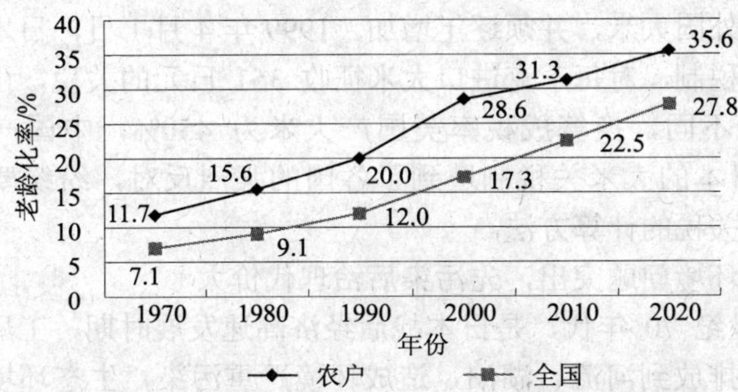

图 12-3　日本 65 岁以上农村人口与全国人口的老龄化率比较

表 12-1　日本农村社区土地改良设施的操作与维修参与率

10 个土地改良区的调查类型	操作与维修参与率/%	
	1992 年	2003 年
农户	92	75
拥有耕地的非农户	55	28
非农户	7	0

（2）政府对大米生产实行过度保护政策，日益缺乏市场竞争力

大米一直是日本人的主食和主要农产品。战后由于饮食结构发生变化，大米消费不断减少，价格下跌。据日本农林水产省发表的统计数据，1962 年，日本平均消费大米 118 kg/(人・a)，2000 年减少到了 65 kg/(人・a)。1995 年前后，60 kg 一袋的大米竞标价格在 21 000 日元左右，到 2001 年，就降到了约 16 000 日元。农村是执政的自民党主要选票来源之一，因此，出于维护政治基础的需要，日本政府制定了大米价格保护政策，实施“水稻种植面积分配制度”，对被限制种植水稻的面积进行补助，赔偿农户因此造成的经济损失。近年来，被限制种植水稻的面积越来越大，补贴越来越多，给日本财政造成了极大的负担，2002 年，日本政府为限产和减产共支付了 5 500 多亿日元财政补贴。另一方面，根据世界贸易组织（WTO）农业协定规定的“最低进口义务”的要求，日本从 1995 年

开始进口外国大米，并须逐年增加。1999 年 4 月 1 日，日本开始实行大米关税制，对每千克进口大米征收 351 日元的关税，由于各国大米价格不同，换算成税率美国产大米为 450%，中国产大米为 350%。日本的大米关税制遭到了各国的强烈反对，纷纷要求日本改正大米关税的计算方法。

（3）环境问题突出，先污染后治理代价大

20 世纪 70 年代，是日本战后经济高速发展时期，工厂和农村污水大量排放到河流、湖泊，造成环境严重污染，生态环境恶化。如滋贺县的琵琶湖面积 670 km^2，是当地居民主要饮用水水源地，由于大量工农业生产和生活污水排放湖内，导致湖水富营养化，1977 年琵琶湖爆发大规模的赤潮，震惊了日本社会。为治理琵琶湖日本政府投入了 180 亿美元，采取了一系列严格措施，花了 30 年时间才将水质恢复到Ⅲ类水，付出了沉重代价。现在琵琶湖地区不仅严格控制工业污染，而且对农业和农村社区也严格控制污染，如禁止大水漫灌，采取浸润灌溉、喷灌、滴灌等节水技术，合理使用化肥、农药，实行覆盖、免耕等，生活污水不能排入渠道的农户，就安装小型污水处理装置，从源头上防治污染。同时进行治山养水，植树造林，保持水土，防止水土流失，建成为旅游胜地。还建立了琵琶湖博物馆，进行生态环境保护宣传教育。

12.4.3 日本现代都市农业发展新模式 MIDORI

（1）“美多丽”（MIDORI）模式产生的背景及内涵

早在 20 世纪 40 年代末，日本学者冈田茂吉（Mokichi Okada）针对当时开始出现的过度依靠化肥增产的苗头，就提出了要充分发挥土壤自身固有的巨大力量，实行自然农法（Nature Farming），避免化肥不必要的施用可能引起的土地退化和再生能力削弱（李文华，2003）。在现代农业发展过程中，在科学总结了大量施用化肥、农药、除草剂等造成的环境污染和土地退化的教训后，自然农法的思想逐渐被接受。冈田茂吉的继承者在 20 世纪 80 年代初就建立了全国性的民间自然农法网络组织，从而为日本生态农业发展奠定了基础。同时，农民对农业基层组织——土地改良区寄予厚望，希望它能开展一些活动，来解决与克服农业和农村发展中面临的问题与困难，进一步重振日趋衰退的农业。在这种背景下，日本国家与省级土地改良联合会于2001年共同发起“振兴21世纪土地改良区的运动”，为了使农民广泛参与，土地改良区广泛寻求一个别名以符合它本身的含义与未来发展的趋势，这个名字最后被确定为“MIDORI”。

“MIDORI”音译为“美多丽”，可意译为“水土宜居家园”。其日文原义为：Mi（Mizu）：水，如农业用水；Do（Tsuti）：土壤、土地和农用地；Ri（Sato）：农村的区域与空间以及农户与非农户的居住地；“MIDORI”在日语中也意味着“绿色”，此外，它还具有“自然”与“减少对环境的影响”的意思。这一运动就是想达到以下目的：①创建与新时期相符的体制，通过它使当地的居民和组织机构能够在管理土地改良设施和该区域内的社会财富上通力合作；②使公众意识到土地改良区是管理当地资源的组织，同时也是区域发展的中心；③赢得公众对于农业多功能性的重要性的理解。当前，日本约有900个土地改良区通过与当地居民、政府机构和当地其他组织联合开展各种各样的活动参与到这一运动中来。

（2）“美多丽”（MIDORI）模式的结构与功能

受中华文化的影响，日本是一个具有浓厚“农本思想”传统的民族，在工业化和城市化高度发达的背景下，仍然认识到农业具有社会、经济和生态环境等多重功能，除提供人们必不可少的粮食需求外，还具有水土保持、生态环境维护、自然与历史景观保护以及传统文化的传承等功能。日本美多丽（MIDORI）的内涵就是在面临人口老龄化、农业萎缩、土壤污染和土地退化等挑战下，建立新的理念与发展模式，达到治山养水，水土资源精细利用，农业可持续发展，拥有干净的空气、洁净的水和风景如画的家园，保持农村的多重整体功能。其内部结构特点是：以农户为单元，以水土资源精细利用为基础，以发展特色农业、设施农业、观光农业等现代生态农业为主体，以水利化、机械化和社会化服务体系等物化劳动，替代大部分人力劳动，促进城乡一体化发展，保持农村活力和农业可持续发展。其外部因素则是以国家和省级土地改良联合会为组织支撑，以社会研究机构、农业院校提供科技支撑（图 12-4）。

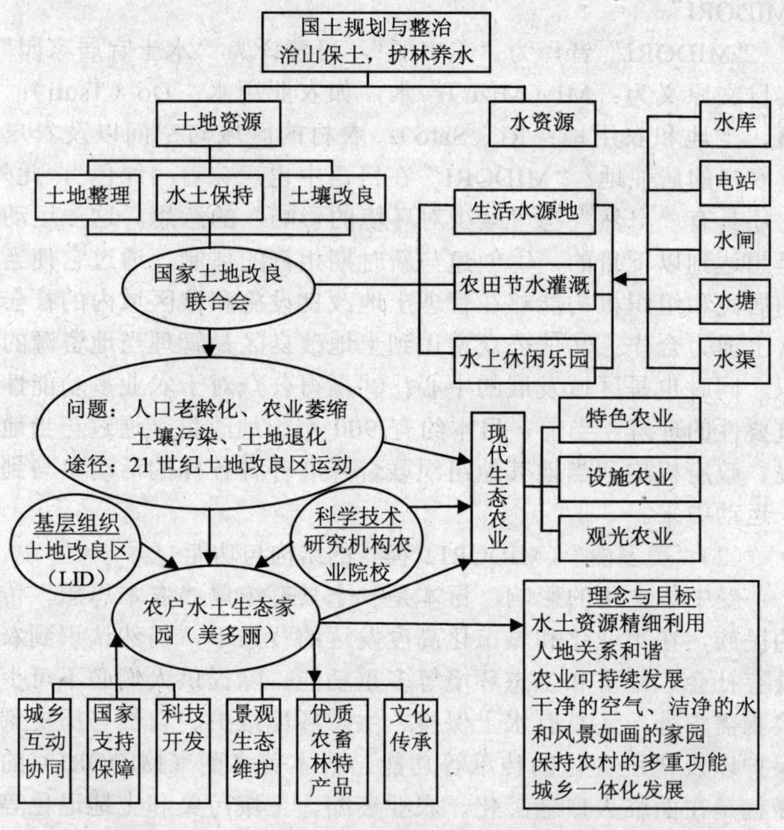

图 12-4　日本的 MIDORI 模式内涵、结构与功能图

12.5 六盘山区、闽东南地区及日本生态农业模式的比较

12.5.1 共同性

六盘山区的“黄土高原农牧果沼生态家园”模式（ASCF 模式）、“闽东南联户农果生态家园”模式（UCCO 模式）及日本“水土宜居家园”（MIDORI 模式）有一些共同之处，主要表现在：

（1）土地合理利用，质能循环高效转换。它们的土地利用及其结构基本合理，都是根据农业生态系统的物质与能量循环运动原理、循环与再生、互惠共生、增加食物链环节以及根据植物生长过程中时间、空间和生理特性互补的原则，建立多样性土地利用的格局，使物质与能量流动处于最佳利用状态。

（2）生态环境保护优先，精细利用资源。六盘山区针对不同的地形条件设计了不同的模式，而其最终目的就是要更好地保护生态环境。而闽东南地区也是如此，如果不是在丘陵台地区，则会因地制宜实施温差式或保土式土地利用模式等。它们都是按暖、温、凉、冷四个不同的生态环境，根据山地不同层次的生态环境，合理安排林、果、粮、经、菜、鱼、禽等，形成“山顶林木戴帽，山中果树缠腰，山下粮仓银行”的立体格局模式（Zhu et al.，1997）。这与六盘山区“三化两提高”经验也是相通的。而日本 MIDORI 模式更是生态环境保护的典范。它们或根据山地空间异质性特征，因地就势，建立相对匀质性的斑块状的土地利用格局；或是适应土地垂直分异，建立层带状土地利用格局；或是为防风保土的目的，置农地于林网之中，形成网状土地利用格局。无论哪种，都要服从于有效地保护生态环境，精细地利用水土资源。

（3）农业集约化生产，生产力不断提高。对六盘山区，农村庭园经济实际上就是大多数农户都可以办到的“低投入、高效益；小规模，大群体；风险小，见效快，高集约，讲技术”的特色农业，

是农民由温饱型向小康型过渡的有效途径。通过在固原上黄 10 多年的引选试验和综合研究，鉴选出早酥梨、红梅杏等适应当地冷凉干旱气候的良种及其高效果园建设技术，并基本形成具有六盘山区特色的果菜型、果苗型、果畜型等庭园经济结构模式。在目前管理水平下，3～4 年即可挂果，并通过果菜，果苗间作，以短养长，每公顷产值达 4.5 万～7.5 万元。群众形象地说：庭园经济是“全年忙碌，四季生金”，“抓好一亩园，退耕十亩山，抓精一亩园，收入过万元”。这一庭园经济结构与模式，为改变单一粗放的大田农业生产经济结构，充分利用六盘山区人少地多的资源优势和大搞井窖工程的条件，发展高效集约化经营，使干旱山区稳定脱贫致富。而对于闽东南地区，它具有发展亚热带水果生产得天独厚的农业自然资源的优势，依靠这一优势，历史上生产荔枝、龙眼、柑橘等名果，驰名中外，积极发展这一特色农业，提高了土地生产效益。对于日本而言，由于人多地少，日本十分重视集约化生产，积极开展品种引进和改良，大力发展堆肥和高效农药，科学防治病虫害。日本加快推进其工业化、城市化进程，使日本农村剩余劳动力大量转移和输出。同时，日本发达的现代工业，特别是机械制造业设计与制造了适于山地农村耕作与收割的现代化小农具。这些因素共同作用，使日本能够在人口相对稀少的农村地区采用多种灌排技术与设施，运用机械化设备，高效精细地利用水土资源，进而提高土地生产力。单位面积产量高已是日本农业的一个显著特点。

（4）农村经济发展以农户为单元，进行适度规模经营。它们都注重以人为本的思想，以农户为主体来进行生态模式的实践，这样农户就有主动性与积极性。对于六盘山区，目前已经形成西吉县马铃薯基地、隆德县中药材基地、彭阳县菌草基地、泾源县肉牛基地等一批具有一定规模和特色的农业产业化布局。以上黄村为例，农户重点发展早酥梨、红梅杏等几个在市场上有竞争力的品牌产品，形成了以千家万户的小生产应对千变万化的大市场的局面。而对于闽东南地区，则采取“生态联户”的办法。即在同一景观生态单元内，若干农户联合经营，呈适度规模，从而以规模化的生产获得高效益。日本则尊重农民的首创精神，确保农民自主创业，提高农民生产的积极性。长期以来，日本农民在观念与制度上也重视对农田水利设施的共同利用，在农村地区已经普遍形成了一些农协组织（JA，Japanese Agriculture Cooperatives），在推进日本农业向现代化发展中，农协在保护自耕农民利益、保障农产品供应、提供农业金融支持，提高农民团体的社会地位、减少政府社会化管理成本以及强化执政党政权基础等方面起到了很大的作用。政府支持他们的活动，使得农民互帮互助地共同从事农业活动成为一种习惯，这也是日本农村发展的重要驱动力。

12.5.2 差异性

（1）阶段性不同。六盘山区的“黄土高原农牧果沼生态家园”模式（ASCF 模式）是传统农业向现代农业过渡的一种模式。“闽东南联户农果生态家园”模式（UCCO 模式）属于现代农业发展初期的农业生产模式。日本“美多丽”（MIDORI）应属于现代农业生产的高级阶段。这三者有明显的阶段性。闽东南的农业管理措施强调依靠人力优势，充分利用时间和空间，要求土地周年利用，实施以土壤培肥为中心的耕作措施。这方面的要求与标准相对于六盘山区要高。对于日本，在发达经济推动下，日本已经实现了现代化的农业。在农村社会化服务水平上比较也可看出其差异性。闽东南地区，尤其漳州市，是我国南亚热带水果、蔗糖、花卉生产基地，农业发展水平在国内处于领先地位，是我国农业与农村发展最发达的地区之一。那里乡镇企业较发达，农村农副产品加工与服务行业发展较快，生产资料有保障，能便利地加工和销售产品，生产、流通和各个环节基本顺畅。闽东南地区还有较为齐全的农产品交易市场，使承包者能独立自主地经营和出售产品，并能够赢得合理的利润。闽东南地区已有不少专业能手，有经营大片农场、果园和田地的经验与能力，能充分发挥各项生产要素的作用。农村道路、信息化网络等较完善（章牧，2002；程炯，2001）。而六盘山区农村社会化水平相对较低，日本则在“工业反哺农业，城市带动农村”方面做得更好，日本产供销体制非常健全，农民生产的产品基本不用担心销售不出去。

（2）发展任务不同。六盘山区上黄村的“黄土高原农牧果沼生态家园”模式防治严重的土壤侵蚀，注重修复生态环境，脱贫致富奔小康。“闽东南联户农果生态家园”模式（UCCO 模式）强调预防水土流失，注重生态环境改善，努力建设现代化的生态农业。而日本“美多丽”（MIDORI）模式则注重生态环境的保护，人居环境的和谐，提升现代化农业的内涵。

（3）国情与区情不同。上黄的“黄土高原农牧果沼生态家园”模式（ASCF 模式）代表黄土高原半干旱退化山区的生态农业模式，而“闽东南联户农果生态家园”模式（UCCO 模式）代表南亚热带沿海经济发达地区丘陵台地上的典型生态农业模式。“美多丽”（MIDORI）模式则代表发达资本主义沿海岛国的生态农业模式。从自然条件上比较，六盘山区相对地广人少，而闽东南地区人多地少。日本国土面积相对狭小且多山，整个国土面积约有 75%为森林所覆盖，而农业土地利用面积中又有 67%为山地丘陵。从经济上看，六盘山区目前还处于贫困阶段；闽东南地区毗邻我国台湾，具有沿海的区位优势，区域经济相对发达；日本则是发达的资本主义国家，1968 年至今，日本一直保持 GDP 位居世界第二的经济大国地位。2005 年，日本的 GDP 是 45 668 亿美元，而中国是 22 257 亿美元。2005 年日本人均 GDP 为 35 751 美元，而中国人均 GDP 为 1 703 美元。因此，三者存在着自然地理与经济发展上的差异，必须强调因地制宜思想，不能照搬。

12.6 “美多丽”（MIDORI）的特征与优势

12.6.1 土地资源的科学整治与保护

日本在《土地改良法》之下，建立了一些执行农村发展的组织与机制，包括土地改良区（包括土地改良区联盟），农业合作社等，他们积极实行土地整理工作，将不规则的、破碎的地块按照有关标准进行整治，实现园田化（附图 15）。如果是省级负责的土地改良项目，国家、省、市级政府分别负担工程费用的 50.0%、27.5%、10.0%，农民只负担 12.5%。目前，水田中已整理过的单块土地单元（Plotted lots），大于 30 hm^2 以上土地面积为 157 万 hm^2，约占总水田面积的 60%。在约 214 万 hm^2 的旱地中，大约 74%的土地地块间有道路连通，另约有 20%可资水利灌溉。通过土地整理与改良，改善了农业生产条件，实现了农业的机械化与集约化，大大提高了土地生产力和劳动生产率。

12.6.2 水土资源精细利用与管理

日本非常重视水利设施建设，历史上，农民在河流上修建溢流坝（Diversion dams），进行引水灌溉。为了克服拦河坝的不足，灌溉水塘（Irrigation ponds）逐渐出现（Nakahara，2004）。灌溉水塘日语中叫“Tameike”，通常是指任何蓄水的水库，但专业上特指是高度在 15 m 以下的灌溉水塘。迄今为止，共有 30 万处，它们遍布在日本全国各地，其中，水面面积在 2 hm^2 以上的水塘就有 65 000 多个。由于灌溉水塘的重要性，近年来，日本政府还鼓励城市居民通过参加各种活动来保护和有效地使用这些水塘灌溉设施，例如，一方面使水塘为城市居民提供有价值的广阔的水域空间，净化生活环境；另一方面，城市居民也可开展卫生活动维护水塘的干净清洁。

日本水资源利用多以工程项目形式进行建设与管理，例如，使福冈与佐贺受益的筑後川下游用水工程就是针对那里旱季缺水和排水不良状况而设计的。为此，对已有的灌溉设施合并与调整、归并与集流无效分散于各地的小溪、改进水获取体系以及改善水的排泄，从而使水资源得到充分合理利用。日本还注重污水处理工程与水的重复利用，1999 年大城市污水处理率达 97%，中小城市接近 60%，农村地区在 22%左右。农村污水处理设施发展较快，按污水处理设施与人口的比例，从 1994 年的接近 10%，到 1999 年达 22%，再到 2004 年接近 45%，预计到 2010 年将接近 60%。在对于琵琶湖的治理过程中，主要采取加强生态环境污染治理研究与教育、截污和湖泊附近植树造林的方法来进行。作者参观了琵琶湖与约朵河净化水质实验中心（The Joint Experiment Center for Water Purification on Lake Biwa-Yodo River），日本专家重点介绍如何用植物与土壤来净化污水。土壤用来净化湖中污水后，通过化学反应也使其本身肥力增加，这些土壤并没有被浪费，还继续用来种植作物如蔬菜、西瓜，并且其上生长的作物品质特别好。这也充分反映了日本对土壤资源重复使用的做法。不过，毕竟从农田以及城市进入琵琶湖的污水运用生物处理方法，难以在短时间内见效，因此日本政府也为此付出了巨大的代价。纵观日本水土资源开发的项目与历史，实际上就是建造一个与水相连的综合区域体系，它可以提供水利设施，如拦河坝、堤坝、沟渠、水塘和贮水坝，以满足当地农业活动的需求。现在日本的农业灌溉设施，包括基本农田灌排渠道，总长度可达 45 000 km，它们起到了维护自然生态系统的作用，并形成优美的风景。日本每年农业耗水十分巨大，大约有 580 亿 t 水用于农业灌溉，相当于日本年耗水量的 2/3。通过水的重复使用、水的净化以及依靠地下水对农田进行灌溉等，日本已经形成了以农业灌溉渠系为中心的区域性大范围的水循环体系，并使农业生产在环境成本较低的水平上进行。

对于实施的灌溉与排水设施建设费用，国家也给予大量补贴（表12-2）。通过日本政府投资与国家政策扶持，日本农村地区水利灌溉设施更为普遍，通过农业野外考察，发现河流上游多建有壅水坝或拦河闸（Headworks）（赵秉栋等，1996），并有处理泥沙的装置，它为合理地计划与控制用水奠定了基础。在日本农村地区还发现，灌溉渠道和从那里通过地下管道流向田间的取水口，使水能得到充分和有效的利用。喷灌较为普及，水利灌溉设施很完善，使水土与环境朝着和谐的方向发展。

12.6.3 有效的城乡互动

日本是高度发达的工业化与城市化国家，可实行工业反哺农业，城市带动乡村，从而大大加强城乡交流与互动。农业实现机械化后，对农民数量需求相对减少，这部分剩余的农民可靠工业化与城市化来解决其出路。因此，工业化与城市化发展也是农业发展的支撑。从城市化的地域扩展方式上，它是城市与乡村混合式的，城市中也有大片绿地与河流水域，与乡村有机交融在一起。各地土地改良区广泛开展一些使城市人亲身体验农事、增进理解土地改良设施、参与农村设施的操作与维护、保护水利设施与野生动植物栖息地、学习农村开发历史以及开展改善农村景观等多种多样的活动，目的是从思想观念上，使城乡互动真正落到实处。

表 12-2　日本灌溉与排水设施建设费用的基本负担

实施主体	负担费用比例/%			
	国家	县	市	农民
国家	66.6	17.0	6.0	10.4
县*	50.0	25.0	10.0	15.0

* 相当于中国的省。

12.6.4 生态观光农业的兴起与发展

日本通过 MIDORI 生态农业模式建设，造就了农村美丽如画的风景，当地农村可结合历史古迹、传说与名人故事等，形成生态旅游风景点，带动观光旅游业的发展。例如，作者参观了奈良的著名历史文化遗迹石舞台古镇（Ishibutai Burial Mound），Ishibutai 英文字面意思是“Stone stage”，指用石头建筑起的舞台，是专门用来命名这一类古墓的。它坐落在明日香村振兴公社，由 30 多块巨石组成，总重 2 300 t，那里据说是日本最大的石墓之一，很有名，几乎成为该区的象征。同时，它通过特色生态农业生产出各种不同颜色的大米，使闻风而至的游客争相购买，现在它已成为著名的生态旅游农业观光区。从中可体验到农村与农业区的多功能建设，水利灌溉、生态建设与旅游发展相结合，更可体会到人与自然环境相融合的特点。

12.7 讨论与启示

（1）重视农业多功能性。黄土高原是中国农业的发源地之一，孕育了灿烂辉煌的中华农耕文明。但是近代以来，由于种种原因，在人口增长过快和生产力过低的压力下，形成了“愈垦愈穷，愈穷愈垦”的恶性循环，生态环境遭到毁灭性破坏，加剧了水土流失和贫困化。近几年来，国家实施大规模“退耕还林还草”补贴政策，植被得到恢复，生态环境明显好转。同时在我国现阶段工业化和城镇化快速发展过程中，黄土高原农村大量青壮年劳力外出务工，实际上也出现了类似日本的农业劳动力减少和农村劳力老龄化的问题。黄土高原一些生态农业典型区，在生态保护优先，合理利用水土与生物资源（雨水集蓄利用、沼气利用、作物秸秆开发等），发展特色农业，继承传统农业精华，吸收现代先进农业科技，发展黄土高原现代生态农业上也积累了丰富经验（李生宝等，2006；李壁成等，2005）。地处半干旱退化山区的宁夏固原上黄村，通过 20 多年的潜心研究与实践，创建了“农牧果沼生态家园”模式，不仅使当地农户脱贫致富，而且使生态环境步入良性循环，已在当地大面积推广，也为实施农业多功能性打下了基础。而我国闽东南地区雨量充沛，水资源丰富。闽东南地区陆地上，地表起伏，丘陵与山地占较大比例且分布错杂，在自然环境上与日本有一定相似之处，可因地制宜地借鉴日本的生态农业及其土地管理模式。该区在生态农业发展过程中，已经形成的“桑蔗果渔型”、“桑蔗果林渔型”、“稻菜果渔型”等可进一步朝着旅游经济开发等多功能方向发展。但是，过去在经济迅速发展过程中，有很多对其自然生态系统粗暴干预的行为，特别是化肥、农药、薄膜等投入引起的农业面源污染和集约畜牧业、乡镇工业及城镇生活等点源污染在农业中的扩散已经相当严重，农产品的卫生状况和安全也受到威胁（洪华生等，2008）。因此，需要重视学习日本的农业多功能性，走资源节约型与环境友好型经济发展道路。

（2）加强土地整治与农业生态工程措施。我国西北黄土高原六盘山区，雨少缺水，多年平均降水量为 420 mm，闽东南沿海地区虽然雨量充沛，但在区内降水分布并不均匀，也存在着季节性的干旱问题。据研究（全斌等，2001，2004a），闽东南地区在气候、土壤、植被、水文、地形综合自然因素影响下，赤红壤旱地水分问题特别突出，1 m 深的土体中有效水库容仅为 71 mm，是华北潮土和东北黑土的 1/3～1/2，致使其上的农作物易遭受干旱的胁迫。因此，该区有必要凭借现有的经济实力有计划地建设山塘水库以储水，类似于日本的“TAMEIKA”，以协调因季节降水分布不均带来的缺水问题。我国闽东南沿海地区城市化快速发展导致耕地流失十分迅速，对有限的耕地资源形成巨大的压力；而六盘山区虽然人均土地资源相对较多，但是在土地的集约利用与规模效益上需提高。日本较善于利用工程方法去开发与整治土地，例如：在日本考察很深的体会便是日本农田就像是雕刻在日本大地上的“井”字（Grid）一样，平整有序，分界线是道路与水渠，田块旁边与水管相连接。两个典型区可以考虑率先学习日本 MIDORI 成功的生态工程经验，对现有的耕地资源在“水土精细利用与整理”上做文章，使破碎的耕地得到集中规划，变成整齐的、平整的格状田块，通过土地整理不仅可以腾出更多数量的耕地资源，还可以提高现有的耕地资源的质量与农业生产潜力。两个典型区还可以利用政策上的优势，例如，黄土高原利用国家“退耕还林还草”补贴政策的有利时机，闽东南地区充分利用国家加强发展对台经济联系与合作的机遇，借鉴日本 MIDORI 的成功经验，加快传统农业向现代农业过渡与社会主义新农村建设。

（3）农村经济发展以农户为单元，进行适度规模经营。前已述及，实际上，MIDORI 就是日本农协与 LID 发起的。中国也可以借鉴这一操作方式，通过引导中、小农户参加合作组织，联合农民进行适度规模经营，同时，也可以壮大经济实力，降低市场谈判成本，在政府制定政策中反映农民的呼声（曹俊杰等，2004）。

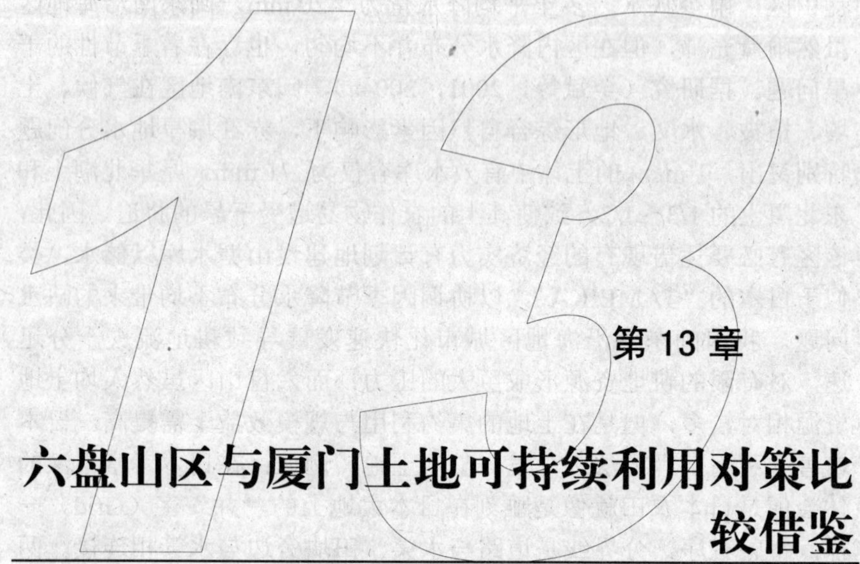

第 13 章

六盘山区与厦门土地可持续利用对策比较借鉴

13.1 六盘山区生态功能及地位

六盘山区属于温带草原和森林草原地带，它包括宁南黄土高原自然区与六盘山自然区两个部分。六盘山位于黄土高原中西部，地处宁夏南部，是我国三大阶梯地形和生物地理的一条重要分界线，也是黄土高原上的“绿岛”、“湿岛”。六盘山自然保护区建于 1982 年，是一处以保护黄土高原地区暖温带山地森林生态系统为主要目的的自然保护区，1988 年被批准为国家级自然保护区。六盘山因山路曲折，经六重盘旋始达山顶，故称六盘山，其面积约占 67 300 hm^2，为温带森林草原地带，山上分布着大面积的落叶阔叶林，是黄土高原重要的水源涵养林区之一，山间有 60 多条河流与小溪，是泾河、清水河等黄河支流的发源地。六盘山同时还是我国湿润区到干旱区过渡带的一座山地，并且也是多种植物区系成分的交汇地，生物多样性较丰富（马乃喜，1995）。六盘山区除六盘山、罗山等为石质山地外，大部分为深厚的黄土所覆盖，地势平缓，耕性良好。其植被分布以海原西华山、南华山经固原须弥山至炭山一线为界，以南为温带森林草原，以北为温带干草原。据考古研究，距今 5 000～6 000 年的全新世中期，这一地区的自然环境要比现在优越，具有暖温带植被特点，森林分布较今日广泛，林草植被更为茂密，因此才会有众多先民在这里繁衍生息，发现的大量新石器时代遗址即是证据。在这一自然环境中，六盘山区的农牧业经历了漫长的演进历史，不同时期的人类生产活动和国家政策，作为重要驱动力，对生态环境产生了深刻影响。至今，六盘山区已变成我国西部地区生态环境最恶劣的地区之一。因此，需要从恢复生态环境入手，对生态环境加以改善。2005 年宁夏回族自治区人民政府将六盘山及其周边地区规划为大六盘生态经济圈，制定了《宁夏大六盘生态经济圈建设总体规划》，明确提出大六盘山区，确保将大六盘山区生态功能置于第一位，通过退耕还林还草工程来逐步恢复生态环境，使当地发展以生态与经济协调发展为目标，走可持续发展的路子。

13.2 六盘山区土地利用变化下的生态环境响应与安全

通过前面章节的研究，发现 1990—2000 年仍然存在着不合理利用导致生态环境趋于恶化的情况，近几年，通过实施退耕还林还草政策，当地植被状况有所恢复，但因栽培技术、方法和管理措施以及群众的观念等影响，加之，树木的成长需要一个过程，生态恢复的效果暂时表现得还不很明显，当地农民尽管生活水平比以前有所提高，但仍然处于贫困之中。因此，生态问题与经济问题仍然现实地摆在我们面前，现对土地利用变化下的生态环境问题归类如下。

13.2.1 精华的耕地被占用

由于城镇扩建，交通发展，渠道修筑，农民打桩、建院，占用了较多的良好耕地，留下的却是质量较差的丘陵坡耕地。表 13-1 为 1990—2000 年六盘山区人口、耕地与粮食的情况。表中可见，六盘山区人口数从 1990 年至 2000 年，年平均增长率为 1.69%，人口密度也从 97 人/km^2 增至 111 人/km^2。人口的增加反映了人们社会需求量的增加，人口密度的增加，反映了对土地利用率增大和利用方式的改变。六盘山区在人口压力下，为了维持生计，拼命开垦耕地，尽管这些年六盘山区耕地面积增加了，但由于人口增长速度却更快，使人均耕地面积从 1990 年的 0.437 hm^2 减少到 2000 年的 0.40 hm^2，人均粮食也从 256 kg 降至 224 kg。

表 13-1 六盘山区人口、耕地与粮食情况比较

时间	总人口/人	耕地面积/hm^2	人均耕地/hm^2	人均粮食产量/kg	人均 GDP/元（当年价）
1990 年	1 620 667	708 260.40	0.437	256	377
2000 年	1 868 528	752 445.93	0.40	224	1 159

13.2.2 生态系统愈加脆弱

六盘山区的生态环境系统变得更加脆弱，其原因主要是不合理的土地利用与开发造成的；土地利用结构不合理，单一种粮食，片面扩大种植业用地，挤占了林业、牧业用地，从而形成了种植业上的粗耕简作，广种薄收，又造成了畜草土肥矛盾，还破坏了林业的生态屏障，形成愈垦愈穷、愈穷愈垦的“恶性循环”。2000 年，该市总人口达 1 868 528 人，人口密度达 111 人/km^2，远远超过了联合国沙漠化会议确定的半干旱地区每平方千米 20 人、干旱地区 7 人的规定。这十年间，除了乱开滥垦，以满足粮食的需求外，草场也被大量垦殖，面积锐减，载畜量过重，劣质牧草和毒草丛生，鼠害猖獗，草场严重退化，使得草原生态系统自我修复能力下降。从历

史上看，该区是一个好的牧区，但是，随着土地利用/覆被的不断变化，目前却以种植业为主；加上科学技术的落后，有的地方还是倒山耕种，撂荒轮种，使山地草场只有盖度，没有高度；而丘陵草场既无盖度，又无高度，植被稀疏，产草量很低，造成牧草的严重不足。加之，“四料”奇缺，大量地铲草皮，烧生灰，砍树木，挖树根，不仅破坏了森林、草原，使生态环境恶化，粮食产量也随之大幅下降。

13.2.3 地力衰退

六盘山区农地都存在着不同程度的地力衰退，主要与经济和耕作方法有关。六盘山区由于人口迅速增长，为保证人均占有一定量的粮食，就大量开荒以增加播种面积，但广种薄收、只用不养导致土地越种越贫瘠。2000 年该区施用农用化肥 139 078 t，农作物播种面积 445 042 hm^2，平均每公顷只有 313 kg。根据《固原统计年鉴（1993—2000）》，2000 年六盘山区耕地与园地面积总和为 745 256 hm^2，占总面积的 44.43%，其中丘陵坡地大约占 75%，按当时劳力数 836 128 人计算，劳均耕地 0.89 hm^2。较大的耕地面积加之生产手段落后，科学技术水平较低，经济贫穷落后和山高坡陡，距村庄较远等自然因素的限制，人们无力或很少向土地投入大量的肥料以提高土壤肥力，而是采取掠夺式的耕作，土地越种越薄，地力不断下降。旱地由于面积大和经济条件限制，耕作粗放，基本上仍然靠自然肥力种植，靠广种薄收来增加粮食产量，只用不养，导致地力衰退。

13.2.4 水土流失严重

十年间，六盘山区土壤侵蚀加大，水土流失趋于严重化。在六盘山区，大量坡耕地的开垦使垦殖指数的变化率越来越大，过度开垦，加上降水集中且变化率大，致使水土流失更为严重。据 2000 年宁夏第二次土壤侵蚀遥感调查分级统计资料，该区水土流失轻度以上面积为 126.23 万 hm^2，占全区土地面积的 75%；年平均土壤侵蚀模数达 5 000 t/km^2，远大于黄河干流约 500 t/km^2 的土壤侵蚀模数；年均土壤侵蚀总量达 6 300 万 t，土壤中有机质等养分流失量在 2 000 t（折氮肥量）以上，致使大量表土和养分流失。

13.2.5 土壤盐渍化与土地荒漠化

六盘山区存在着土壤盐渍化与土地荒漠化问题。导致六盘山区土壤盐渍化的原因主要是因年降水量少，淡水资源极为缺乏，地面和地下水的矿化度很高，当地群众利用矿化度 2～6 g/L 的苦水进行灌溉，易产生不同程度的土壤次生盐渍化现象。此外，河川地上农耕地因灌溉不当，也容易导致土壤次生盐渍化。

长期以来，六盘山区土地荒漠化问题就存在，森林和草场面积的减少是主要原因。（1）人为不合理的耕垦。（2）在防治土地荒漠化过程中，过分强调植树造林的作用，使得林地有所增加，但是忽视灌木与草地的作用，草地由此急剧减少。（3）据研究（唐克丽等，2002），近 3 000 年来气候已经由暖湿型向冷干（暖干）型方向演变，地质环境正进入干旱化和黄土沉积相对强化时期。这样，人为因素与自然因素的耦合将进一步加剧土地的荒漠化。该区经常出现的扬尘天气，也是土地荒漠化的前期表征之一。

13.2.6 水资源锐减

六盘山区存在着水资源锐减的生态问题，原因也是在于对林地的破坏和对耕地的索取。据 2003 年六盘山区生态环境现状调查报告，进入 20 世纪 90 年代以来，由于受干旱和人为活动影响，该区主要河流源头遭受破坏，水源涵养能力降低，源头没有活水来，除泾河部分支流外，清水河、茹河、葫芦河、渝河等都没有源头水补给，河道时常断流干枯，成为典型的季节性河流。全市地表水径流量较 80 年代减少了 20%，尤其是清水河只有 80 年代流量的 1/20。水库蓄水量锐减，全市 176 座中小型水库总库容 8.5 亿 m^3，目前淤积、病险水库达 118 座，实际库容只有 4.6 亿 m^3，下降了近一半。据统计，固原市县城需水 22 500 m^3/d，而实际每天只能供给 11 000 m^3，供给量不到所需的一半，随着人口增加，这一矛盾将更加尖锐。地表水资源的减少，使得为满足城市用水和农田灌溉用水之需只能过度开采地下水补给。其后果是地下水位下降，形成大面积水漏斗。

13.3 六盘山区借鉴厦门发展的经验教训

经济学原理告诉我们，只有按照比较优势进行生产，才能获得生产的高效以及效益的最大化。六盘山区经济发展阶段落后于厦门，应该通过发挥区域经济的比较优势，加强东西部交流，重点发挥其能源、矿产、农产品的优势，以此来促进与加快经济发展。反过来，厦门等闽东南部经济发达城市也应在先富起来一步的同时，支援六盘山区等西部城市发展，形成东西互补，从而实现共同富裕。但是，从土地利用与农业发展的角度，六盘山区首先需要学习的经验主要有如下两点：（1）自然资源高效利用。厦门对待土地利用的策略是以内涵挖潜为主。具体说，厦门市水、热、光资源最为丰富，属于全国水、热、光资源最为丰富的顶级区域之一，并有着“四季皆青”的气候，有利于农作物生长，这一潜力正在努力通过水肥调控来加以挖掘，从而使自然资源达到高效利用。六盘山区也应充分发挥资源优势，开发优势产品。譬如，六盘山区因地势高，海拔 1 600 多 m，光资源特别丰富，可使用太阳能灶等加以充分利用。再如，该区气候上虽温凉少雨，但土地平缓广阔，二者结合有利于发展以羊为主的草食畜牧业，其牧业潜势的挖掘较闽东南地区更具有潜力。（2）借鉴厦门的闽东南特色农业及其生态模式的经验，以促进六盘山区的生态保护与恢复。厦门的特色农业是在闽东南区域资源优势条件下，发展与市场经济相适应的特色农产品，重点以南亚热带水果为特色，发展创汇农业。六盘山区也可借鉴厦门发展特色农业的经验，根据当地自然条件的特点，在大力发展优质牧草的基础上，发展清真系列牛羊肉产业，面向国内回族、国际阿拉伯市场打响“宁夏清真”牌。根据六盘山阴湿区适宜中药材生长，而且所产药材质量好的特点，发展中药材产业。根据六盘山区地势较高，气候温和，土层深厚，物候条件与马铃薯原产地南美安第斯山区相似的特点，发展马铃薯种植产业。此外，还要发展特色林果、优质玉米、小杂粮等特色产品。在发展特色农业基础上，还要借鉴厦门的“闽东南联户农果生态家园”模式（UCCO 模式）的理念与技术内涵，特别是联户以规模经营的做法，进一步丰富六盘山区“黄土高原农牧果沼生态家园”模式（ASCF 模式）的集成方法与技术内涵。与此同时，借鉴厦门市建成为国际花园城市与旅游业快速发展的经验，以六盘山区丰富的旅游资源为依托，加强旅游基础设施建设，抓住国家加快发展红色旅游业的机遇，开发建设红色旅游景区，同时，结合民族特色开发旅游资源和旅游项目，实现旅游业的跨越发展。

当然，六盘山区经济发展过程中也应当吸取厦门在发展过程中的教训，避免其所带来的一系列生态环境问题。例如，厦门市由于人口不断增长及外来人口聚集的压力，导致人地矛盾突出，促使低丘台地的利用强度不断增大。近年来，新开果园面积不断扩大，加以种植方式不合理，加剧了水土流失。厦门市自 1995 年以来，为促进村镇企业的发展，出台了村企政策，村镇企业遍地开花，人口密度不断加大。城镇化速度加快与城市扩张挤占其他用地，导致土地利用无序发展与土地利用程度加大。特别是人口过度集聚于厦门岛内，使平面现象发展为立体三维景观，并产生大量废气、废水、废渣等污染物，导致城市大气污染和热岛效应，最终使生态系统变得单一和脆弱。同时，大量废水、废渣等污染物排放，也导致耕地污染物质的积累，乡镇企业排污渠道的渗漏及污水的溢流使部分农田土壤受到一定的污染。就厦门农地土壤来说，也面临地力衰退问题，土壤养分亏缺即为其重要标志之一。闽南广泛分布的赤红壤，实际上土壤有机质含量普遍不高，有效氮、磷、钾供应不足。有的地方又过度施肥，造成环境污染，甚至于威胁到人们的身体健康。特别值得一提的是，厦门历史上的筑堤填海，在保卫海防、促进经济建设与扩大厦门岛区范围方面，确实起了一定的作用。但是，客观上，它也带来了一系列的环境问题，如使厦门岛西岸成为半封闭，孤岛变半岛；纳潮量减弱；

泥沙淤积速度加快等。这些环境问题都是在经济飞速发展与土地利用变化发展过程中出现的，因此，六盘山区在今后经济发展过程中，要走“资源节约、环境友好”型发展道路，特别需要注意生态环境的保护，绝不能光顾经济发展，而以牺牲环境为代价，这也就是两个典型区比较的意义所在。

13.4 六盘山区可持续发展的对策与措施

首先落实国家有关生态环境建设的政策。进一步坚定贯彻执行国家的退耕还林政策，同时也要按照《宁夏大六盘生态经济圈建设总体规划》，落实工作计划与任务。具体措施如下：

13.4.1 控制人口，加快城镇化建设

人口的大量增长往往是造成生态环境退化的第一性压力。因此，首要问题是控制人口增长。要以该区的生态环境容量和土地生产力来安排人口数量规模，对于回族比例高的六盘山区在不违反少数民族地区生育政策的前提下，可倡导汉民只生一胎，少数民族最多生两胎。一方面，加快城镇化建设，农村剩余劳动力大量转移和输出，可以使城市吸纳更多的农民，减轻人口对土地资源的压力。另一方面，六盘山区可借鉴厦门市农村城镇化经验，加快农村城镇化建设，以缓解人口压力与土地承载力的矛盾，为农村人口发展提供较大的空间，这一发展还可以消除农村非农产业过度分散所产生的“农村病”。农村的城镇化建设还将有利于改造传统的生育观念和生育行为，引导人们更好地实行计划生育和人口控制。

13.4.2 形成品牌，发展宁南特色农业与旅游业

借鉴厦门挖掘自然资源潜力与实施特色农业的经验，六盘山区生态建设也应该与富民增收紧密联系，变传统的“生态建设”为“生态经济建设”，积极建设宁南特色农业。解决的办法是，农民的经济收入增长要从区域经济的比较优势上加以考虑，应充分利用当地

的有利资源与条件，调整产业结构，压粮、扩经，大力发展优质牧草、中药材、马铃薯、小杂粮、苹果等优势特色农产品及其加工业，形成品牌，输出到全国各地，甚至全世界。只有这样，才能形成规模和效益，走具有宁南特色的高效集约化农业的新路子，促进当地人民生活水平提高。六盘山区的红色与生态旅游资源也十分丰富，它拥有红军长征纪念馆这样的人文资源，加上处于海拔 2 000～3 000 m 的高原，夏季非常凉爽；发展旅游应该大有可为。

13.4.3 生态农业工程体系建设与“上黄经验”的推广

针对宁南山区存在的“干旱、低产、贫困和生态环境恶化”的难点问题，100 多名科技工作者用了 20 年的时间研究探索出来了一套适宜黄土高原干旱半干旱地区农业综合开发模式，从而有力地回答了在该地区“一方水土能否养活一方人”的问题。它可以概括为：通过改善生态环境和调整农林牧结构，形成了“三大技术体系”，创立了“三化两提高”治理开发模式。“三大技术体系”，是指以早酥梨为主体的高效庭园技术体系；以冬麦改制为中心的旱作技术体系；以退耕种草高效舍饲养殖为重点的农牧结合技术体系。“三化两提高”即大于 15°的坡地绿化，小于 15°的坡地梯田化，平川台塬高效庭园化；提高农民的科学文化素质，提高生态效益与经济效益。昔日荒山秃岭、贫穷落后的上黄村，今日已基本形成了“三大技术体系”和实现了“三化两提高”目标。六盘山区的上黄农业生态模式（上黄经验）是六盘山区生态农业的集中代表与体现，它走出了一条生态环境全面改善与社会经济持续发展的建设社会主义新农村的路子，为黄土高原综合治理和宁南山区经济发展树立了榜样，起到了典型示范的作用。

13.4.4 加强水资源的可持续利用

对于六盘山区降水量少是水的限制因子，可发展适于当地的节水模式，如庭园式雨水集流与连环水窖，这种雨水集流与高效利用途径可概括为：“一蓄”——通过蓄水窖、小坝库最大限度地将地表径流蓄积起来，用于时空调节与补充灌水。“二防”——通过修梯田和覆膜技术，防止径流和蒸发损失。“三改”——薄改肥，培肥地力，提高蓄水能力；老改新，推广良种良法，提高土壤水分利用率，特别是深层水分的利用率；旱改水，通过雨水集蓄和微灌技术，在不同作物需水关键期进行节水补灌，提高水分生产率。适当发展水坝、渠道以及喷灌，通过这些水利灌溉设施建设，实现水资源的优化配置、合理开发利用和有效保护，使水的利用效率大幅度提高，建立起高效用水的农业。

13.5 小结

六盘山区生态功能与地位十分重要，但水土流失严重，以往掠夺式的耕作使地力衰退，土地退化与荒漠化问题严重，最终导致生态贫困。自然因素固然起着重要的作用，但不合理的土地资源利用是该区生态环境问题的主要原因和症结所在。因此，针对存在的问题，在比较与借鉴厦门发展过程中经验与教训的基础上，提出控制人口，加快城镇化建设速度、发展宁南的特色农业与旅游业、进行生态农业工程体系建设与“上黄经验”的推广、加强水资源可持续利用等对策。

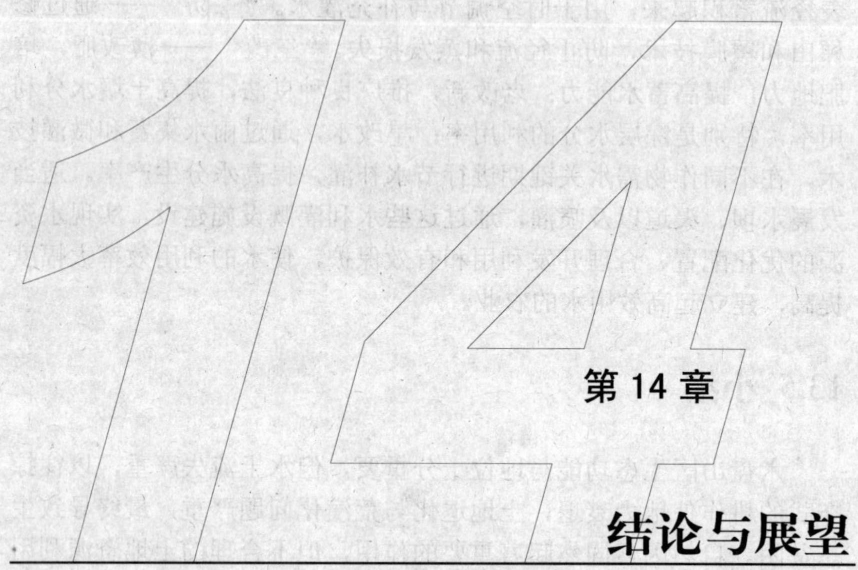

第 14 章 结论与展望

14.1 总结与发现

本研究总体目的就是综合运用多种方法与技术，数字化重现中国西北与东南区域的代表性区域黄土高原六盘山区与厦门市土地利用/覆被变化的特征及其与土壤侵蚀和生态环境的关系，寻求生态环境恶化与破坏的原因，并提出措施加以治理。这一总目标通过一些分目标加以实现，方法包括地理信息技术、遥感技术、地学信息图谱以及景观建模等。主要的发现包括：

（1）土地利用/覆被变化的特征及过程

- 1990—2000 年的十年间，六盘山区土地利用结构不合理，农林牧用地的比重失调。
- 六盘山区耕地增长突出，林地与城乡工矿用地有所增加，而草地与水域面积减少较多。

- 六盘山区土地利用总体变动幅度除了耕地与草地变化较大外，其他都还不突出，与之相似的是，土地利用程度总体虽增大，但幅度也较小。
- 六盘山区盲目开垦与草地面积迅速破坏是直接导致其形成侵蚀性生态环境的主要原因。
- 六盘山区耕地通过侵占草地等导致其增长趋势明显，这主要发生在海原、西吉、固原与隆德四县。
- 六盘山区新增林、草地则主要分布在海原县、固原县与彭阳县；居工地的扩张以固原县与西吉县突出，而水域减少以海原县与固原县明显。
- 六盘山区前后期 LUCC 相比，土地利用调控机制逐渐起作用，趋于不合理的方向变得相对缓慢。
- 1988—2001 年，厦门市土地利用类型的变化中，耕地的减少量和居工地的增加量较大，从地区分布来看，杏林区和湖里区土地利用最活跃。
- 从土地利用转移的情况看，思明区的耕地转移速率最大，这与该地近几年城市发展较快有关；水域的转移速率以湖里区、开元区、杏林区为主。土地利用程度最大的是湖里区，最小的是同安区，且湖里区土地利用程度增长的速率较快。

（2）土地利用/覆被变化的驱动力

- 六盘山区 1990—2000 年的十年间，耕地面积的变化主要受总人口数量、经济（农民的富裕程度）以及技术状况（农业机械化状况、灌溉、施肥水平）所驱动。
- 六盘山区 1997 年以前，k 值（耕地变化驱动力指数）都大于 1，表明实际耕地面积不能满足人口生活的需求，引发耕地扩张。1997—2000 年，k 值小于 1，耕地面积趋于减少。
- 六盘山区技术因素对该区耕地变化的影响不太明显，由于技术驱动较小，而且大致保持在平稳水平，也促使了耕地扩张；然而耕地扩张更主要的还是人口与经济因素所致。

- 厦门市耕地面积的变化与农民人均纯收入、粮食作物播种面积等社会经济因子密切相关；在引入外资、经济技术开发、房地产热等的影响下，厦门市城乡工矿用地有大面积的增加；而水域面积的变化，主要来自“耕改塘”和填滩造地工程的实施。

（3）土地利用/覆被变化的生态环境效应

- 20 世纪 90 年代至 21 世纪初期，六盘山区土地利用变化导致该区生态遭受破坏，耕地、林地以及草地的最适宜面积与比例均减小，而不适宜的面积与比例则增加。
- 六盘山区草地转化为耕地的过程中，被转化为不适宜与勉强适宜的耕地面积比例很高。尽管同期植被覆盖指数 NDVI 值有较大部分趋于升高，植被质量状况部分有所恢复，但仍还有部分植被质量和覆盖度都在继续恶化，植被覆盖状况较差的比例仍占 80%以上。与此同时，林草覆盖度下降，而坡耕地面积与比例逐渐增大。
- 2000 年，六盘山区土壤侵蚀面积占总面积的 75.22%，以水力侵蚀为主。从 80 年代中后期至 2000 年的十多年间，六盘山区的土壤侵蚀强度增大，土壤侵蚀趋于加剧，土壤侵蚀面积仍呈扩大趋势，比例不断攀升。
- 80 年代中后期至 2000 年，六盘山区不同土地利用类型之间，中、低覆盖度草地以及旱地侵蚀强度较大，是水土流失的主要来源区。
- 六盘山区人为开垦陡坡耕地，过度放牧与草场退化容易导致该区水土流失的加剧；土地利用现状与变化方向必须改变，才可能使强烈侵蚀得到治理。

（4）六盘山区与厦门市土地利用/覆被变化及其驱动力比较

- 六盘山区与厦门市经济发展有较大差异，表现出阶段性特点。1990—2000 年，六盘山区与厦门市因经济发展阶段与自然环境条件不同，土地利用变化也不一样。前者处于经济增长的初始阶段，工业发展缓慢，产值结构以农业和种植业为主，土地经营粗放，城镇化程度较小，从而导致该区土地利用结构不合理、农林牧用地的比重失调、土地总体变动幅度不突出及土地利用程度不高。而厦门市自然环境优越，经济发展处于工业化的后期阶段，能借助于外资使工业飞速发展，产值不断攀升，城镇化水平与土地集约化程度相对高，导致土地总体变动幅度较大与土地利用程度较高。

➢ 二者土地利用变化都有共同的驱动因素，如人口增长与城镇化发展、工业发展与固定资产投入、产业结构调整和土地利用政策措施，但两地域之间有一定的差异。

➢ 从人口对六盘山区与厦门市 LUCC 驱动比较中发现，耕地分布都主要集中在人口密度中等至较高的区域（＞20 人/km^2），但是变化方向却不一致，六盘山区人口增加，对耕地需求也增大，开垦耕地随之增加。而厦门市耕地主要分布在人口密集的村镇周围，同时，随着人口增加，也占用了大量耕地，使耕地面积逐渐减小。六盘山区林地净增长最大的主要发生在人口密度中等的地区（20～50 人/km^2），在这一范围里，林地分布比例也最高。而厦门市则主要分布在人口密度低（＜5 人/km^2）和高的地区（＞100 人/km^2）两个区间内。

（5）六盘山区与厦门市环境友好型土地配置与典型生态农业模式比较

两个区域生态农业模式共同点主要体现在：①土地合理利用，质能循环高效转换；②生态环境保护优先，精细利用资源；③集约化生产，提高生产力；④农村经济发展以农户为单元，进行适度规模经营。差异性表现为：①阶段性不同；②发展任务不同；③区情不同。“美多利”生态模式具有先进的发展理念、有利的农业政策、有效的城乡互动、科学的国土资源保护和水土资源精细利用，其借鉴意义是：①重视农业多功能性；②加强土地整治与农业生态工程措施；③农村经济发展以农户为单元，进行适度规模经营。六盘山区借鉴与吸取厦门经济与农业发展经验，着重学习其自然资源的高效利用、闽东南特色农业及其生态模式，同时，也要吸取发展过程中发生生态环境问题的教训。六盘山区土地可持续发展策略是加快城镇化建设速度、发展宁南的特色农业与旅游业、进行生态农业工程体系建设与“上黄经验”的推广、加强水资源可持续利用等对策。

14.2 展望

我的研究由于时间与经费的限制，主要只选取 1990—2000 年土地利用/覆被变化的研究，尽管这段时间是六盘山区发展历史长河中的重要时期，并且可成为一个典型缩影，然而毕竟几十年甚至上百年的长期定位研究与观测更具有说服力与可信度，因此，这一研究还有必要向前与向后延伸与扩展。大约是在 2000 年秋季与 2001 年年初开始，六盘山区正式实施了“退耕还林还草”政策与制度，政府在经济上对退耕还林还草的农户进行补贴，这一政策的实施对土地利用变化必然会带来较大影响，这方面研究还有待于深入，有必要再跟踪延续这一研究。在第 5 章中因获取数据的困难与限制，使得深入的驱动力分析、建模尚未展开，未来的研究可与自治区有关部门合作，利用数理统计方法加以分析。土地利用/覆被变化与土壤侵蚀关系研究有必要进一步深入，将成为 LUCC 研究和土壤侵蚀研究的一项新的重要课题，具有广阔的应用前景。

参考文献

[1] Cai Z C, Kang G D, H Tsuruta, et al. Estimate of CH_4 emissions from year-round flooded rice fields during rice growing season in China[J]. Pedosphere, 2005, 15（1）: 66-71.

[2] Dijkstra F A, Hobbie S E and Reich P B. Soil process affected by sixteen grassland species grown under different environmental conditions[J]. *Soil Sci. Soc. Am. J.* 2006, 70（3）: 770-777.

[3] Foley J A, DeFries A, Asner G P, et al. Global consequences of land use[J]. *Science*, 2005, 309: 570-574.

[4] Harmon R S and Dow W W. Landscape Erosion and Evolution Modeling[M]. New York: Kluwer Academic/Plenum Publishers, 2001: 1-13.

[5] Japan Statistics Bureau. Statistics Handbook of Japan 2005[M]. Tokyo: The Japan Statistics Association, 2005: 1-215.

[6] Lambin E F, Geist H J, et al. Land-use and Land-cover change: local peocesses and global impacts[M]. Berlin: Springer-verlag, 2006: 222.

[7] Lambin E F, Geist H J and Rindfuss R R. Introduction: local processes with global impacts//eds, E F Lambin and H J Geist. Land-use and land-cover change: local processes and global impacts. Berlin: Springer-verlag, 2006: 1-8.

[8] Liu J Y, Xu X L and Shao Q Q. Grassland degradation in the "Three-river headwaters" region, Qinghai Province[J]. J. Geogr. Sci. , 2008, 18: 259-273.

[9] Matson P A, Parton W J, Power A G, et al. Agricultural intensification and ecosystem properties[J]. *Science*, 1997, 277（25）: 504-509.

[10] Meyer W B and Turner II B L. Land-use/Land-cover Change: Challenges for Geographers[J]. Geo Journal, 1996, 39（3）: 237-240.

[11] Pan J J, Zhang T L and Zhao Q G. Dynamics of soil erosion in Xingguo

County, China, determined using remote sensing and GIS[J]. Pedosphere, 2005, 15（3）: 356-362.

[12] Pu L J, Yang G S and Xu M J. The characteristics and process of land use changes in the Yangtze River Delta, China[J]. Pedosphere, 2001, 11（3）: 193-198.

[13] Qian L X, Cui H S and Chang J. Impacts of land use and cover change on land surface temperature in the Zhujiang Delta[J]. Pedosphere, 2006, 16（6）: 681-689.

[14] Quan B, Chen J F, Qiu H L, et al. Spatial-temporal pattern and driving forces of land use changes in Xiamen[J]. Pedosphere, 2006, 16（4）: 477-488.

[15] Quan B, Zhu H J, Chen S L, RÖMKENS M J M, et al. Land Suitability Assessment and Land Use Change in Fujian Province, China[J]. Pedosphere, 2007, 17（4）: 493-504.

[16] Quan B, RÖMKENS M J M, Tao J J, et al. Spatial-temporal pattern and population driving force of land use change in Liupan Mountains Region, southern Ningxia, China[J]. Chin. Geogra. Sci, 2008, 18（4）: 323-330.

[17] Nakahara Michio. Heritage of Land Development—Our ancestors' achievements engraved on this island country, Japan[M]. Tokyo: SHIN NOGYODOBOKU REKISHI ENKYU-KAI, 2004: 1-207.

[18] Ramankutty N, et al. Global land-cover change: recent progress, remaining challenges//eds, E F Lambin and H J Geist. Land-use and land-cover change: local processes and global impacts, Berlin: Springer-verlag, 2006: 7-40.

[19] Toy T J, Foster G R and Renard K G. Soil Erosion Processes, Prediction, Measurement, and Control[M]. New York: John Wiley & Sons, 2002: 338.

[20] Turner II B L and Meyer W B. Land use and land cover in global environmental change: considerations for study[J]. International Social Science Journal, 1991, 130: 669-679.

[21] Turner II B L, David S, Steven S, et al. Land use and land cover change[J]. Earth science frontiers, 1997, 4: 26-33.

[22] Turner II B L. Local Faces, Global Flows: The Role of Land Use and Land

Cover in Global Environmental Change[J]. Land Degrad. Rehab, 1994, 5（2）: 71-78.

[23] Turner II B L, Lambin E F and Reenberg A. The emergence of land change science for global environmental change and sustainability[J]. PNAS, 2007, 104（52）: 20666-20671.

[24] Wang X B, Cai D X, Hoogmoed W B, et al. Potential effect of conservation tillage on sustainable land use: A review of global long-term studies[J]. Pedosphere, 2006, 16（5）: 587-595.

[25] Wang X J and Gong Z T. Monitoring and evaluation of soil changes under land use of different patterns at a small regional level in south China[J]. Pedosphere, 1996, 6（4）: 373-378.

[26] Zeng Z Y and Pan X Z. Application of remote sensing in study of slope land use and soil erosion in subtropic region of China[J]. Pedosphere, 1997, 7（3）: 237-242.

[27] Zhang X C. Spatial sensitivity of predicted soil erosion and runoff to climate change at regional scales[J]. Journal of soil and water conservation, 2006, 61（2）: 58-64.

[28] Zhao G X, Lin G, Fletcher J J, et al. Cultivated land changes and their driving forces—A satellite remote sensing analysis in the Yellow River Delta, China[J]. Pedosphere, 2004, 14（1）: 93-102.

[29] Zhao Q G. Resource and environmental quality change and adjustment principles for sustainable development in rapidly developing coastal region of southeastern China[J]. Pedosphere, 2001, 11（4）: 289-299.

[30] Zhou Y S. Development of integrated prognostic models of land use/land cover change: case studies in Brazil and China[D]. Doctorate dissertation of Michigan State University, 2002: 1-190.

[31] Zhu H J. Sustainable Development and Land Utilization[M]. Hong Kong: China Hong Kong Yearbook Press, 1997: 9-15.

[32] Zhu X M and Ren M E. The Loess Plateau—Its formation, soil and water losses, and control of the Yellow River//Soil Erosion and Dryland

Farming[A]. New York: CRC Press, 2000: 1-3.

[33] 安韶山，李壁成，郝仕龙. 宁南半干旱退化山区生态农业模式构建的理论与实践[J]. 水土保持研究，2005，12（3）：19-21.

[34] 蔡运龙. 土地利用/覆被变化研究：寻求新的综合途径[J]. 地理研究，2001，20（6）：645-652.

[35] 曹俊杰，王学真. 东亚地区现代农业发展与政策调整[M]. 北京：中国农业出版社，2004：1-352.

[36] 曹宇，欧阳华，肖笃宁，等. 额济纳天然绿洲景观变化及其生态环境效应[J]. 地理研究，2005，24（1）：49-55.

[37] 陈健飞，朱鹤健. 福建山地土壤研究[M]. 北京：中国环境科学出版社，2001：22-40.

[38] 陈其春. 含山县土地利用及其优化研究[D]. 安徽师范大学硕士学位论文，2005：1-62.

[39] 陈曦. 中国干旱区土地利用与土地覆被变化[M]. 北京：科学出版社，2008：1-543.

[40] 陈星，周成虎. 生态安全：国内外研究综述. 地理科学进展[J]，2005，24（6）：8-20.

[41] 陈述彭. 历史轨迹与知识创新[J]. 地理学报，2001，56（增刊）：1-7.

[42] 陈文波，肖笃宁，李秀珍. 景观空间分析的特征和主要内容[J]. 生态学报，2002，22（7）：262-272.

[43] 陈佑启，Peter H Verburg. 基于GIS的中国土地利用变化及其影响模型[J]. 生态科学，2000，19（3）：1-7.

[44] 程炯. 闽东南区域特色农业的生态学研究——以漳州为例. 福建师范大学博士学位论文[D]. 2001：1-127.

[45] 福建师范大学地理系《福建自然地理》编写组. 福建自然地理[M]. 福州：福建人民出版社，1987.

[46] 傅伯杰，陈利顶，马克明，等. 景观生态学原理及应用[M]. 北京：科学出版社，2002，1-7.

[47] 固原地区农业建设委员会与统计局. 宁夏南部山区统计丛编（固原地区卷）（1949—1992）[M]. 北京：中国统计出版社，1993：625.

[48] 固原地区统计局. 固原统计年鉴（1993—2000）[M]. 2002：348.

[49] 管东生，陈玉娟. 人类活动对城市植被的影响——以广州为例[A]//土地覆被变化及其环境效应[C]. 北京：星球地图出版社，2002：277-284.

[50] 郭旭东，傅伯杰，马克明，等. 基于 GIS 和地统计学的土壤养分空间变异特征研究——以河北省遵化市为例[J]. 地理学报，2000，11（4）：557-563.

[51] 郝仕龙. 土地利用/土地覆盖变化研究[M]. 郑州：黄河水利出版社，2009：1-151.

[52] 何春阳，史培军，李景刚，等. 中国北方未来土地利用变化情景模拟[J]. 地理学报，2004，59（4）：599-607.

[53] 何春阳，周海丽，于章涛，等. 区域土地利用/覆盖变化信息处理分析[J]. 资源科学，2002，24（2）：64-70.

[54] 何书金，王秀红，邓祥征，等. 中国西部典型地区土地利用变化对比分析[J]. 地理研究，2006，25（1）：79-86.

[55] 洪华生，黄金良，曹文志. 九龙江流域农业非点源污染机理与控制研究[M]. 北京：科学出版社，2008：1-333.

[56] 黄方，刘湘南，刘权，等. 辽河下游流域土地利用变化及其生态环境效应[J]. 水土保持通报，2004，24（6）：18-21.

[57] 黄绍文，金继运，杨俐苹，等. 乡（镇）级区域土壤养分空间变异与分区管理技术研究[J]. 资源科学，2002，24（2）：76-82.

[58] 蒋文伟，刘彤，丁丽霞，等. 景观生态空间异质性的研究进展[J]. 浙江林学院学报，2003，20（3）：311-314.

[59] 赖彦斌，徐霞，王静爱，等. NSTEC 不同自然带土地利用/覆盖格局分析[J]. 地球科学进展，2002，17（2）：215-220.

[60] 李壁成，安韶山，郝仕龙，等. 黄土高原城镇化发展战略研究[J]. 水土保持研究，2005，12（3）：145-147.

[61] 李壁成，李生宝. 半干旱退化山区生态农业建设与示范研究　宁夏固原市原州区河川示范区[J]. 水土保持研究，2005，12（3）：1-4.

[62] 李静，赵庚星，杨佩国. 基于知识的垦利县土地利用/覆被遥感信息提取技术研究[J]. 科学通报，2006，51B（7）：183-188.

[63] 李建龙，黄敬峰，王秀珍. 草地遥感[M]. 北京：气象出版社，1997：73-77.

[64] 李仁东，程学军，隋晓丽. 江汉平原土地利用的时空变化及其驱动因素分析[J]. 地理研究，2003，22（4）：423-431.

[65] 李锐，杨文治，李壁成，等. 中国黄土高原研究与展望[M]. 北京：科学出版社，2008：481-559.

[66] 李生宝，蒋齐，李壁成. 宁夏南部山区生态农业建设技术研究[M]. 银川：宁夏人民出版社，2006：1-416.

[67] 李文华. 生态农业——中国可持续农业的理论与实践[M]. 北京：化学工业出版社，2003：29-41.

[68] 李晓文，方精云，朴世龙，等. 辽河下游流域土地利用变化及其生态环境效应[J]. 地理学报，2003，58（5）：659-667.

[69] 李新通，朱鹤健. UCCO 镶嵌农林复合系统的可持续性研究[J]. 福建师范大学学报（自然科学版），1999，15（2）：101-108.

[70] 李秀彬. 土地覆盖变化的水文水资源效应研究——社会需求与科学问题[A]//中国地理学会自然地理专业委员会编. 土地覆盖变化及其环境效应[C]. 北京：星球地图出版社，2002：1-6.

[71] （荷兰）I. S. 宗纳维尔著. 地生态学[M]. 李秀珍，译. 北京：科学出版社，2003：1-146.

[72] 廖克，傅肃性，沈洪全. 农业卫星影像和综合系列制图方法的探讨//廖克. 地图学的研究与实践[M]. 北京：测绘出版社，2003：168-175.

[73] 廖克. 地球信息综合制图的基本原则和方法[J]. 地理科学进展，2001：20. 增刊：29-38.

[74] 廖克. 综合制图理论研究及其制图实践//廖克著. 地图学的研究与实践[M]. 北京：测绘出版社，2003：183-192.

[75] 廖克. 现代地图学[M]. 北京：科学出版社，2003：288-293.

[76] 梁学庆. 土地资源学[M]. 北京：科学出版社，2006：163-168.

[77] 刘纪远，张增祥，庄大方，等. 20 世纪 90 年代中国土地利用变化遥感时空信息研究[M]. 北京：科学出版社，2005a.

[78] 刘纪远，徐新良，庄大方，等. 20 世纪 90 年代 LUCC 过程对中国农田光温生产潜力的影响——基于气候观测与遥感土地利用动态观测数据[J].

中国科学 D 辑：地球科学，2005b，35（6）：483-492.

[79] 刘纪远，张增祥，邓祥征. 改革开放时期的中国城镇土地扩张时空格局与驱动因素[J]. *Ambio*，2005c，34（6）：444-449.

[80] 刘纪远，布和敖斯尔. 中国土地利用变化现代过程时空特征的研究——基于卫星遥感数据[J]. 第四纪研究，2000，20（3）：229-239.

[81] 刘纪远. 中国资源环境遥感宏观调查与动态研究[M]. 北京：中国科学技术出版社，1996：158-188.

[82] 刘盛和，何书金. 土地利用动态变化的空间分析测算模型[J]. 自然资源学报，2002，17（5）：533-540.

[83] 刘世梁，傅伯杰. 景观生态学原理在土壤学中的应用[J]. 水土保持学报，2001，15（3）：102-106.

[84] 卢玲. 黑河流域景观结构与景观变化研究. 中国科学院寒区旱区环境与工程研究所硕士学位论文，2000：1-18.

[85] 罗格平，周成虎，陈曦. 干旱区绿洲土地利用与覆被变化过程[J]. 地理学报，2003，58（1）：63-72.

[86] 罗积玉，邢瑛. 经济统计分析方法及预测[M]. 北京：清华大学出版社，1987.

[87] 罗湘华，倪晋仁. 土地利用/土地覆被变化研究进展[J]．应用基础与工程学学报，2000，8（3）：262-272.

[88] 骆世明. 农业生态学[M]. 北京：中国农业出版社，2001：350-368.

[89] 马乃喜. 中国西北的自然保护区[M]. 西安：西北大学出版社，1995：1-245.

[90] 孟庆香. 基于遥感、GIS 和模型的黄土高原生态环境质量综合评价[D]. 西北农林科技大学博士学位论文，2006：1-144.

[91] 倪绍祥，谭少华. 近年来我国土地利用/覆被变化研究的进展[A]//中国地理学会自然地理专业委员会编. 土地覆被变化及其环境效应[C]. 北京：星球地图出版社，2002：7-15.

[92] 潘竟虎，刘菊玲. 黄河源区土地利用和景观变化及其生态环境效应[J]. 干旱区资源与环境，2005，19（4）：69-74.

[93] 齐清文，池天河. 地学信息图谱的理论和方法[J]. 地理学报，2001，56

（增刊）：8-18.
[94] 齐伟，张凤荣，牛振国，等. 土壤质量时空变化一体化评价方法及其应用[J]. 土壤通报，2003，34（1）：1-5.
[95] 秦大河，陈振林，罗勇，等. 气候变化科学的最新认知[J]. 气候变化研究进展，2007，3（2）：63-72.
[96] 秦丽杰，张郁，许红梅，等. 土地利用变化的生态环境效应研究——以前郭县为例[J]. 地理科学，2002，22（4）：508-512.
[97] 邱扬，傅伯杰，王军，等. 黄土丘陵小流域土壤侵蚀的时空变异及其影响因子[J]. 生态学报，2004，24（9）：1871-1877.
[98] 全斌，陈健飞，郭成达. 福建赤红壤旱地与红壤旱地水分特性的比较[J]. 土壤与环境，2001，10（2）：115-120.
[99] 全斌，陈健飞，朱鹤健，等. 赤红壤水问题及其管理[J]. 土壤，2004a，36（5）：532-537.
[100] 全斌，廖克，陈逢珍，等. 基于知识的厦门市生态环境遥感系列制图[J]. 地球信息科学，2005a，7（1）：122-125.
[101] 全斌，杨肖琪，刘绍鸿，等. 漳州市土地覆被变化的遥感动态监测及驱动力分析[J]. 水土保持研究，2005b，12（3）：154-157.
[102] 全斌，杨肖琪，郑航霞，等. 多源卫星遥感数据的融合方法比较[J]. 水土保持研究，2005c，12（3）：123-125.
[103] 全斌，朱鹤健，陈松林. 基于“3S”技术的福建省土地资源调查与分析[J]. 集美大学学报（自然科学版），2004b，9（1）：42-47.
[104] 全斌，朱鹤健，陈松林. 基于 GIS 和 RS 的晋江市土地利用变化与土地可持续利用研究[J]. 生态环境，2003a，12（4）：423-426.
[105] 全斌，朱鹤健，孙文君. 基于遥感的厦门市景观生态环境格局定量分析研究[J]. 集美大学学报（自然科学版），2003b，8（3）：275-279.
[106] 全斌，朱鹤健，晏路明. 厦门岛土地利用变化趋势及对策研究[J]. 资源科学，2004c，26（5）：98-104.
[107] 任志远，李晶，王晓峰，等. 城郊土地利用变化与区域生态安全动态[M]. 北京：科学出版社，2006，1-364.
[108] 邵晓梅. 基于 GIS 与景观生态学的土壤资源格局分析[J]. 中国农业资源

与区划，2004，25（6）：11-16.

[109] 盛连喜，曾宝强，刘静玲，等. 现代环境科学导论[M]. 北京：化学工业出版社，2002：1-25.

[110] 史培军，宫鹏，李晓兵，等. 土地利用/覆盖变化研究的方法与实践[M]. 北京：科学出版社，2000：1-140.

[111] 史培军，江源，王静爱，等. 土地利用/覆被变化与生态安全响应机制[M]. 北京：科学出版社，2004：1-262.

[112] 史培军，王静爱，冯文利，等. 中国土地利用/覆被变化的生态环境安全响应与调控. 地球科学进展，2006，21（2）：111-119.

[113] 孙成权，林海，曲建升. 全球变化与人文社会科学问题[M]. 北京：气象出版社，2003：1-22.

[114] 孙翔，朱晓东，李杨帆. 港湾快速城市化地区景观生态安全评价——以厦门为例. 生态学报，2008，28（8）：3653-3753.

[115] 唐克丽，贺秀斌. 第四纪黄土剖面多元古土壤形成发育信息的揭示[J]. 土壤学报，2002，39（5）：609-617.

[116] 唐克丽. 中国水土保持[M]. 北京：科学出版社，2004：4-6.

[117] 田庆久，闵祥军. 植被指数研究进展[J]. 地球科学进展，1998，13（4）：327-333.

[118] 王根绪，刘进其，陈玲. 黑河流域典型区土地利用格局变化及影响比较[J]. 地理学报，2006，61（4）：339-348.

[119] 王军，傅伯杰，邱扬，等. 黄土高原小流域土壤养分的空间异质性[J]. 生态学报，2002，22（8）：1173-1178.

[120] 王让会，张慧芝，彭茹燕. 和田河中游地区生态景观格局遥感定量分析[A]//庄逢甘，陈述彭. 2002 年遥感科技论坛全国地方遥感应用协会成立10 周年纪念论文集[C]. 北京：中国宇航出版社，2002：149-154.

[121] 王瑞燕，赵庚星，周伟，等. 土地利用对生态环境脆弱性的影响评价[J]. 农业工程学报，2008，24（12）：215-220.

[122] 王思远，张增祥，周全斌，等. 基于遥感与 GIS 技术的土地利用时空特征研究[J]. 遥感学报，2002，6（3）：223-228.

[123] 王思远. 基于遥感与GIS技术的黄河流域生态环境演变信息图谱研究[D].

清华大学河流海洋研究所博士后出站论文，2004：1-126.

[124] 王秀兰，包玉海. 土地利用动态变化研究方法探讨[J]. 地理科学进展，1999，18（1）：81-87.

[125] 韦素琼，陈健飞. 福建晋江农村城镇化进程中的土地利用变化分析[J]. 资源科学，2004，26（4）：111-118.

[126] 韦素琼，陈健飞. 基于闽台对比的福建耕地变化趋势演绎[J]. 自然资源学报，2005，20（2）：206-211.

[127] 韦素琼，陈健飞. 土地利用变化区域对比研究——以闽台为例[M]. 北京：科学出版社，2006，1-253.

[128] 温仲明，焦峰，张晓萍，等. 纸坊沟流域近 60 年来土地利用景观变化的环境效应[J]. 生态学报，2004，24（9）：1903-1909.

[129] 温仲明. 纸坊沟流域近百年来土地利用/覆被变化与环境响应研究[D]. 西北农林科技大学 2003 届博士研究生学位论文，2003，27-32.

[130] 邬建国. 景观生态学中的十大研究论题[J]. 生态学报，2004，24（9）：2074-2076.

[131] 厦门市地理学会. 厦门经济特区地理[M]. 厦门：厦门大学出版社，1995，1-70.

[132] 向元望. 区域规划系统工程应用——模型 •方法 •程序[J]. 系统工程，1987（3）：304-315.

[133] 香宝. 20 世纪 90 年代中国东西部土地利用变化时空特征分析[J]. 地理信息科学，2005，7（1）：28-38.

[134] 肖笃宁，李秀珍. 景观生态学的学科前沿与发展战略[J]. 生态学报，2003，23（8）：1615-1621.

[135] 肖笃宁. 景观空间结构的指标体系和研究方法[A]. 景观生态学理论、方法及应用[C]. 北京：中国林业出版社，1991：92-98.

[136] 邢世和. 土地资源与利用规划[M]. 厦门：厦门大学出版社，2000，77-105.

[137] 杨述河，闫海利，郭丽英，等. 北方农牧交错带土地利用变化及其生态环境效应[J]. 地理科学进展，2004，23（6）：49-55.

[138] 杨永春，李吉均，陈发虎，等. 石羊河下游民勤绿洲变化的人文机制研究[J]. 地理研究，2002，21（4）：449-458.

[139] 叶庆华，刘高焕，Marco RUSSI，等. 黄河三角洲东营市土地利用“涨

势图谱”的时空特征分析[J]. 地球信息科学，2003，5（3）：107-111.

[140] 叶庆华，刘高焕，姚一鸣，等. 黄河三角洲新生湿地土地利用变化图谱[J]. 地理科学进展，2003，22：141-148.

[141] 于兴修，杨桂山. 西苕溪流域土地利用/覆被变化及其水环境效应研究[A]//中国地理学会自然地理专业委员会编. 土地覆被变化及其环境效应[C]. 北京：星球地图出版社，2002：259-268.

[142] 张巨洪，朱军，刘祖照，等. BASIC 语言程序库[M]. 北京：清华大学出版社，1983：351-364.

[143] 张兰生. 全球变化[M]. 北京：高等教育出版社，2000：6-64.

[144] 张鲁，周跃，张丽彤. 国内外土地利用与土壤侵蚀关系的研究现状与展望[J]. 水土保持研究，2008，15（3）：43-74.

[145] 张庆利，史学正，潘贤章，等. 江苏省金坛市土壤肥力的时空变化特征[J]. 土壤学报，2004，41（2）：315-319.

[146] 张树文，张养贞，李颖，等. 东北地区土地利用/覆被变化时空特征分析[M]. 北京：科学出版社，2006：1-347.

[147] 张镱锂，阎建忠，刘林山，等. 青藏公路对区域土地利用和景观格局的影响——以格尔木至唐古拉山段为例[J]. 地理学报，2002，57（3）：253-266.

[148] 章牧. 东南沿海地区特色农业评价与信息技术示范——以闽东南地区为例. 福建师范大学博士学位论文[D]. 2002：1-196.

[149] 曾辉，刘国军. 基于景观结构的区域生态风险分析[J]. 中国环境科学，1999，19（5）：454-457.

[150] 赵秉栋，管华. 水资源学概论[M]. 开封：河南大学出版社，1996：110-128.

[151] 赵羿，李月辉. 实用景观生态学[M]. 北京：科学出版社，2001：1-97.

[152] 郑荣宝，董玉祥，陈松林. 典型港口城市泉州市和高雄市土地利用比较研究[J]. 世界地理研究，2005，14（4）：70-77.

[153] 中华人民共和国水利部. SL 190—96. 中华人民共和国行业标准：土壤侵蚀分类分级标准[M]. 北京：中国水利水电出版社，1997.

[154] 周慧珍，龚子同. 土壤空间变异性研究[J]. 土壤学报，1996，33（3）：

232-241.

[155] 朱鹤健，程炯. 闽东南特色农业生态模式研究[J]. 自然资源学报，2002，17（3）：313-318.

[156] 朱益玲，刘洪斌，谢德体，等. 江津紫色土壤养分空间变异性研究——地统计学方法[J]. 西南农业大学学报，2002，24（3）：207-210.

后 记

本书是在我的博士论文基础上修改而成的。这篇论文能够顺利完成，首先应感谢导师李壁成研究员。在论文写作过程中，李先生允许我自由选题与探索，并对我进行了悉心指导，使我拓宽了研究思路，并获益良多。

我曾在厦门工作与生活了五年，对闽南的地理环境有一定的了解，后又在中科院水保所固原生态实验站做一些工作，发现六盘山区与厦门市在土地利用上既有差异性，也有共同性。这两个地区在东西部具有较好的典型性与代表性，当属LUCC研究中的热点区与重点区，遂有了比较的思路。在博士论文撰写与答辩过程中，得到中国科学院水土保持研究所前所长李锐研究员、西北农林科技大学资源环境学院常庆瑞教授、吴发启教授、中国科学院水土保持研究所刘文兆研究员、杨勤科研究员、赵世伟研究员、王继军研究员、陈云明研究员以及焦峰博士、温仲明博士、安韶山博士等给予的指导、建议与数据支持。师兄华北水利水电学院郝仕龙博士、师弟安徽理工大学陈其春博士以及梁伟副研究员、党小虎博士、刘志红博士、孟庆香博士、李志博士、左胜鹏博士、薛萐博士等同学，热情提供资料和生活上同情、爱心与帮助。在资料收集过程中，得到宁夏回族自治区发改委和固原市水利局、环保局、统计局、气象局、土地局、原州区政府的大力帮助。很多数据来自中国资源环境数据库，中国科学院地理研究所庄大方研究员、刘春莉老师提供了及时帮助，在此一并致谢！感谢水土保持研究所研究生部穆兴民研究员、李秧秧研究员、魏春兰主任等老师在日常的学习和生活中关爱与辛劳。在中科院水保所攻读博士学位的三年中，还得到了许多老师和同学的鼓励与帮助。在此，谨向所有关心和支持我的老师、同学和朋友们致以最诚挚的谢意！

在撰写论文期间，我于2007年2月6日至4月21日在日本JICA筑波中心进行研修，与来自世界10个国家的13名同行组成工作组进行了深入交流，并实地考察了日本东京、京都、名古屋、葛城、奈良、安城、丰田、福冈、佐贺、熊本、宫崎和鹿儿岛等地的农村与农业情况，他们严格保护生态环境和精细利用水土资源的发展模式，以及城乡一体化与优质高效农业等经验，给我留下了深刻印象。为此，在书中引用了讲义和在日本实地考察的资料，谨致谢忱！在厦门的野外调查与数据处理中得到厦门精图信息技术有限公司蒋世峰先生、蔡婷婷女士和汪智益先生的帮助与支持。

本书出版得到湖南科技大学著作出版基金和中科院水土保持研究所黄土高原土壤侵蚀与旱地农业国家重点实验室基金（课题编号：10501-205）、“十一五”国家科技支撑计划重大项目“典型脆弱生态系统重建技术与示范”中“半干旱黄土丘陵区退化生态系统综合管理技术和模式”课题（课题编号：2006BAC01A07）以及湖南省教育厅项目（课题编号：09C393）的共同资助，有关厦门市的研究内容之前还得到福建省自然科学基金“福建省土地利用/覆盖变化遥感分析研究”（项目编号：D0210010）资助。福建师范大学地理科学学院欧亚科学院院士朱鹤健教授以及欧亚科学院院士、中国地理学会地图学与GIS专业委员会名誉主任廖克教授、福建师范大学地理科学学院陈松林教授等和广州大学地理科学学院的陈健飞院长、教授等及其课题组内许多老师也曾给予过真诚帮助和无私指导。集美大学理学院地理信息系的杨肖琪教授、陈玉慧教授等诸多老同事也给予了宝贵的支持、协助与配合。近3年，我在《PEDOSPHERE》和《Chinese Geographical Science》（中国地理科学英文版）等国际刊物上发表了3篇第一作者SCI检索论文，有些是来自本书中的部分内容，投稿与修改过程中，中科院水土保持研究所现任所长邵明安博士、研究员对我的英文论文进行了写作指导，美国国家泥沙实验室主任M. J. M. RÖMKENS博士对我的英文论文进行了认真仔细的反复修改，并提出很好的建议，一并致以衷心的感谢！本书第10章的内容发表在2006年《PEDOSPHERE》的第16卷第4期；第3章与第11章的部分内容发表在2008年《Chinese Geographical Science》的第18卷第4期；第7章的思想方法刊于2007年《PEDOSPHERE》的第17卷第4期；第9章的内容发表在2005年《地球信息科学》的第7卷第1期；第12章的部分内容将发表在2010年《热带地理》第30卷第1期期刊上；第4章内容在2009年中国农业出版社出版的中国自然资源学会热带亚热带地区资源研究学术年会暨热带亚热带区域经济合作与资源节约集约利用学术研讨会论文集第281页至第293页刊出。

特别感谢中国自然资源学会土地资源专业委员会名誉主任、南京师范大学博士生导师倪绍祥教授为本书作荐序。中国环境科学出版社的李卫民女士在编辑过程中，以严谨细致的态度付出了大量艰苦的劳动，其敬业精神可佩，向李卫民及中国环境科学出版社敬致十分感激之忱！湖南科技大学建筑与城乡规划学院领导与同事们对本书的写作与出版给予了诸多的支持与鼓励，深表感谢！

土地利用/土地覆被变化与比较是一个值得研究的重要领域，其中所包含的科学问题有很多，本书仅对其中基本的科学问题加以探讨与演绎，例如：典型区过去的几十年土地利用是如何变化的？变化的主要人文社会原因是什么？土地利用变化未来的30年里大概是个什么样子？土地利用变化对环境如土壤侵蚀的影响及二者的耦合关系怎样？如何从宏观土地利用优化配置来解决土地利用不尽合理问题的实践？区域差异性是地理学的特征之一，本书也尝试从区域特点的角度加以研究与比较，但是土地利用变化是自然、人口、经济发展、交通以及政府政策综合驱动的结果，由于自然条件（水热条件、地形等）、社会文化差异较大，同时又存在经济发展时序递差、土地利用政策相异的特点，LUCC 驱动的对比研究实属不易。本书只对其作了初步的探索，限于能力，书中疏漏和不足之处也在所难免，恳请读者批评指正，也还有更多的科学问题需要去挖掘与发现，倘使本书对 LUCC 及比较研究的繁荣作出些微贡献，余愿足矣。

是为后记。

全　斌

2009 年 11 月

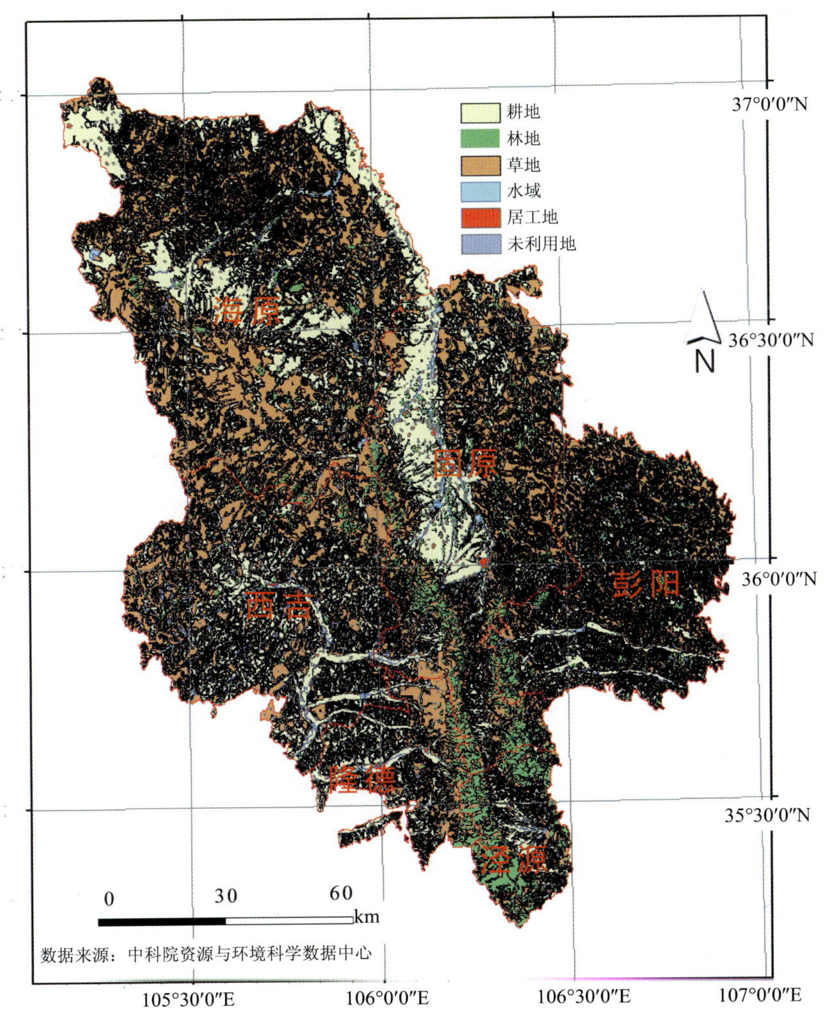

（a）六盘山区 1990 年土地利用/覆被

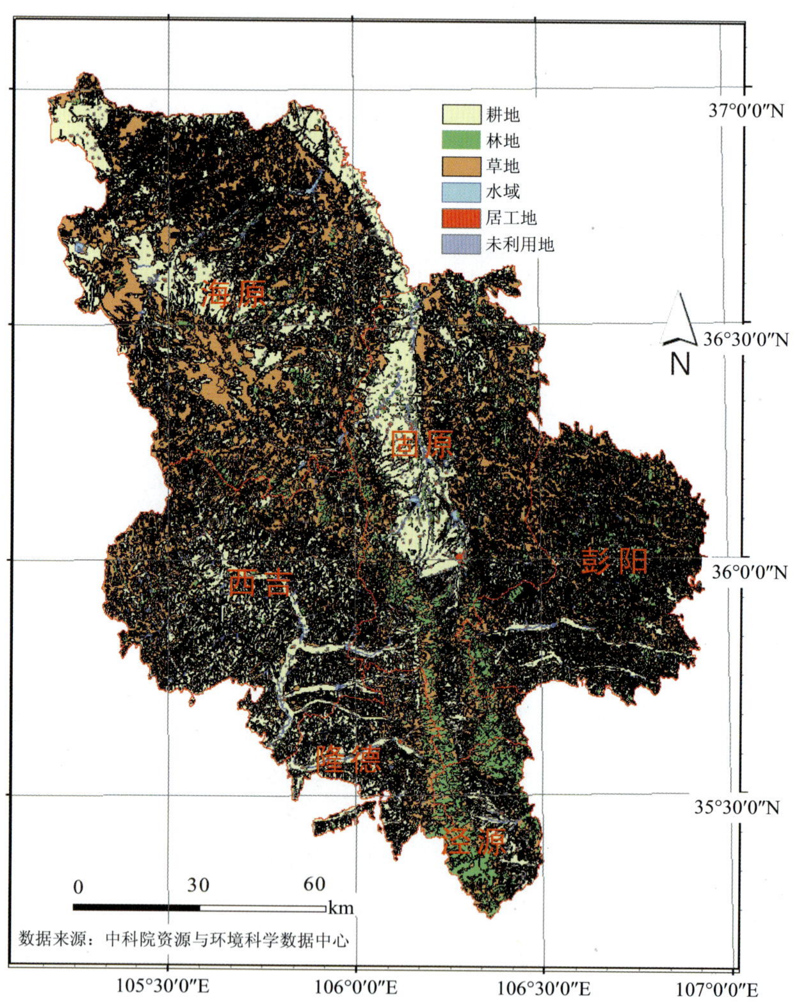

（b）六盘山区 1995 年土地利用/覆被

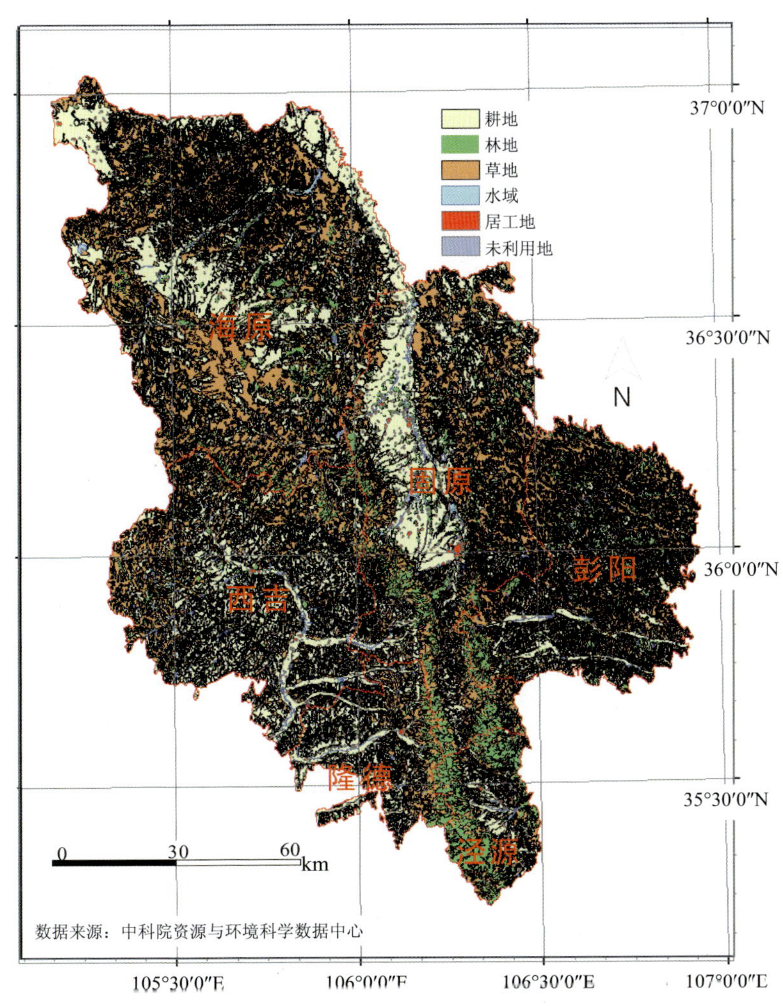

（c）六盘山区 2000 年土地利用/覆被

附图 1　六盘山区 1990—2000 年土地利用的变化

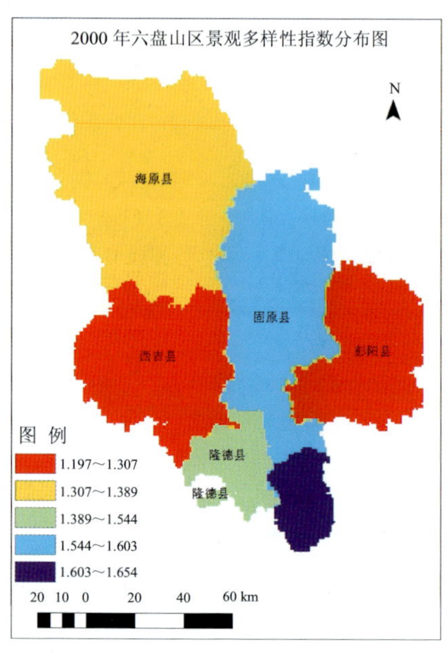

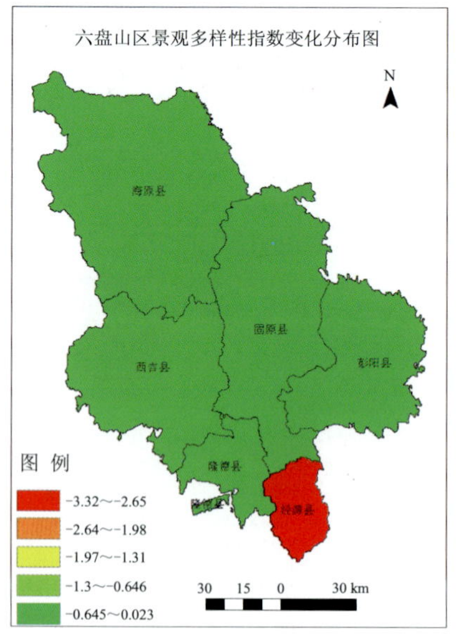

（a）土地利用格局景观多样性指数及其变化分布图

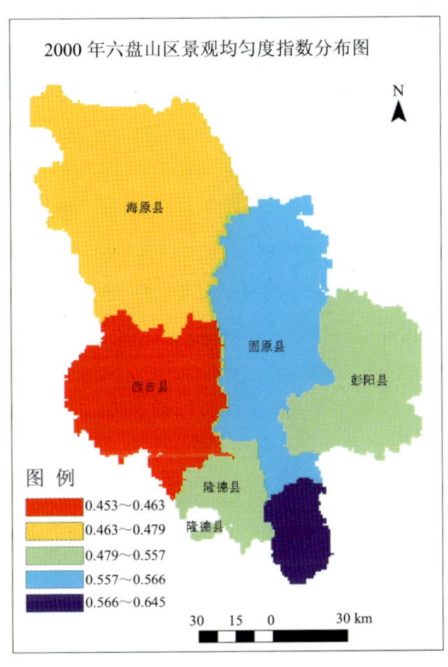

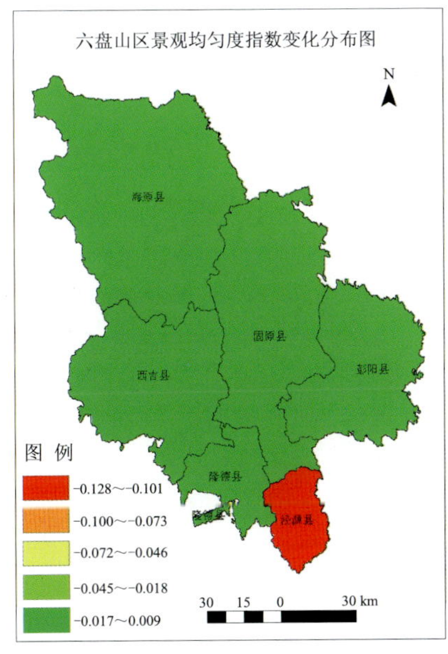

（b）土地利用格局景观均匀度指数及其变化分布图

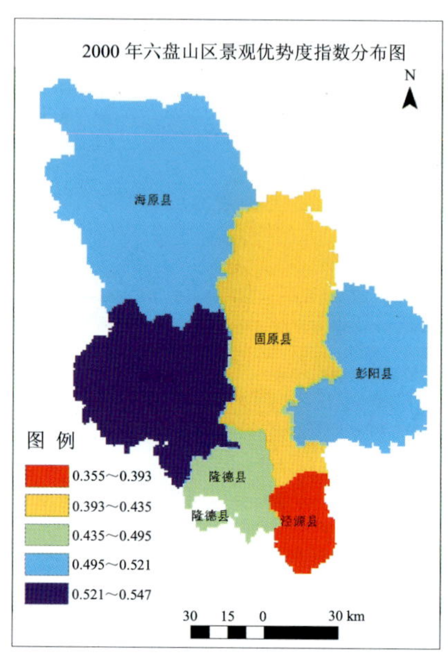

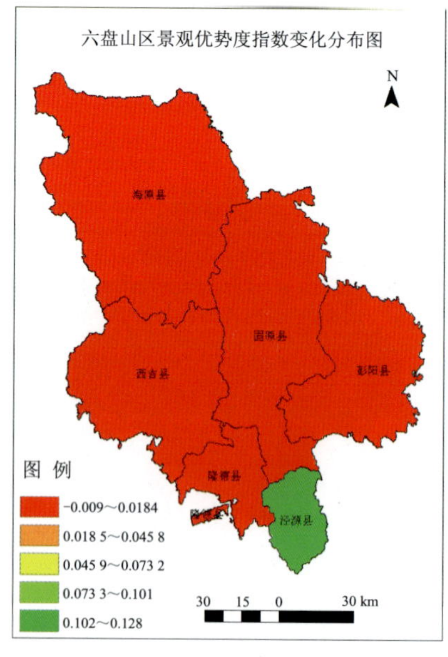

（c）土地利用格局景观优势度指数及其变化分布图

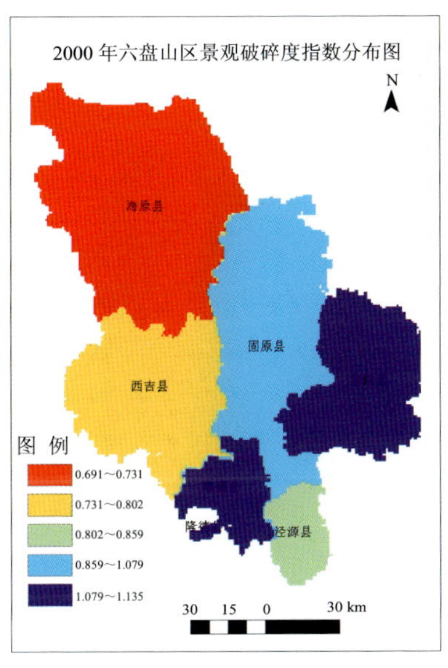

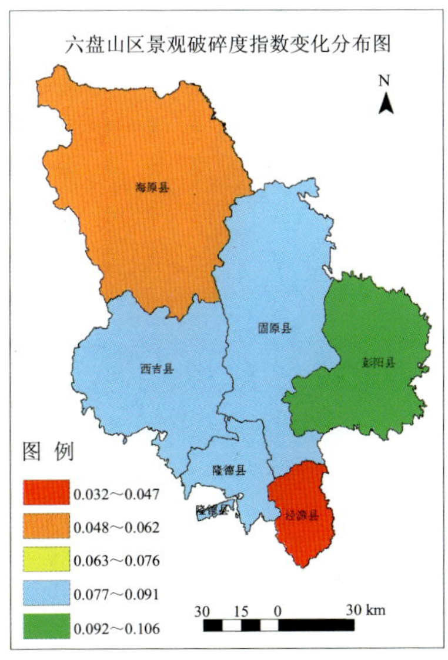

（d）土地利用格局景观破碎度指数及其变化分布图

附图 2　六盘山区土地利用格局景观指数（a～d）及其空间变化分布图

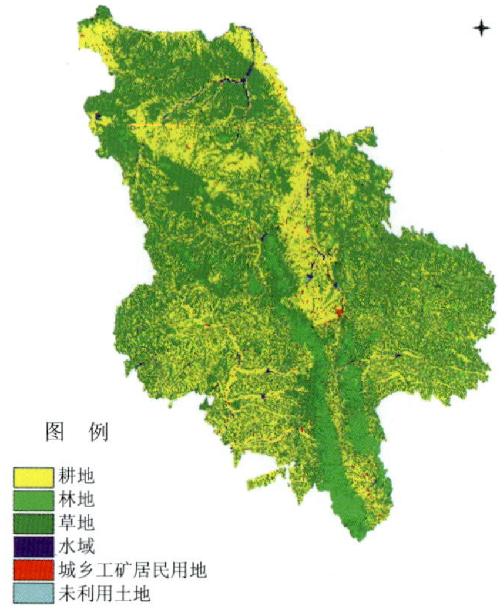

比例尺：1∶1 000 000

（a）1990 年六盘山区土地利用图

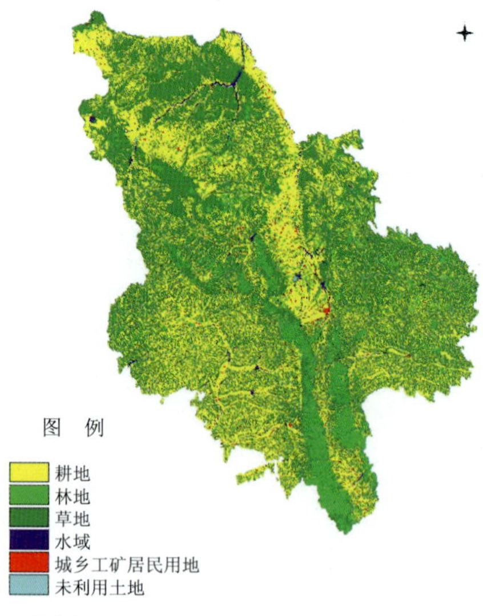

比例尺：1∶1 000 000

（b）1995 年六盘山区土地利用图

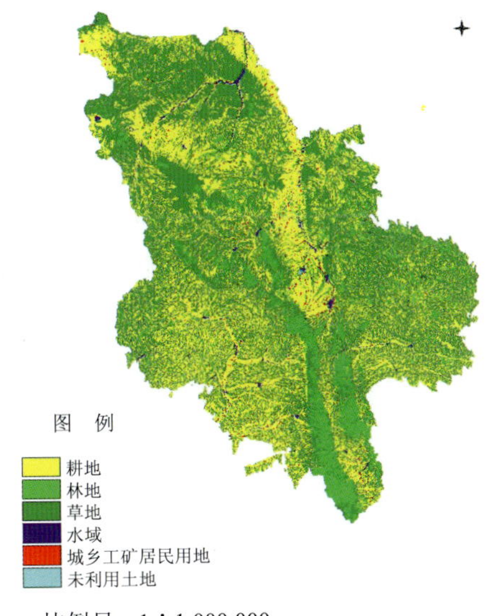

（c）2000 年六盘山区土地利用图

附图 3 1990—2000 年各期六盘山区土地利用类型系列图谱

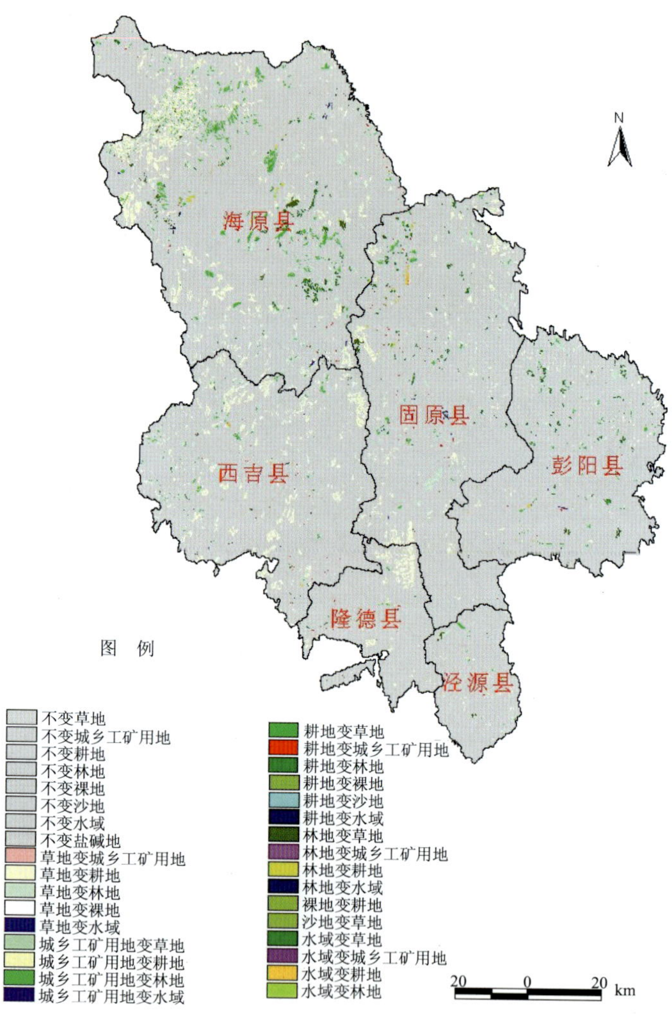

（a）1990—1995 年土地利用变化图谱

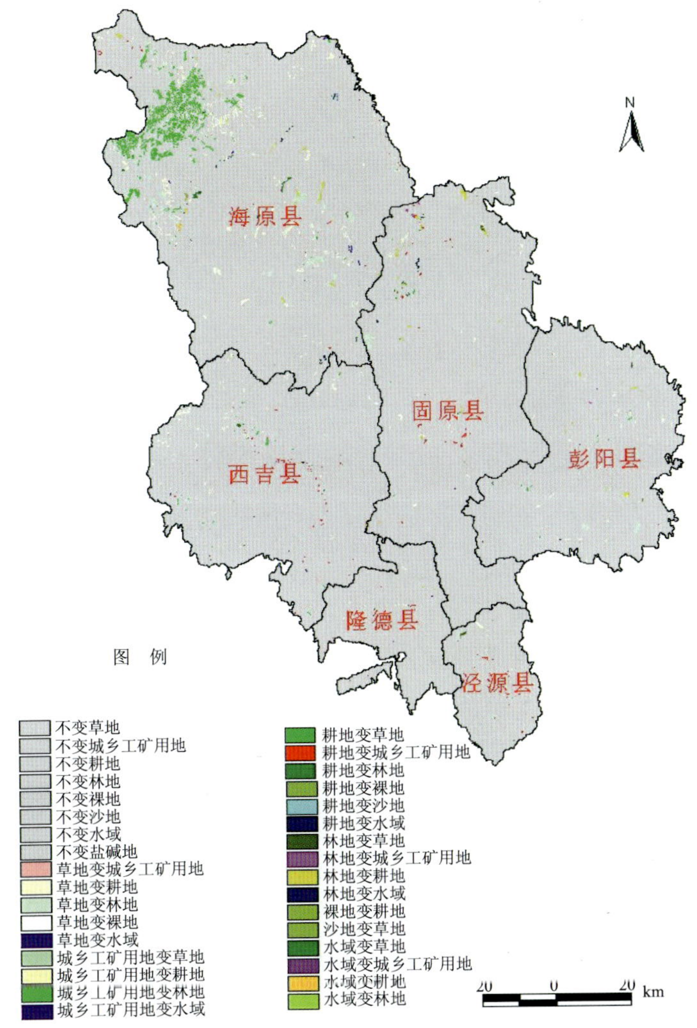

（b）1995—2000 年土地利用变化图谱

附图 4　1990—2000 年各期六盘山区土地利用变化系列图谱

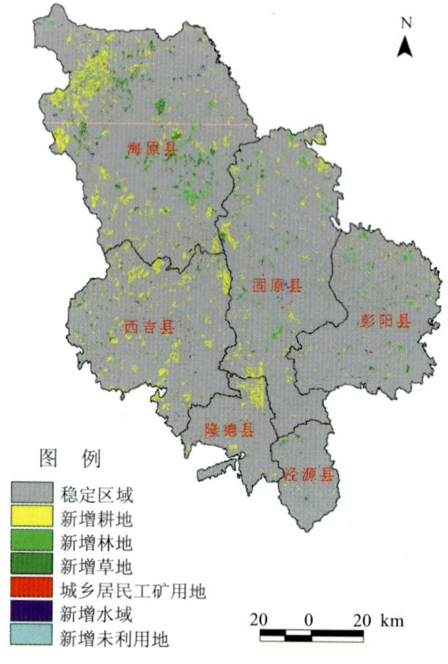

（a）1990—1995 年土地利用增势图谱

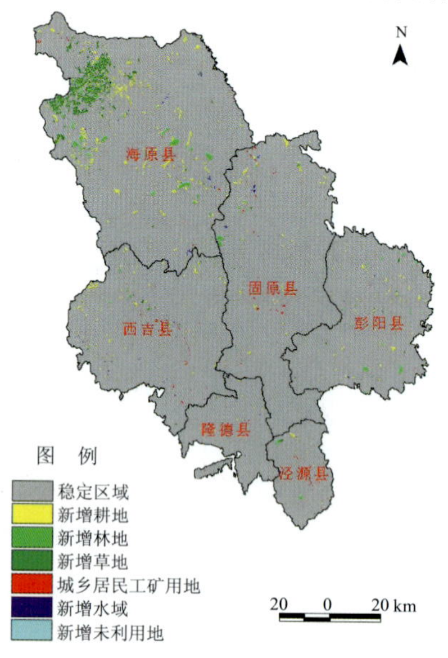

（b）1995—2000 年土地利用增势图谱

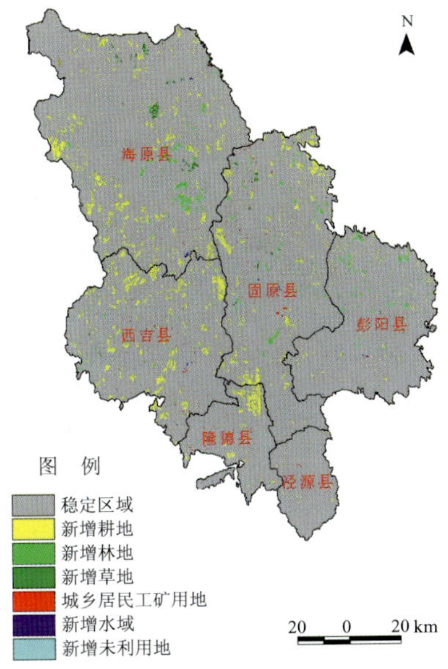

（c）1990—2000 年土地利用增势图谱

附图 5　1990—2000 年各期六盘山区土地利用变化增势系列图谱

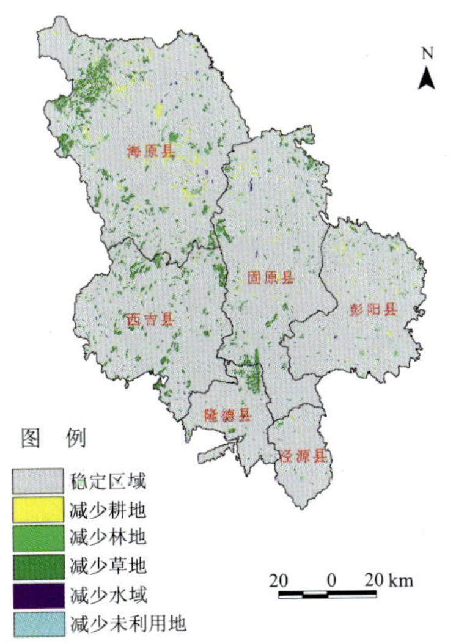

（a）1990—1995 年土地利用变化减势图谱

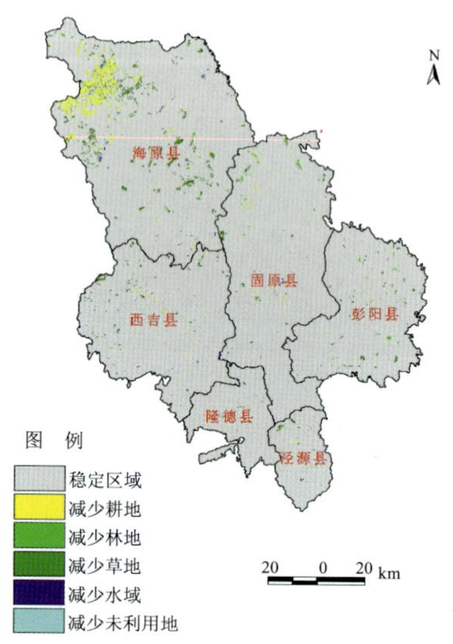

（b）1995—2000 年土地利用变化减势图谱

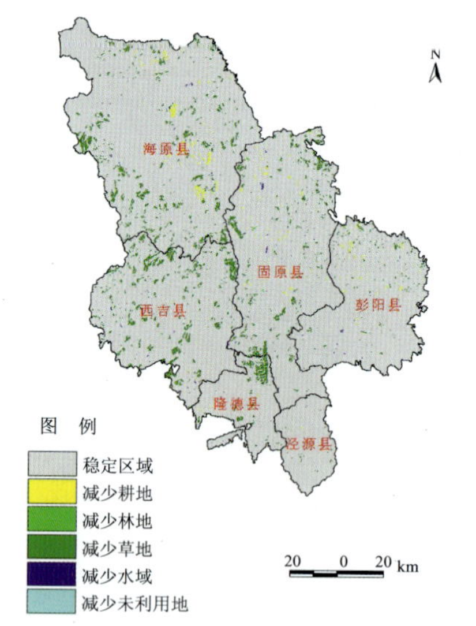

（c）1990—2000 年土地利用变化减势图谱

附图 6　1990—2000 年各期六盘山区土地利用变化减势图谱

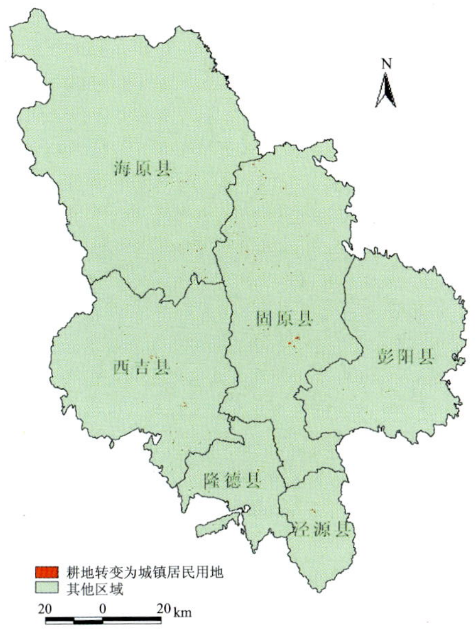

（a）耕地转变为城镇居民用地

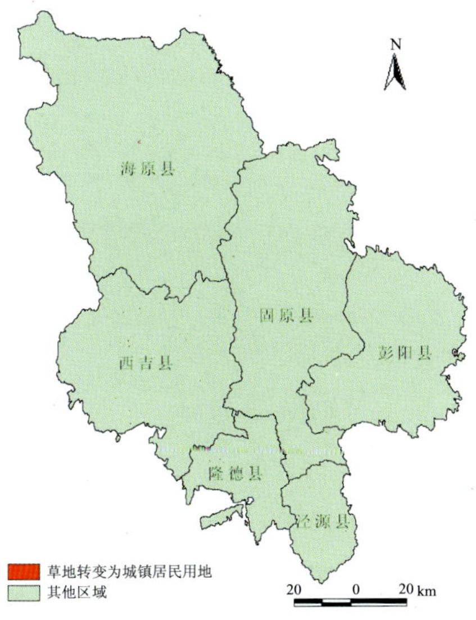

（b）草地转变为城镇居民用地

（c）草地转变为耕地

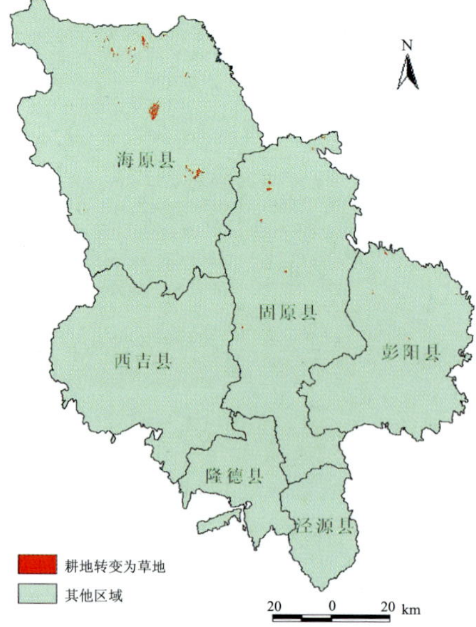

（d）耕地转变为草地

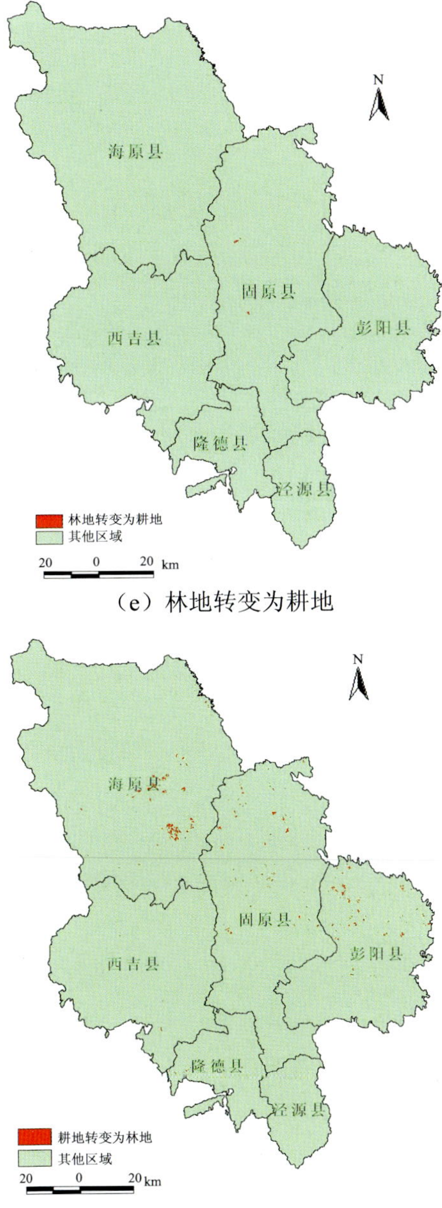

（e）林地转变为耕地

（f）耕地转变为林地

（g）水域转变为耕地

（h）耕地转变为水域

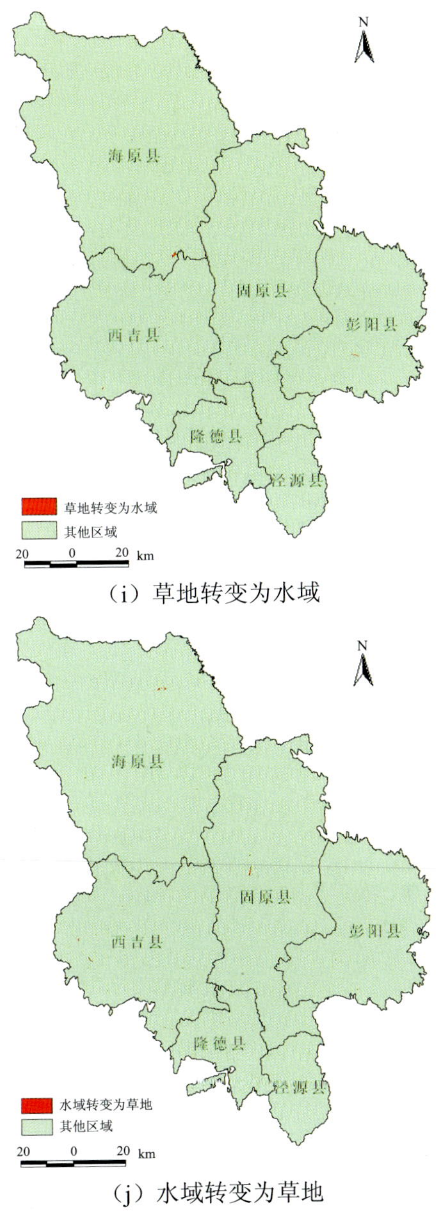

（i）草地转变为水域

（j）水域转变为草地

附图 7　1990—2000 年六盘山区土地利用变化系列图谱

（a）1990 年耕地适宜性评价

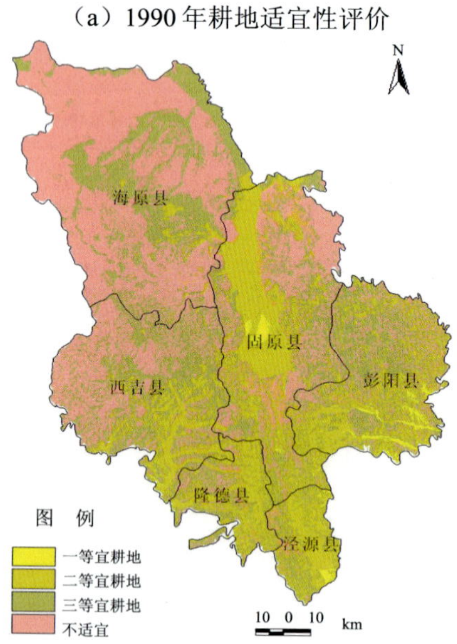

（b）2000 年耕地适宜性评价

附图 8　1990—2000 年六盘山区耕地适宜性评价图

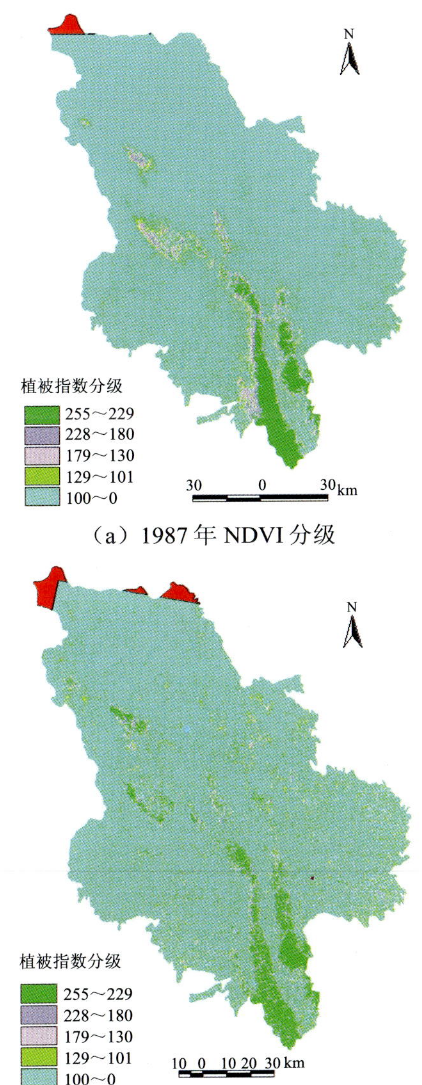

（a）1987 年 NDVI 分级

（b）2001 年 NDVI 分级

附图 9　1987—2001 年六盘山区归一化差异植被覆盖指数（NDVI）分级图

（注：图中六盘山区西北角红色标识区域为该景 TM 遥感影像切割出去的，故未被计算 NDVI 值）

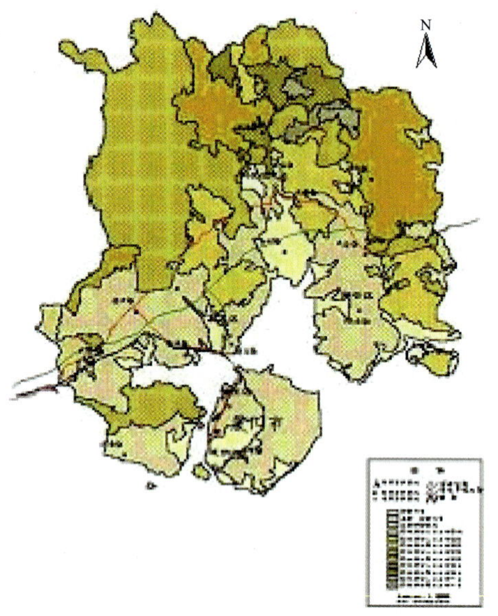

附图 10　厦门市地貌类型图

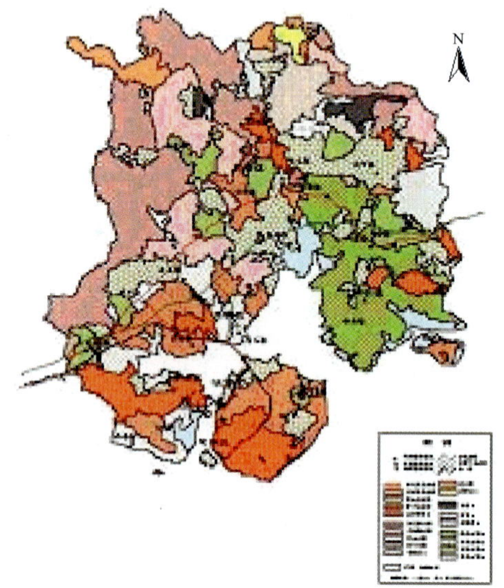

附图 11　厦门市土壤类型图

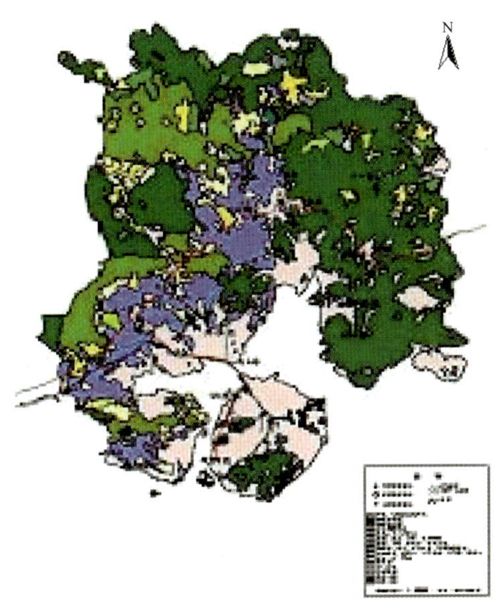

附图 12　厦门市植被类型图

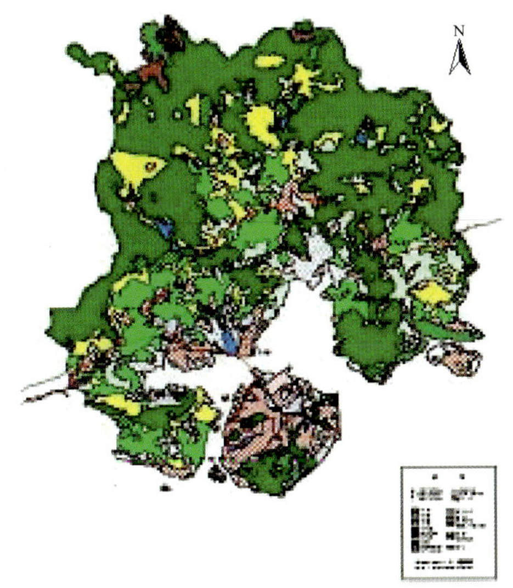

附图 13　厦门市土地利用类型图

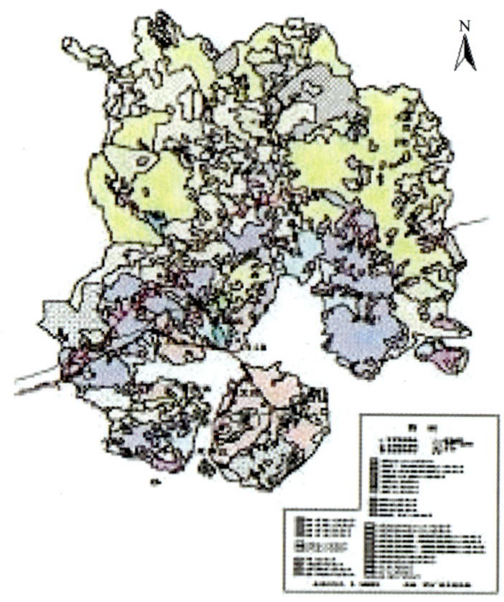

附图 14　厦门市生态环境类型图

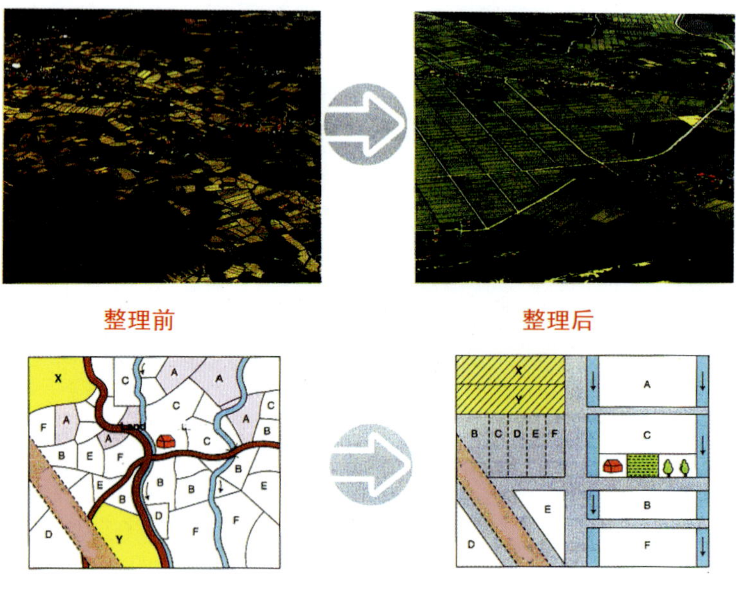

附图 15　日本的土地整理模式